Immerblühende Beete

Hermann Gröne / Klaus Kaiser

Immerblühende Beete

Hermann Gröne / Klaus Kaiser

Über 350 Farbfotos von Hermann Gröne, Klaus Kaiser und anderen bekannten Gartenfotografen

Der Mustergarten

Ihr Garten soll so richtig aufblühen? In diesem Ratgeber finden Sie genügend Beispiele, wie Sie jede Ecke Ihres Gartens mit schönen Beeten gestalten können.

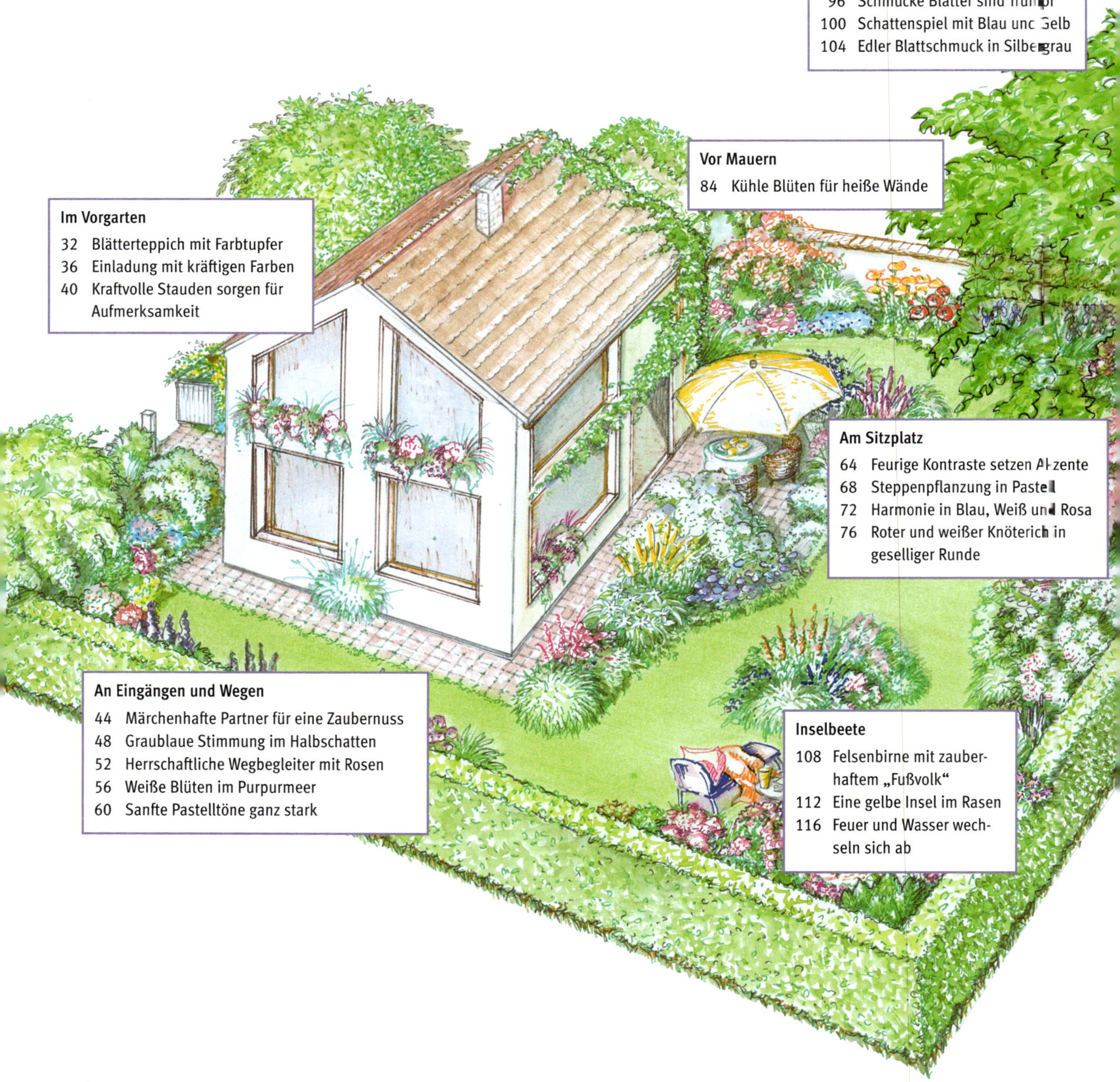

Gestalten und pflegen

Beetrezepte

Porträts

Gestalten und pflegen

Sie wollen pflegeleichte *Blumenbeete*, die das ganze Jahr über *attraktiv* sind? Dann ist es wichtig, nicht nur die schönsten Pflanzen auszusuchen, sondern auch die, die am besten zu Ihnen und Ihrem Garten passen. Und dafür gilt: Je besser Sie die Standortbedingungen und Pflanzen kennen, umso leichter gelingt die *Auswahl* und *Kombination*. Mit den richtigen Tipps und Tricks für die Umsetzung steht einer erfolgreichen Gartensaison nichts mehr im Weg.

Stauden und ihre Ansprüche

Ob große Blüten in kräftigen Farben, auffällige Blätter mit feinen Mustern, hohe Giganten oder niedrige Teppiche – das Angebot an Stauden ist vielfältig und groß. Doch eines haben alle gemeinsam: Sie brauchen Licht, Wasser und Nährstoffe.

Wer seinen Garten mit blühenden Pflanzen gestalten möchte, kann aus einem riesigen Angebot wählen. Jedes Jahr gibt es unzählige neue Sorten in vielen Farbschattierungen und Formvarianten – da kann die Auswahl schon mal schwerfallen. Für ein gutes Gedeihen ist es wichtig, dass Stauden entsprechend ihrer Ansprüche ausgewählt, kombiniert und gepflanzt werden. Von Goethe stammt der Ausspruch „Pflanzen sind wie eigensinnige Menschen. Du kannst von ihnen alles haben, wenn du sie nach ihrer Art behandelst." Das bedeutet, wenn sie optimal mit Licht, Wasser und Nährstoffen versorgt sind, erfreuen sie ihre Besitzer mit Vitalität, Blühfreude und Farbenpracht.

Was ist eine Staude?

Als Anpassung an die Bedingungen verschiedener Standorte und an unser mitteleuropäisches Klima haben sich verschiedene Lebensformen an Pflanzen entwickelt. In unseren Breiten mit einem ausgeprägten Winter und Sommer geht es vor allem

um das Überdauern der Pflanze während der frostigen Wintermonate.

Stauden können daher exakt wissenschaftlich definiert werden: Sie sind ausdauernd, also mehrjährig, sie blühen und fruchten jedes Jahr, und sie sind krautig, d. h. sie bilden kein verholzendes Zweiggerüst aus, das Erneuerungsknospen trägt. Ihre Überdauerungsknospen, aus denen sich die Pflanzen entwickeln, liegen an der Erdoberfläche oder knapp darunter. Bei den meisten Arten sterben im Herbst die oberirdischen Teile, also Blätter und Blüten, ab und die Pflanze lagert in ihren Speicherorganenen die nötigen Reserven ein, um dann im Frühjahr wieder voll durchzustarten.

Es gibt allerdings auch immergrüne oder wintergrüne Arten, die sich nie komplett zurückziehen.

Gräser und Farne gehören, botanisch gesehen, ebenfalls zu den Stauden. Sie werden aber in der Praxis, also in Staudengärtnereien, als eigene Gruppe behandelt. Die Blüten sind bei Gräsern meist eher unscheinbar, dafür überzeugen sie mit ihren auffälligen Wuchsformen, zierlichen Blättern und Samenständen, die im Winter im Zusammenspiel mit Frost für zierende Aspekte sorgen. Hohe Blattschmuckwirkung besitzen auch Farne, die gar keine Blüten ausbilden. Sie eignen sich ideal für dauerhafte Aspekte und als Strukturbildner im Blumenbeet.

Zwiebel- und Knollenpflanzen sind sozusagen eine weitere Sondergruppe der Stauden. Sie bilden Speicherorgane in Form von Zwiebeln, Knollen oder Rhizomen aus, in die sie sich nach der Blüte recht schnell wieder zurückziehen. So schützen sich diese Arten vor für sie ungünstigen Klimaverhältnissen wie Trockenheit, Hitze oder Kälte. Zwiebel- und Knollenpflanzen, wie Schneeglöckchen, Tulpen und Narzissen, sind meist die ersten Blüher im Jahr. Andere, wie Gladiolen oder Herbstzeitlose, trumpfen im Spätsommer auf.

Üppige Staudenflächen bestimmen für Monate den Charakter und die Stimmung eines Gartens.

Ohne die vielen Zwiebel- und Knollengewächse bliebe der Garten im Frühjahr lange blütenarm.

Partner im Beet

Mit Bäumen und Sträuchern können Sie Ihren Stauden Partner zur Seite stellen, die sie dauerhaft in ihrer Wirkung unterstützen.

Gehölze sind langlebige Pflanzen, deren Triebe verholzen und ein dauerhaftes Gerüst bilden. Die Sprossknospen, mit denen sie überdauern, sitzen nicht nur über der Bodenoberfläche, sondern zusätzlich noch über der schützenden Schneedecke. Deshalb eignen sie sich hervorragend, um Pflanzbeeten Struktur zu geben oder einen dauerhaften Rahmen für das jahreszeitliche Auf und Ab der Stauden zu bilden.

Auf Sommerblumen (Ein- und Zweijährige) wurde in den pflegeleicht angelegten Beeten verzichtet. Sie sind nur kurzfristige Begleiter für ein Jahr und müssen immer wieder neu ausgesät werden.

Standorte im Garten

Die wichtigsten Faktoren, die das Pflanzenwachstum im Garten bestimmen, sind Licht, Boden, Wasser und die entsprechenden Nährstoffe, die die Pflanze daraus gewinnt. In gewissem Umfang können Sie das als Gärtner beeinflussen, z. B. indem Sie den Boden verbessern, ausreichend gießen oder regelmäßig düngen. Sinnvoller ist es aber, entsprechend den bestehenden Bedingungen zu gestalten. Das erspart Ihnen später Zeit, Geld und mühevolle Arbeit – dafür bleibt mehr Genuss. Lernen Sie also Ihren Garten erst einmal richtig kennen, um ihn optimal zu bepflanzen.

Licht und Schatten

Im Garten dient die Sonne natürlicherweise als Lichtquelle. Und wo Licht ist, ist auch Schatten – zumindest, wenn feste Elemente wie Mauern, Häuser oder Bäume vorhanden sind. Schatten bedeutet aber nicht automatisch Dunkelheit. Schattige Plätze können hell sein, es fehlt vielmehr die direkte Sonneneinstrahlung. Der Kernschattenbereich eines Hochhauses, z. B. auf der Nordseite, wird zwar niemals direkt von der Sonne beschienen, ist aber trotzdem sehr hell (→ Tipp-Kasten rechts).
Pflanzen haben sich im Lauf ihrer Entwicklung bestimmten Licht- und Besonnungsverhältnissen angepasst oder sich gar darauf spezialisiert. So haben viele Schattenpflanzen große weiche Blätter, um über ihre Oberfläche so viel Licht wie möglich aufnehmen zu können. Diese Blätter würden bei zu viel Sonne schnell verbrennen. Beachten Sie auch, dass sich die Lichtverhältnisse fortwährend ändern: Über das Jahr macht sich das durch die erst höher, dann wieder tiefer am Himmel stehende Sonne bemerkbar, über mehrere Jahre beispielsweise durch wachsende Bäume oder neue Gebäude. Mitunter können Sie hier eingreifen, z. B. durch Pflanzen oder Fällen von Sträuchern oder Bäumen.

Boden und Wasser

Der Boden bietet Pflanzenwurzeln nicht nur den nötigen Halt, er bestimmt durch seine Beschaffenheit auch maßgeblich die Entwicklung der Wurzeln und die Verfügbarkeit von Nährstoffen und Wasser für die Pflanzen. Mit der Zeit haben sich verschiedene Bodenarten mit bestimmten Eigenschaften entwickelt. Wie Sie Ihren Boden analysieren, lesen Sie auf Seite 21. In bestimmtem Rahmen können Sie auch hier wieder etwas nachhelfen. Wichtig dabei ist jedoch, dass Sie ein paar grundsätzliche Bedingungen beachten.
Der **Wasserhaushalt** hängt eng mit der Bodenart zusammen. Speichert ein Boden das Wasser gut und gibt es auch leicht wieder ab, wie etwa Lehmboden, dann brauchen Sie weniger zu gießen. Ein

Im lichten Gehölzschatten tummeln sich hier Nelkenwurz (Geum) *und Trichterfarn* (Matteucia).

Steppenkerzen und Kronen-Lichtnelken sind gute Partner für etwas trockenere Standorte.

Sandboden dagegen ist wegen der großen Poren zwar sehr luftig, aber Wasser und Nährstoffe kann er schlecht speichern.

Wie viel Sie gießen müssen, hängt auch von den Niederschlägen ab. Von Gegend zu Gegend sind die Niederschlagsmengen und -zeiten recht verschieden. Auskünfte darüber geben z. B. lokale Wetterstationen und Landwirtschaftsämter. Um die Bodenfeuchtigkeit und damit den optimalen Standort für Pflanzen, in dem sie sich wohlfühlen, zu charakterisieren, werden drei Stufen unterschieden. Die Angaben beziehen sich auf den unmittelbaren Wurzelbereich der Pflanzen.

› **Trocken:** Es ist die überwiegende Zeit wenig Feuchtigkeit fühlbar. Die Arten bevorzugen oder vertragen zeitweilige Trockenheit.

› **Frisch:** Meist ist ein wenig Feuchtigkeit fühlbar. Die Arten vertragen längere Trockenheit oder ständig feuchte Böden schlecht.

› **Feucht:** Meist ist zwei Drittel des Jahres Feuchtigkeit fühlbar. Die Arten vertragen auch zeitweilig trockenen Boden schlecht. Sickerfeucht, d. h. nicht staunass, sind Standorte mit bewegtem Grund- und Hangwasser.

Natürliche und gärtnerische Pflanzengemeinschaften

Egal, ob es in der Natur wild-romantisch und üppig oder karg und zurückhaltend zugeht – die Pflanzen gesellen sich in der freien Natur nie zufällig zueinander. Ihre Artenzusammensetzung entspricht immer gewissen Gesetzmäßigkeiten und wird von unterschiedlichen Faktoren bestimmt. Auf der einen Seite sind es die exogenen, also von außen wirkenden Einflüsse, wie Klima, Boden oder die Einwirkung von Mensch und Tier. Zum anderen die endogenen, also von innen wirkenden Faktoren einer Pflanze, wie ihre Wuchseigenschaft, ihre Abhängigkeit von Licht und ihre Anpassungsfähigkeit an den Standort. Aufgrund dieser Faktoren finden sich in der Natur an ähnlichen Standorten Pflanzengemeinschaften, die auch in ihrer Zusammensetzung gleich bzw. ähnlich sind. So lassen sich Typen von „Pflanzengesellschaften" charakterisieren.

Für unsere Gärten bedeutet dies, dass bei der Auswahl von Pflanzen sowohl die exogenen als auch endogenen Faktoren eine große Rolle spielen. So können Sie als Gärtner zwar von außen erheblich

TIPP Die Belichtungsstufen im Garten werden wie folgt charakterisiert. **Sonnig:** Die Sonne scheint den ganzen Tag oder die überwiegende Zeit, immer aber in den wärmsten Stunden des Tages ungehindert auf die Fläche. **Absonnig/hell:** Keine direkte Sonneneinstrahlung; Plätze liegen aber die meiste Zeit des Tages und immer während der heißen Stunden im hellen Bereich von Gehölzen und Gebäuden. **Halbschattig:** Bereiche, die östlich oder westlich von Gebäuden und Gehölzen liegen oder durch lichten Gehölzschatten mehr als die Tageshälfte und während der Mittagsstunden beschattet sind. **Schattig:** Wenig Licht; die Pflanzen liegen im vollen Schatten unter Gehölzen.

(Bild oben) *Der Sand-Thymian hat sich im Steingarten zu einer üppigen Blütenpracht entwickelt.*

(Bild unten) *Gelblaubige Bäume bringen auch schattige Gartenbereiche zum Leuchten.*

auf die Pflanzen einwirken, die Kraft der Pflanzen sollten Sie aber nicht unterschätzen.

Die Lebensbereiche der Stauden

Eine große Hilfe bei der Auswahl von Stauden für einen bestimmten Gartenstandort sind die Lebensbereiche. Sie sind ganz nach dem Vorbild der natürlichen Pflanzengesellschaften entstanden und stehen stellvertretend für bestimmte natürliche Lebensgemeinschaften. Stauden mit ähnlichen Lebensbedingungen werden diesen Bereichen zugeordnet. Entwickelt wurde das System von Prof. Richard Hansen und Hermann Müssel im „Institut für Stauden, Gehölze und angewandte Pflanzensoziologie" in Freising-Weihenstephan. Inzwischen wird vom Bund deutscher Staudengärtner ein anderes, vereinfachtes System verwendet, erarbeitet von Prof. Dr. Josef Sieber. Dieses kommt auch bei den Porträts in Kapitel 3 (→ Seite 120 ff) zur Anwendung. Da die meisten Staudengärtnereien ihre Pflanzen danach kennzeichnen oder gar danach aufteilen, macht dies Ihren Einkauf und die Auswahl leichter.

Das System geht von acht **Hauptlebensbereichen** aus, die wiederum unterteilt werden in trockene, frische und feuchte Böden sowie in Sonderstandorte. Die Übergänge sind dabei fließend.

› Gehölz (G, auch Wald)
› Gehölzrand (GR, auch Waldrand)
› Freiflächen (F)
› Steinanlagen (ST)
› Alpinum (A)
› Beet (B)
› Ufer oder Wasserrand (WR)
› Wasser (W)

Charakteristika der im Buch vorkommenden Lebensbereiche:

Gehölz (G): Dieser Bereich entspricht in der Natur einem Wald und beinhaltet somit Pflanzen, die gut im Schatten gedeihen und keine direkte Sonne benötigen. Zudem kommen sie gut mit der Wurzelkonkurrenz von Gehölzen zurecht und mögen frische, lockere, humose Böden, die durch das Falllaub entstehen. Im Garten wachsen diese Pflanzen gern im Schatten oder Halbschatten von locker gepflanzten Bäumen. Typische Vertreter sind z. B. Glanz-Schildfarn (*Polystichum aculeatum*), Buschwindröschen (*Anemone nemorosa*) oder Lungenkraut (*Pulmonaria officinalis*).

Gehölzrand (GR): Wie der Name schon sagt, wachsen diese Stauden gern am Rand von Bäumen und Strauchgruppen. Die Lichtverhältnisse variieren je nach Ausrichtung von halbschattig, auch lichtschattig, bis absonnig. Es gibt wenig direkte Sonnenbestrahlung, vor allem keine Mittagssonne, und nur teilweise Wurzelkonkurrenz von Gehölzen. Am Gehölzrand wachsen z. B. Gewöhnlicher Dost (*Origanum vulgare*), Blut-Storchschnabel (*Geranium sanguineum*) oder Gewöhnliche Akelei (*Aquilegia vulgaris*) gern.

Freifläche (Fr): Diesen Bereich kennzeichnen vor allem sonnige Verhältnisse, die frei von Einflüssen durch Gehölze sind bzw. höchstens durch kleinere Einzelgehölze (Sträucher) kurzzeitig Schatten bekommen. Dies entspricht den natürlichen Verhältnissen von Wiesen und Steppen. Typische Vertreter für Wiesen sind Wiesen-Storchschnabel (*Geranium pratense*) und Sibirische Wiesen-Iris (*Iris sibirica*). Es gibt verschiedene Freiflächensituationen, die sich zumeist durch wechselnde Böden unterscheiden. Freiflächen mit Steppenheidecharakter (SH) umfassen Pflanzungen auf basen- oder kalkreichen, schottrigen, lehmigen, sommertrockenen Böden. Hier gedeihen z. B. Berg-Aster (*Aster amellus*) und Kartäuser-Nelke (*Dianthus carthusianorum*). Freiflächen mit Heidecharakter (H) werden durch leicht saure (kalkarme) und nährstoffarme Sandböden charakterisiert, die trocken bis frisch sind. Hier wachsen beispielsweise Heide-Nelke (*Dianthus deltoides*), Sand-Thymian (*Thymus serpyllus*) und Schaf-Schwingel (*Festuca ovina*).

Steinanlagen (ST): Die Lichtverhältnisse entsprechen der Freifläche (auch absonnig möglich), jedoch sind immer Steine vorhanden. Die Pflanzen dafür brauchen die Nähe von Steinen, sie mögen deren Wärmerückstrahlung und die kühlen, eher feuchten Bedingungen in den Fugen. Die Böden sind gekennzeichnet durch hohe Durchlässigkeit und ein reduziertes Nährstoffangebot. Es wird unterschieden zwischen Steinanlagen allgemein (ST), Felssteppe (FS; Schotter, Kiesbeete, steinreicher Boden), (Fels-)Matten (M; flachgründiger Boden, über Steinen), Steinfugen in Mauern (SF) und Mauerkronen (MK). Beispiele für Pflanzen der Felssteppe wären Bergminze (*Calamintha nepeta* ssp. *nepeta*) und Bleichhäutige Schwertlilie (*Iris pallida*), für Matten sind es Katzenminze (*Nepeta racemosa*) und Kaukasischer Frauenmantel (*Alchemilla erythropoda*), für Steinfugen Karpaten-Glockenblume (*Campanula carpatica*) und Spornblume (*Centranthus ruber*) und für Mauerkronen Blaukissen (*Aubrieta*) und Polster-Phlox (*Phlox subulata*).

Beet (B): Dieser Bereich entspricht keinen bestimmten natürlichen Bedingungen. Alle Belichtungsverhältnisse sind möglich, meist sind es jedoch sonnige Standorte. Wichtig ist ein humoser und nährstoffreicher Boden („guter Gartenboden"). Dies ist das Reich der prächtigen, dekorativen und farbenkräftigen Stauden wie Rittersporn (*Delphinium Elatum*-Gruppe) oder Hoher Phlox (*Phlox paniculata*).

Im Beet präsentieren sich die Prachtstauden vor allem im Hochsommer in kräftigen Farben und üppigem Wuchs.

Die Bedeutung der Farben

Rot wie das Feuer, Blau wie das Meer oder Gelb wie die Sonne – Farben wecken bei uns bestimmte Assoziationen. Aber nur, wenn Sie sie in Ihren Beeten geschickt miteinander kombinieren, erleben Sie auch, wie Farben wirklich wirken.

Farben bestimmen im Garten maßgeblich die Stimmung und Atmosphäre. Da bei den Pflanzen die Blattmasse überwiegt und die meisten Blätter grün sind, ist die vorherrschende Farbe eines Gartens Grün. Welche weiteren Farben Sie dazu mischen, sei es als Blüten- oder Blattfarbe, hängt ganz von Ihrem persönlichen Geschmack und Empfinden ab.

Das menschliche Auge kann nur einen kleinen Teil an Farben wahrnehmen, der einem bestimmten Wellenbereich aus dem Spektrum der Sonnenstrahlung entspricht. Daraus ergibt sich der Farbkreis, in dem alle für uns sichtbaren Farben in einer bestimmten Reihenfolge festgelegt sind. Weiß und Schwarz sind sogenannte „Nicht-Farben", denn Weiß ist die Summe aller Farben und Schwarz absorbiert das Licht völlig.

Den Grundstock der Farbpalette bilden die drei Grund- oder Primärfarben Rot, Blau und Gelb. Durch Mischung zweier Grundfarben entstehen die Sekundärfarben: Orange (aus Rot und Gelb), Grün (aus Gelb und Blau) und Violett (aus Blau

und Rot). Als „warme" Farben bezeichnet man die Töne von Gelb bis Rot, der Bereich von Grün bis Blau beinhaltet dagegen die „kalten" Farben. Die im Farbkreis sich gegenüberliegenden Farben, z. B. Blau und Gelb, werden als Komplementärfarben bezeichnet. Mit der Kombination zweier Komplementärfarben erzeugen Sie den größtmöglichen Kontrast, der eine Pflanzung lebendig und kräftig erscheinen lässt. Kombinieren Sie Farben, die nebeneinanderliegen, erreichen Sie einen harmonischen Farbverlauf, z. B. von Gelb über Orange bis Rot, der ruhiger wirkt.

Wie Farben wirken

Folgende Regeln helfen Ihnen bei der Farbzusammenstellung Ihrer Pflanzen. Zudem können Sie durch eine gezielte Farbverwendung Ihren Garten optisch größer oder kleiner wirken lassen.
Warme Farben sind eher „aufdringlich", sie ziehen die Blicke auf sich und drängen sich damit optisch mehr in den Vordergrund.
Bei kalten Farben ist es umgekehrt. Sie sind zurückhaltend, springen nicht so ins Auge, wirken weiter entfernt und schaffen optische Weite.
Damit ein Garten größer wirkt, pflanzen Sie warme Farben in der Nähe des Betrachters, z. B. an der Terrasse, und kühle Farben weiter weg, wie etwa an die Gartengrenze. Im umgekehrten Fall ergibt sich die gegenteilige Wirkung.

Die Farben der Blätter

Bei den Stauden trumpfen oft die Blätter zusätzlich auf. Nehmen Sie nur die verschiedenen Grüntöne: von zartem Lindgrün über kräftiges Dunkelgrün bis hin zu Blaugrün reicht die Palette. Darüber hinaus gibt es viele weitere spannende Farbvariationen.
Silbergrau erscheinen Pflanzen bzw. deren Blätter, die mehr oder weniger stark behaart sind; häufig bei Stauden sonnig-heißer Standorte wie dem Wolligen Ziest (*Stachys byzantina*).
Gemusterte Blätter entstehen eigentlich durch Chlorophylldefekte. Die Blätter sind nicht mehr einheitlich grün, sondern entweder komplett gelb oder panaschiert, d. h. auch weiß gestreift, gerandet, gefleckt oder marmoriert (z. B. *Hosta* 'Lemon Lime', *Iris pallida* 'Aureovariegata').
Braunrot gefärbt ist das Laub bei einigen Pflanzen unterseits oder rötlich bis bräunlich im Austrieb (z. B. *Ligularia dentata* 'Desdemona'). Manchmal tauchen gänzlich braun- bis purpurrote Blätter auf (z. B. *Heuchera micrantha* 'Palace Purple').
Herbstfärbung macht so manche Staude erst richtig interessant, z. B. den Blut-Storchschnabel (*Geranium sanguineum*), der sich intensiv gelb bis orangerot färbt.

Schöpfen Sie aus dem Vollen – manche Blüten und Blätter tragen in sich schon mehrere Farben.

Stimmungsvolle Ton-in-Ton-Kombination: Akelei, Paukenschlegel-Lauch und Vergissmeinnicht.

So wird's ein perfektes Beet

Sie planen ein Beet an Ihrer Terrasse, vor einer Hecke oder unter großen Gehölzen? Wir zeigen Ihnen, wie Sie die richtigen Pflanzen für Ihre Lieblingsplätze finden und das Beet Schritt für Schritt mit Leben füllen.

Schön gestaltete Beete erfüllen vor allem eine Aufgabe: Sie erfreuen den Gartenbesitzer Tag für Tag mit ihrer Blütenpracht und unterschiedlichsten Farben und Formen. Sie können aber noch zusätzliche Funktionen übernehmen.

Raumbildend: Je nach Höhenstaffelung können Beete als Raumteiler, Sichtschutz oder als Gartenbegrenzung dienen.

Stimmungsbildend: Die Art der Bepflanzung bestimmt maßgeblich die Atmosphäre im Garten. Flächen, die repräsentativ sein sollen, wie etwa der Vorgarten, werden Sie bestimmt anders bepflanzen als einen Sitzplatz, der ruhig und beschaulich wirken soll. Je nach gewünschter Stimmung können Sie optische Reize schaffen, das Auge beruhigen oder das Gemüt mit wohligen Düften erfrischen.

Standorte im Garten: Bestimmte Situationen erfordern bestimmte Maßnahmen - das ist auch im Garten so. Deshalb haben die Autoren für Sie in Kapitel 2 Beete zusammengestellt, die für die gängigsten Gartensituationen inklusive den jeweiligen Anforderungen passen und direkt nachgepflanzt werden können. Jetzt lernen Sie die Grundlagen für den Aufbau eines Staudenbeets kennen. Damit können Sie die „Rezepte" besser verstehen und bekommen das Handwerkszeug, um selber zu experimentieren.

Pflanzen auswählen

Ist der Standort gewählt und die Funktion des Beets klar, geht es an die Auswahl der Pflanzen. Sie können diese zwar nur nach Gefallen und Aussehen wählen und durch bestimmte Pflegemaßnahmen beeinflussen – aber auf Dauer wird einer von beiden aufgeben, die Pflanze oder Sie. Wenn Sie dagegen die Bedürfnisse der Pflanzen und die vorherrschenden Bedingungen berücksichtigen, werden Sie über Jahre hinweg Freude an einem pflegeleichten Beet haben. Deshalb sollten Sie vorab den Standort überprüfen (→ Tipp-

Stauden, wie Sonnenhut, Schafgarbe und Gräser, zeigen auch im Herbst interessante Strukturen.

Eine geschnittene Hecke bildet den idealen „Rücken" für eine gestaffelte Rabatte.

Kasten rechts). Dadurch wird das riesige Angebot an Pflanzen schon auf ein etwas überschaubareres Sortiment begrenzt, das am Standort funktioniert. Danach können Sie nach Herzenslust die ästhetische Auswahl treffen. Wählen Sie Ihre bevorzugten Wuchs- und Blütenformen aus. Gestalten Sie mit Ihren Lieblingsfarben, aber achten Sie auf passende Kombinationen.

Schritt für Schritt zum Beet

Es ist natürlich Geschmackssache, für welches Thema oder welche Farbgebung Sie sich entscheiden. Es gibt jedoch einige grundlegende Überlegungen, die den Aufbau eines Beets bestimmen.
Ganzjährige Attraktivität: Bestimmt möchten auch Sie, dass es das ganze Jahr über blüht und immer etwas Schönes im Beet geboten ist. Dafür ist es zum einen wichtig, eine Auswahl von Pflanzen mit verschiedenen Blütezeiten zu treffen und zu beachten, dass die gemeinsam blühenden Pflanzen auch das jeweilige Farbthema treffen. Dabei hilft Ihnen z. B. der Blütezeitenkalender im Anhang (→ Seiten 164–167). Zum anderen sollte ein gewisser dauerhafter Rahmen bestehen und Pflanzen integriert sein, die das ganze Jahr strukturbildend sind oder immer etwas zu bieten haben, wie Blütenfarben und -formen, eine schöne Herbstfärbung oder eine interessante Wuchsform. Dazu eignen sich Gehölze, aber auch Solitär- und Blattschmuckstauden, z. B. *Aconogonon* 'Johanniswolke', *Hosta* oder hohe Gräser.
Höhenstaffelung: Die Lage einer Pflanzung im Gartenraum ist entscheidend für die Anordnung verschieden hoher Pflanzen. Wird eine Pflanzfläche nur oder vor allem von einer Seite betrachtet, sollten die Pflanzen im Vordergrund die niedrigsten sein, die im Hintergrund die höchsten. Die Höhen sollten dabei jedoch in der Breite und in der Tiefe der Fläche variieren, so dass sich ein abwechslungsreiches, spannendes Bild ergibt. Ist das Beet von allen Seiten einsehbar, findet die Staffelung von niedrig bis hoch eher von außen nach innen statt. Es ist aber auch hier möglich, besonders bei großen Pflanzflächen, die hohen Stauden unregelmäßig auf der Fläche zu verteilen, ohne dass ein hoher Mittelpunkt entsteht. Diese Variante entspricht am ehesten einer naturhaften Verteilung.

TIPP Beim Standort-Check gehen Sie am besten wie folgt vor. **Bodenuntersuchung:** Stellen Sie fest, um welche Bodenart es sich handelt, wie groß das Nährstoffangebot und die Verfügbarkeit von Bodenwasser ist (→ Seite 10). **Klima:** Betrachten Sie groß- und kleinklimatische Bedingungen wie Temperaturminima, übers Jahr verteilte Regenmengen oder Windverhältnisse. **Licht:** Beobachten Sie die Sonneneinwirkung sowohl über den Tag als auch über das Jahr verteilt (→ Seite 10). **Pflege:** Überlegen Sie, wie viel Pflege Sie leisten möchten und können. Es gilt: Je besser die Pflanzenansprüche und Standortbedingungen zusammenpassen, umso weniger Aufmerksamkeit braucht das Beet.

(Bild oben) Der stattliche, höher wachsende Eisenhut eignet sich gut als Leitstaude für den Spätsommer.

(Bild unten) Nesselkönig, Frauenmantel und Storchschnabel bieten reizvolle Blattformen und -farben.

Das Leitstaudenprinzip

Bei der Anordnung und Verteilung einer Art bzw. Sorte innerhalb der Pflanzfläche hilft Ihnen folgende Zuordnung. Stauden werden je nach Dauer ihrer Attraktivität und nach ihrem Gesamterscheinungsbild in verschiedene hierarchische Gruppen eingeteilt.

Leitstauden zeichnen sich durch eine ausgeprägte Gestalt, auffallende Blütenfarben und großen Blütenreichtum aus. Sie eignen sich auch meist als Solitärpflanzen und übernehmen, zusätzlich oder an Stelle von Gehölzen, die Aufgabe der Gerüstbildner. Sie sollten demnach als Erstes auf der Pflanzfläche in rhythmischer Verteilung ausgelegt werden. Gute Leitstauden sind z. B. Wolken-Knöterich (*Aconogonon*), Chinaschilf (*Miscanthus sinensis*) oder Virginia-Kandelaber-Ehrenpreis (*Veronicastrum virginicum*).

Begleitstauden werden den Leitstauden zugeordnet. Sie blühen entweder in der gleichen Farbe, in abgestufter Tönung oder in einer Kontrastfarbe. Ihre Wuchshöhe ist deutlich niedriger als die der Leitstauden. Zudem sollten sie in der Wuchsform auf die Leitstauden abgestimmt sein. Beispiele für Begleitstauden sind Sterndolde (*Astrantia major*), Hoher Phlox (*Phlox paniculata*) und Hain-Salbei (*Salvia nemorosa*).

Füllstauden schließen letztlich die Lücken im Beet. Es sind Stauden mit untergeordneter bzw. unauffälliger Wirkung, beispielsweise weiß blühend oder nur blattzierend. In den ersten ein bis zwei Jahren können kurzlebige Schnellentwickler gleichfalls die Aufgabe von Füllpflanzen übernehmen. Sie benötigen die Lücken im Beet, um sich auszusäen, werden später aber durch die sich ausbreitenden Stauden zurückgedrängt. Geplant ist, dass sie dann in der Menge deutlich zurückgehen oder sogar ganz verschwinden.

Zu den Füllstauden gehören beispielsweise Elfenblumen (*Epimedium*), Storchschnabel (*Geranium*), Teppich-Sedum (*Sedum floriferum*), Großblütiger Ziest (*Stachys macrantha*) und Ungarwurz (*Waldsteinia*).

Wie viel Platz braucht eine Staude?

Jede Pflanze ist stets bestrebt, den für sich optimalen Raum (ober- und unterirdisch) zu bekommen. Das führt zwangsläufig zu einem Konkurrenzkampf. In der Natur setzen sich automatisch die wuchskräftigen gegen die wuchsschwachen durch und verdrängen diese. Pflanzen, die unter vielen verschiedenen Bedingungen gedeihen können, wie beispielsweise der verbreitete Giersch (*Aegopodium podagraria*), sind in der Regel auch

wuchskräftig. Im Garten verlangt es nach einem stetigen Eingreifen des Gärtners. Wenn Sie diese zusätzliche Arbeit nicht leisten möchten, sollten Sie idealerweise nur Pflanzen mit annähernd gleicher Wuchskraft zusammen kombinieren.
Aus der Wuchsstärke und der Lebensform resultiert im Wesentlichen auch der Grad der **Geselligkeit** einer Art. Manche Arten, wie Chinaschilf (*Miscanthus*), kommen besser allein zur Geltung. Sie sollten als Solitäre gepflanzt werden, damit sie ihre Pracht voll entfalten können. Andere Stauden mögen keine enge Nachbarschaft mit der gleichen Art (z. B. *Delphinium*, der Garten-Rittersporn) und gehen lieber auf Distanz zueinander. Andere Arten wiederum sollten besser in Gruppen (z. B. Bodendecker wie Günsel oder Elfenblume) oder kleinen Tuffs gepflanzt werden, da sie sonst nicht wirken oder sich nicht durchsetzen können. So sollten höher wachsende Stauden in kleineren Gruppen mit geringer Stückzahl gesetzt werden. Niedriger wachsende Stauden, die eher unauffällig sind, können Sie in größerer Anzahl pflanzen. Sehr starkwüchsige Arten, wie die Waldmarbel (*Luzula sylvatica*), oder ausläuferbildende Stauden, wie Kriechende Ungarwurz (*Waldsteinia ternata*) und Chinesischer Bleiwurz (*Ceratostigma plumbaginoides*), breiten sich großflächig aus. Sie erlauben höheren und stark wachsenden Pflanzen, zwischen ihnen zu gedeihen.
Aus dem Wissen um die Wuchskraft und unter Berücksichtigung der Lebensform ergibt sich der Platzbedarf einer ausgewachsenen Pflanze. Für die Auswahl hilft die Angabe, wie viel Stück pro Quadratmeter gepflanzt werden sollen. Sie finden die Angaben in Fachbüchern und in manchen Staudenkatalogen. Sie können sich aber auch vom Fachpersonal einer gut sortierten Gärtnerei beraten lassen. Diese Angaben sind jedenfalls immer nur Richtwerte. Wirklich genaue Angaben lassen sich nicht machen, da die gleiche Sorte sich beispielsweise auf verschiedenen Böden und bei anderen kleinklimatischen Bedingungen auch unterschiedlich verhalten und entwickeln kann.

Die rhythmische Anordnung des Fingerhuts – hier die Leitstaude – gliedert die lange Rabatte.

Der richtige Abstand

Pflanzen Sie zu dicht, bewirkt das nicht nur ein schnelles Zusammenwachsen der Pflanzen. Eine zu enge Pflanzung beeinträchtigt durch verstärkten Konkurrenzdruck vor allem die Dauerhaftigkeit und führt folglich zu einem höheren Pflegeaufwand. Außerdem erhöhen sich dadurch die Kosten unnötig, da Sie mehr Pflanzen kaufen als notwendig. Wenn Sie eine dauerhaft attraktive Bepflanzung wünschen, sollten Sie Geduld mitbringen. Die meisten Stauden haben in zwei Jahren eine ausreichende Größe erreicht. Sie können in den ersten beiden Jahren die Lücken im Beet entweder mulchen, mit kurzlebigen Schnellentwicklern, z. B. Bergminze (*Agastache*) und Akelei (*Aquilegia*), füllen oder in der Größe passende Ein- bzw. Zweijährige (Sommerblumen) dazwischen setzen. Sie sollten aber darauf achten, dass die gewollten Dauerpflanzen in ihrem Wachstum nicht beeinträchtigt werden.

Staudenbeete anlegen

Sind die Pflanzen erst einmal ausgewählt, geht's an die Umsetzung. Bereiten Sie den Boden gut vor und nehmen Sie sich Zeit für den Einkauf Ihrer auserwählten Arten. Ein paar praktische Tipps erleichtern den Start im neuen Beet.

Eine gut eingewachsene Staudenpflanzung nimmt weniger Pflege in Anspruch als eine wöchentlich gemähte Rasenfläche derselben Größe. Deshalb sollten Sie sich einen gärtnerischen Leitsatz für die Pflanzplanung zu Herzen nehmen: Gut geplant ist halb gepflegt! Denn der Spaß am Umgang mit den Pflanzen soll für Sie nicht zur ungeliebten Arbeit werden.

Eine Grundvoraussetzung für gutes Gelingen ist, die Licht- und Bodenverhältnisse und damit die Lebensbereiche im eigenen Garten zu kennen (→ Seite 16 ff). Bei einer darauf perfekt abgestimmten Pflanzung reichen wenige Pflegegänge während der Saison aus.

Ferner erleichtern robuste und geprüfte Arten und Sorten aus der Rosen- und Staudensichtung (→ Seite 174) die Gartenarbeit: Sie garantieren üppiges Wachstum, Langlebigkeit und Gesundheit. Neben ein paar regulierenden Schnittmaßnahmen, z. B. für eine höhere Blütenanzahl oder stabilen Wuchs, bleibt Ihnen ausreichend Zeit, die Blütenpracht zu genießen.

Für jeden Boden das Passende

Eine Staude wächst nicht auf jedem Boden, aber für jeden Boden findet sich eine passende Staude. Seine Art und Beschaffenheit bestimmen wesentlich, welche Stauden dort einen Platz finden. Leichter Sandboden hält nur schlecht Wasser und Nährstoffe, erwärmt sich aber im Frühling schnell und ist leicht zu bearbeiten. Hier fühlen sich z. B. Bartiris (*Iris*) mit ihren fleischigen Wurzeln wohl. Das andere Extrem, der schwere Lehm- oder Tonboden, speichert das Wasser gut, ist nährstoffreich, aber schwer zu bearbeiten und neigt zu Staunässe. Er bietet optimale Wuchsbedingungen für Wasserdost (*Eupatorium*), Lobelie (*Lobelia*) oder Sibirische Wiesen-Iris (*Iris sibirica*). Mit der einfachen „Fingerprobe“ wissen Sie schnell, um welche Bodenart es sich handelt. Feuchten Sie eine Handvoll Boden mit etwas Wasser an und rollen Sie die Probe in der Hand hin und her. Je nach Gefühl und einigen sichtbaren Merkmalen erkennen Sie drei verschiedene Bodenarten:

› **Leichter Boden** ist Sandboden: Er fühlt sich rau an, ist kaum formbar, rieselt durch die Finger und beschmutzt diese wenig oder gar nicht.

› **Mittlerer Boden** ist lehmiger Sand oder sandiger Lehm: Er beschmutzt die Finger leicht und ist entweder etwas oder deutlich formbar. Je rauer ein solcher Boden ist, desto höher ist der Sandanteil. Umgekehrt gültig ist dies für Lehm.

› **Schwerer Boden** ist Lehm- oder Tonboden: Er lässt sich gut formen, die Finger werden stark schmutzig. Je glatter und glänzender die erzeugte Gleitfläche ist, desto mehr Ton enthält der Boden.

TIPP Mit der Fingerprobe (Abb. links) „erfühlen“ Sie die Bodenart, der pH-Wert hingegen bestimmt den Säuregehalt. Er lässt sich mit Teststreifen (Abb. rechts) aus dem Fachhandel messen. Die Werte liegen zwischen 0–14. Der Wert 7 bedeutet neutraler Boden, pH 0–6 zeigt sauren (kalkarmen), pH 8–14 alkalischen (kalkhaltigen) Boden an. Viele Wald- und Schattenstauden lieben sauren Boden. Kräuter, Steppenpflanzen, aber auch Rosen, bevorzugen einen kalkhaltigen Boden. Sandböden haben in der Regel einen niedrigen pH-Wert, Lehm- und Tonböden einen neutralen bis höheren Wert.

Den Boden verbessern

Durch das Einarbeiten von Humus, z. B. in Form von Kompost, oder Steinmehl können Sie die Wasserhaltefähigkeit und Nährstoffverfügbarkeit des Sandbodens verbessern. Sand und Kies, aber auch Humus, beeinflussen positiv die Krümelstruktur schwerer Lehm- und Tonböden und machen sie somit durchlässiger. Solche Böden bieten mehr Pflanzen gute Wurzelbedingungen. Wo Kräuter, Steingarten- und Steppenpflanzen gedeihen sollen, bringen Sie reichlich Sand, Kies oder Splitt in den Boden ein, um dessen Durchlässigkeit zu erhöhen und ihn „abzumagern“, d. h. nährstoffärmer zu machen.

Möchten Sie schwierige Standorte unter Bäumen und Sträuchern begrünen, können aber mit der Pflanzschaufel den Wurzelfilz nicht durchdringen, dann gehen Sie wie folgt vor: Bringen Sie eine ca. 10 cm hohe Schicht Humus unter den Gehölzen aus. Pflanzen Sie anschließend dafür geeignete Bodendecker, wie Elfenblume oder Kriechende Ungarwurz hinein, und gießen Sie die Pflanzen in den ersten Wochen regelmäßig.

Aufregende Farbspiele zeigt diese gelungene, üppig gewachsene Staudenpflanzung.

Ein Staudenbeet pflanzen

Alle Topfballen sollen gut durchfeuchtet sein; wenn nötig, tauchen Sie die Stauden vorher in einen Eimer mit Wasser.
Material: Pflanzen, bei Bedarf Zuschlagstoffe wie Sand, Humus oder Kies, Mehrnährstoffdünger
Werkzeug: Spaten, Hacke, Pflanzschaufel, Gießkanne oder Gartenschlauch, Wassereimer
Zeitbedarf: pro m² 10–15 Minuten

[1] *Pflanzen Sie mit Hilfe eines Spatens zuerst die Gerüstpflanzen (Gehölze, Halbsträucher bzw. größere Stauden, Gräser und Farne). Sie sollten nach dem Pflanzen genauso hoch stehen wie vorher im Topf.*

[2] *Danach verteilen Sie die weiteren Stauden von groß nach klein. Graben Sie mit der Pflanzschaufel jeweils ein Loch, setzen Sie die Staude ein, verfüllen anschließend und drücken die Staude fest an.*

[3] *Im Herbst setzen Sie die frühjahrsblühenden Blumenzwiebeln, Herbstblüher kommen ab August ins Beet. Lassen Sie genügend Abstand, bei Großzwiebeln mindestens 10 cm, bei Kleinzwiebeln 3–5 cm. Die Pflanztiefe sollte in der Regel gut das 3-fache der Zwiebelhöhe betragen.*

Beete vorbereiten

› Je lockerer der Boden, desto leichter setzen Sie Ihre neuen Gartenpflanzen in die Erde. Meist reicht es aus, den Boden grob zu hacken, zu lockern oder zu harken. Bei schwerem oder verdichtetem Boden, wenn Sie etwa eine Rasenfläche in ein Beet umwandeln möchten, greifen Sie zum Spaten und graben den Boden um.
› Achten Sie sorgfältig darauf, dass auf der Fläche kein Unkraut wächst! Entfernen Sie Dauer- oder Wurzelunkräuter wie Giersch, Quecke und Ackerwinde sorgfältig, da sich diese unliebsamen Gäste im Beet sonst schnell wieder ausbreiten.
› Zuschlagstoffe wie Sand oder Humus, aber auch Kalk und Dünger, bringen Sie je nach Bedarf für eine optimale Verteilung vor dem Pflanzen aus.

Gute Qualität kaufen

Wer Wert auf Qualität und fachliche Beratung legt, kauft seine Bäume und Sträucher in der Baumschule. Staudengärtnereien sind die Experten für Gräser, Farne und Stauden. Auch in gut sortierten Gartencentern finden Sie eine große Auswahl an Gartenpflanzen. Bestimmte Sorten oder auch ausgefallene Schönheiten finden Sie am besten bei Spezialgärtnereien. Viele haben inzwischen auch einen Online-Shop und liefern Ihre Bestellung direkt nach Hause.
Daran erkennen Sie gute Qualität bei Stauden:
› Die **Wurzeln** bilden einen festen Ballen, der auch beim Austopfen nicht auseinanderfällt.
› Achten Sie bei Stauden auf **Winterknospen**, die Sie beim Austopfen erkennen, damit die Pflanzen in einer Herbstpflanzung im nächsten Frühjahr sicher austreiben.
› Kaufen Sie nur **sortenechte** und eindeutig ausgezeichnete bzw. etikettierte Pflanzen.
Stauden pflanzen Sie das ganze Jahr außerhalb der Frostperioden. Das gilt auch für Bäume und Sträucher, die im Container geliefert werden. Trotzdem gelten das Frühjahr und der Herbst als beste Pflanzzeit. Während dieser Jahreszeit bleibt der Boden üblicherweise gleichmäßig feucht.

Das 1 x 1 der Pflege

Nach dem Pflanzen ist vor dem Pflegen. Aber keine Sorge: Bei unseren pflegeleicht angelegten Beetrezepten bleiben Sie schon mit wenigen Handgriffen stets Herr der Lage im Blumenbeet. So bleibt mehr Zeit, die Pracht zu genießen.

Nach dem Pflanzen des neuen Beets gießen Sie die Stauden und Gehölze gut an. Größere Gehölze setzen Sie mehrmals bis zum oberen Gießrand unter Wasser. Das eindringende Wasser schlämmt Erde in eventuell noch vorhandene Luftlöcher und sorgt dafür, dass zwischen Mutterboden und Wurzelballen eine innige Verbindung entsteht. Dies gilt auch für die Stauden. Mit Schlauch oder Gießkanne gießen Sie jede Staude einzeln an. Vor allem in den ersten beiden Jahren nach der Pflanzung wässern Sie das Beet bei länger anhaltender Trockenheit zusätzlich. Bei einer Pflanzenauswahl, die den vorhandenen Licht- und Bodenverhältnissen entspricht, reichen nach dem Einwachsen ab dem dritten Standjahr bei normalen Witterungsverhältnissen die natürlichen, regelmäßigen Niederschläge aus. Lassen einzelne Pflanzen trotzdem ab und zu die Blätter hängen, gießen Sie diese gezielt.

Stäben und stützen

Einige höher wachsende Gartenblumen verlieren mit der Höhe an Standfestigkeit. Bei Wind, schweren Blüten oder weichen Trieben biegen sich die Stängel nach außen oder knicken ab. Mit Stützhilfen geben Sie ihnen die Stabilität zurück:

› Stecken Sie Reisigzweige um die Horste. Die Triebe wachsen hindurch und werden gehalten.
› An einzelnen Bambusstangen können Sie die Triebe mit Bindedraht fixieren.
› Im Fachhandel gibt es grün ummantelte Drahtstäbe, die Sie zu einem Stützgerüst auf unterschiedlichen Höhen zusammenstecken können.
› Einige Stauden können Sie auch vor der Blüte auf die Hälfte zurückschneiden (→ Seite 27). Die Triebe bleiben kürzer und somit standfest. Eine Stütze brauchen sie dann nicht mehr.
› Niedrige, kompakt wachsende Pflanzen bilden eine natürliche Stütze für höhere Stauden. Berücksichtigen Sie dies schon bei der Partnerwahl.

Früh angebrachte Stützen werden überwachsen und fallen später kaum noch ins Auge.

Weg mit dem Unkraut

Unkräuter im Beet sind den meisten Gärtnern ein „Dorn im Auge“, denn sie stören das Bild und überwuchern mit der Zeit die Stauden. Vor allem Wurzelunkräuter, wie Giersch, Quecke, Ackerschachtelhalm und Ackerwinde, treiben aus den kleinsten im Boden verbleibenden Wurzelstückchen wieder aus und halten sich hartnäckig zwischen den Stauden und Gehölzen. Folgende Maßnahmen helfen Ihnen, den Aufwand in Sachen Unkraut möglichst gering zu halten:

(Bild oben) Eine Mulchschicht aus organischem Material bildet Humus, hält Unkraut fern und den Boden feucht.

(Bild unten) Mit einem Distelstecher haben Sie auch bei Löwenzahn, Sauerampfer und Co. leichtes Spiel.

Lockern Sie **vor dem Pflanzen** den Boden gut auf und suchen Sie mit Hilfe einer Grabegabel nach den leicht erkennbaren, meist weißen und wenig verzweigten Wurzelstücken im Boden. Graben Sie dazu etwa 40 cm tief. Vor allem Giersch bildet eine dichte Wurzelschicht und oberirdisch ein üppiges Laubwerk, das alle schwachen Nachbarn problemlos erdrückt.
Tauchen **nach dem Pflanzen** in einem gesäuberten Beet doch Blätter oder Halme dieser Unkräuter auf, graben Sie diese sorgfältig mit einem Distel- oder Löwenzahnstecher aus. Das ständige Entfernen der oberirdischen Organe hungert die Pflanzen mit der Zeit aus.
Die Pflanzabstände zwischen den Stauden sind meist so gewählt, dass sich erst am Ende des zweiten oder zu Beginn des dritten Standjahres die Staudendecke schließt oder sich die Pflanzen berühren. Dann hat Unkraut kaum eine Chance, ans Licht zu kommen. Im ersten und zweiten Standjahr, wenn die Teppiche der Bodendecker noch nicht geschlossen sind und die kleinen Horste der höheren Stauden noch nackte Erde freigeben, ist der Arbeitsaufwand höher.

Mit Mulch gegen Löwenzahn & Co.

Bringen Sie nach der Pflanzung eine drei bis sieben Zentimeter dicke Mulchchicht aus. Vor allem Samenunkräuter halten Sie so gut in Schach, die unter der lichtundurchlässigen Mulchdecke nicht keimen können. Wurzelunkräuter dagegen durchdringen diese problemlos, lassen sich wegen des lockeren Bodens aber leicht entfernen.
› Organisches Material wie Rindenmulch eignet sich für Beete in den Lebensbereichen Beet, Freifläche mit frischem bis feuchtem Boden, im Gehölz und Gehölzrandbereich. Es verrottet mit der Zeit, erhöht den Humusgehalt und damit die Nährstoff- und Wasserversorgung. Achten Sie darauf, den Boden mit einem organischen Grunddünger, z. B. Hornmehl, zu versorgen, damit der bei der Zersetzung des Mulchs festgelegte Stickstoff den Pflanzen nicht fehlt.

- Bringen Sie zwischen Sommertrockenheit liebenden Pflanzen auf durchlässigen, nährstoffarmen Böden eine zwei bis drei Zentimeter dicke Schicht Splitt oder feinen Kies auf.

Sie können bei jedem Arbeitsgang differenzieren, welche Unkräuter Sie entfernen und welche noch keinen Schaden im Beet anrichten konnten. Vermeiden Sie vor allem die Aussaat der Samenunkräuter. Vor Blüte und Samenansatz können sie noch stehen bleiben. Sobald sich aber erste Blüten zeigen, sollten Sie die Pflänzchen rausziehen.

Jäten oder lockern?

Nach einer Bodenbearbeitung kommen Samen einjähriger Unkräuter, wie Springkraut, Franzosenkraut und vieler Un-Gräser, nach oben und versuchen, schnell den offenen Boden zu schließen. Sie verstreuen große Mengen Samen und machen den Großteil der Unkräuter aus. Wer seinen Boden ständig lockert, ermöglicht immer mehr Unkräutern zu keimen. Verzichten Sie ab dem Spätsommer bzw. Herbst auf dieses Lockern, dann kann sich der Boden setzen, und im Folgejahr bleiben viele dieser typischen Ackerunkräuter weg. Brennnessel, Hahnenfuß oder Sauerampfer gehören als mehrjährige Pflanzen zu den Stauden und tauchen meist im zweiten Pflanzjahr auf. Es sind aber wenige, die Sie leicht erkennen und mit Hilfe eines Distelstechers oder einem einzinkigen Handjäter leicht entfernen können.
Die Gartenstauden säen sich teilweise stark aus. Nicht jeder Sämling von Frauenmantel, Akelei, Spornblume oder Lungenkraut ist willkommen. Nur wer ins Bild passt und genug Platz zur Entwicklung hat, darf stehen bleiben. Zudem säen sich nicht alle Stauden sortenecht aus, sodass der Sämling nicht mehr die gewünschte Farbe oder Eigenschaft der ursprünglichen Sorte hat.
Grundsätzlich gilt, den Boden so wenig wie möglich zu bearbeiten. Einerseits bleibt der Boden gleichmäßig frisch, andererseits bieten Sie Unkräutern schlechtere Lebensbedingungen, die dann Ihren Stauden gerne das Beet überlassen.

TIPP Wildpflanzen sind nur dann „Un"-Kräuter, wenn sie unsere Gartenpflanzen bedrängen und im Wachstum behindern. In neu angelegten Gärten kann das vermeintliche Unkraut auch hilfreich sein. Noch jung und ohne Samen kann es wie eine Gründüngung wirken und den Boden vor dem Austrocknen und Verschlämmen bewahren. Einige als Unkräuter eingestufte Pflanzen geben uns Hinweise über Art und Qualität des Bodens. Beispielsweise zeigen Ackerwinde, Brennnessel, Huflattich, Hasenklee, Klatschmohn, Löwenzahn oder Taubnessel einen kalkreichen Boden an. Kalkarme, also saure Böden, erkennen Sie vor allem durch vorhandenen Sauerampfer, Sauerklee, Hundskamille, Schachtelhalm oder Adlerfarn.

Nährstoffe per Dünger

Über eine Startdüngung mit organischem oder mineralisch-organischem Dünger, die Sie vor dem Pflanzen flach einharken, freuen sich alle Pflanzen in einem Lebensbereich mit frischem, nährstoffreichem Boden. Die jährliche, gezielte Stickstoff betonte Düngung im März und Juni ist bei Starkzehrern mit viel Blattmasse und reichem Blütenflor nötig, z. B. bei Rittersporn (*Delphinium*) oder Flammenblume (*Phlox*). Alternativ verteilen Sie im Frühjahr eigenen Kompost.
Damit Sie wissen, welche Nährstoffe in Ihrem Boden vorherrschen, bietet sich eine Bodenuntersuchung an (→ Seite 174). Anhand der Analyse bringen Sie gezielt die fehlenden Nährstoffe ein. Grundsätzlich brauchen Sandböden mehrmalige Düngergaben, da Niederschläge die Nährstoffe schnell wieder auswaschen. Bei Lehm- und Tonböden halten sich die Nährstoffvorräte dagegen länger. Ab Juli/August düngen Sie nicht mehr. Standfestigkeit und Winterhärte leiden unter zu viel Dünger. Außerdem ziehen die Pflanzen langsam ein und brauchen keine Nährstoffe mehr.

Große Horste können Sie problemlos mit dem Spaten in mehrere handgroße Stücke teilen.

Pflanzen teilen für mehr Ausdauer

Stauden, wie Pfingstrosen (*Paeonia*), Funkien (*Hosta*) oder Chinaschilf (*Miscanthus*), sowie viele Bodendecker, z. B. Elfenblumen (*Epimedium*), gehören zu den langlebigen Gartenpflanzen und können jahrelang an einem Platz stehen. Trotzdem gibt es einige bekannte Beetstauden unter ihnen, z. B. Mädchenauge (*Coreopsis*) oder Purpursonnenhut (*Echinacea*), deren Vitalität im Lauf der Jahre abnimmt. Sie neigen dazu, sich wegen ihrer Blütenfülle im zweiten und dritten Jahr zu verausgaben und dann wieder abzubauen. Um das Grünen und Blühen zu erhalten, nehmen Sie die Pflanzen auf, teilen Sie die Ballen mit der Hand oder dem Spaten und pflanzen Sie sie erneut ins Beet ein. Sibirische Wiesen-Iris (*Iris sibirica*) oder manche Gräser verkahlen nach mehreren Jahren in der Mitte des Horstes. Auch diese Pflanzen teilen Sie und pflanzen die Teilstücke wieder ein. Indianernesseln (*Monarda*) breiten sich von ihrem Standplatz weg zu allen Seiten hin aus. Von den vitalen Randbereichen können Sie nach zwei bis drei Jahren Teilstücke entnehmen und wieder in die Mitte zurückpflanzen.

Einige Pflanzen, die trockenere Gartenplätze bevorzugen, gehören zu den kurzlebigen Stauden. Sie erhalten sich aber durch Selbstaussaat im Garten. Dazu zählen beispielsweise Leinkraut (*Linaria*), Präriekerze (*Gaura*), Knautie oder Argentinisches Eisenkraut (*Verbena bonariensis*).

Eis und Kälte im Griff

Starke Minusgrade, Nässe im Boden und Spätfröste zu Beginn des Gartenjahres machen so manchen Pflanzen zu schaffen.

› Einige wintergrüne Stauden und Gehölze leiden im Winter unter der sogenannten Frosttrocknis, wenn der Boden gefroren ist und Sonnenschein die Verdunstung in den Blättern anregt. Hier hilft die zeitweise Abdeckung mit Laub und Reisig.

› Früh austreibende Pflanzen leiden unter Spätfrösten im April oder Anfang Mai. Der beste Winterschutz sind die Blätter und Stiele der Stauden selbst, die Sie erst dann schneiden und abräumen, wenn die Frostgefahr vorbei ist.

› Viele Waldstauden, z. B. Waldmeister (*Galium odoratum*) oder Lungenkraut (*Pulmonaria*), vertragen Laubfall und benötigen es als Winterschutz und als Quelle von Humus und Nährstoffen. Lassen Sie das Laub dort unbedingt liegen.

Gesunde Pflanzen

Zum besten Pflanzenschutz gehören eine optimale Bodenvorbereitung, die standortgerechte Verwendung und die Auswahl gesunder Sorten. Bei einer untypischen Verwendung leiden die Pflanzen und reagieren z. B. mit Verbrennungen an den Blättern oder Blühfaulheit. Auch Schädlingsbefall, Pilze oder bakterielle Krankheiten werden durch falsche Pflege, falschen Standort oder Überdüngung begünstigt. Züchterisch wertvolle Rosen und Stauden, die bei der Sortensichtung überzeugen und als „sehr wertvoll“ (→ Seite 174) eingestuft werden, sind besonders tolerant gegenüber Krankheiten und Schädlingen. Die Anfälligkeit für Mehltau variiert stark von Sorte zu Sorte. Erkundigen Sie sich beim Kauf danach.

Werden Ihre Stauden doch einmal krank, sammeln oder streifen Sie tierische Schädlinge ab bzw. schneiden Sie befallene Triebe ab und entsorgen diese. Sie halten damit die Schäden meist in tolerierbaren Grenzen. Oft regulieren sich diese Dinge im Garten durch Nützlinge wie Marienkäfer oder Florfliegenlarven von selbst.

Der richtige Schnitt

Am besten machen Sie einen Rundgang durch Ihren Garten nie ohne Schere in der Hand. Dann erledigt sich das Ausputzen und Schneiden sozusagen im Vorbeigehen. Der Eingriff in das Wachsen und Blühen reduziert sich meist auf die pflegeintensiveren Beetstauden. Viele Schattenstauden kommen meist das ganze Jahr ohne Schnitt aus. Je nach Pflanzenart beeinflussen Sie mit dem richtigen Schnitt den Wuchs, die Blütenanzahl sowie Blütezeit oder -dauer.

Nachblüte: Viele im Mai und Juni blühende Stauden reagieren auf einen starken, bodennahen Rückschnitt der Triebe mit einem zweiten Flor im Spätsommer und Herbst. Zu dieser Gruppe gehören z. B. Rittersporn (*Delphinium*), Hain-Salbei (*Salvia nemorosa*), Schafgarbe (*Achillea*) und einige Storchschnabel-Arten (*Geranium*).

Längere Blühdauer: Schneiden Sie dazu beispielsweise von Sonnenbraut (*Helenium*) und hohen Astern die verblühten Blütenstände regelmäßig aus oder entfernen sie bei einem Teil der Triebe die obersten Blütenknospen („entspitzen"). Mit diesem Schnitt bewirken Sie, dass Seitenknospen mit neuen Blütenständen gefördert werden.

Stabil und vital: In milden Lagen erhöht ein Rückschnitt empfindlicher oder kurzlebiger Pflanzen, wie etwa bei der Präriekerze (*Gaura*), im Juni die Chance auf neues Austreiben im nächsten Frühjahr. Kürzen Sie hohes *Sedum*, hohe Astern oder Chrysanthemen im Juni um die Hälfte, blühen diese zwar später, sind aber dafür stabiler und kräftiger. Manche Pflanzen, wie Frauenmantel (*Alchemilla*), entwickeln nach einem Totalrückschnitt neues Laub, das dann bis zum Ende des Herbstes frisch und attraktiv bleibt.

Selbstaussaat verhindern: Entfernen Sie abgeblühte Triebe von Frauenmantel, Akelei (*Aquilegia*) oder Sterndolde (*Astrantia*), wenn Sie nicht zu viele Sämlinge haben möchten. Bei Sorten, die nicht echt fallen (→ Seite 25), sollten Sie ebenfalls die Samenstände rechtzeitig abschneiden.

Stauden schneiden

Neben der Ästhetik im Staudenbeet unterstützen Sie mit einem Schnitt die Vitalität der Pflanzen.

Werkzeug: Schere, scharfes Messer

Zeitbedarf: je nach Pflanzengröße 5–15 Minuten

[1] *Mit der Schere schneiden Sie am Ende des Winters alte Staudenreste dicht über dem Neuaustrieb ab. Manchmal reicht schon das Abstreifen mit der Hand, um Platz für frisches Grün zu schaffen.*

[2] *Für eine zweite Blüte schneiden Sie Stauden wie Salbei oder Schafgarbe kräftig zurück. Kürzen Sie dazu die Triebe während des Verblühens bis auf eine Handbreit über dem Boden ein.*

[3] *Das Entspitzen von Herbststauden, z. B. von Sonnenbraut, vor der Blüte bewirkt eine deutliche Verlängerung der Blütezeit. Kürzen Sie dazu im Juni die oberen Triebspitzen um ein Drittel ein.*

Beetrezepte

Mit diesen Beeten *zum Nachmachen* ist es fast wie beim Kochen. Sie wählen ein Rezept, das Sie ausprobieren möchten – in diesem Fall ein Beet, das Ihnen gefällt und zum Standort in Ihrem Garten passt. Nachdem Sie die gewünschte Fläche vorbereitet haben, kaufen Sie die „Zutaten“ aus der *Pflanzliste*, legen sie nach dem gezeichneten Plan aus und pflanzen sie ein. Vielleicht werden Sie noch etwas „nachwürzen“ – ansonsten können Sie einfach *genießen*.

So gelingt's

Beete mit natürlichem, wild-romantischem Charakter, die ganzjährig attraktiv sind und gleichzeitig wenig Pflege brauchen: Mit diesen 22 Beispielrezepten können Sie sich ganz leicht selbst diesen Traum im eigenen Garten erfüllen.

Die verschiedenen Situationen im Garten stellen unterschiedliche Anforderungen an die Bepflanzung eines Beets, z. B. ob an der Gartengrenze Sichtschutz erreicht werden soll oder ob Pflanzen eine Terrasse vor allem mit Duft umhüllen sollen. Deshalb wurden die Rezepte in die nachfolgenden Situationen unterteilt und ihnen zugeordnet. Die Zuordnungen sind jedoch flexibel. Das bedeutet: Solange die Standortbedingungen stimmen, können Sie die Vorschläge auch an manch anderen Stellen im Garten realisieren.

Innerhalb der Situationen wird die Reihenfolge durch die Lebensbereiche bestimmt (→ Seite 12/13): von Gehölz und Gehölzrand über die Freifläche bis zum Bereich Beet.

Der Vorgarten ist das Bindeglied zwischen Haus und Straße, also zwischen privatem und öffentlichem Raum. Damit wird er automatisch zu einer Visitenkarte der Besitzer und soll dies entsprechend repräsentieren. Vorgärten, die nach außen geöffnet sind, sollten eher spannungsreich und aufmerksamkeitsstark bepflanzt werden, damit sie schon von weitem wahrgenommen werden. Bei einer nach innen gerichteten Gestaltung ist mehr der Blick aus dem Haus maßgebend.

An Eingängen und Wegen bzw. Zufahrten haben Pflanzflächen einen ähnlich repräsentativen Charakter. Da diese Beete meist im Gehen erlebt werden, sollte die Bepflanzung eher großzügig sein. Klare Farben und Strukturen sowie eine beschränkte Arten- bzw. Sortenauswahl in größeren Stückzahlen erfüllen dies. An markanten Punkten, z. B. Wegkreuzungen oder Eingängen, kann sich das ändern, denn hier bleibt der Besucher auch stehen und nimmt ein Beet aufmerksamer wahr.

An Sitzplätzen und Terrassen ruhen wir uns aus, sitzen mit den Pflanzen auf „Augenhöhe" und haben viel mehr Zeit, eine bestimmte Pflanze zu betrachten, sie zu riechen oder die Vielfalt einer Komposition wahrzunehmen. Die Pflanzkonzepte sind differenzierter und artenreicher.

Die großartige Kulisse aus Gräsern, Gehölzen und blühenden Stauden lädt zum Verweilen ein.

Mauern oder geschnittene Hecken geben einen ruhigen Hintergrund für eine davorliegende Bepflanzung ab. Die Möglichkeiten sind groß, farbenprächtige und artenreiche Pflanzungen kommen hier besonders gut zur Geltung. Wände und Mauern können Sie zusätzlich mit Kletterpflanzen begrünen und so mit einbeziehen.
Unter altem, hohem Baumbestand oder vor einer frei wachsenden Hecke oder Strauchgruppe wachsen idealerweise Stauden, die mehr den Charakter einer natürlichen Saumgesellschaft annehmen. Sie harmonieren am besten mit den Gehölzen und ihren Wuchsbedingungen.
Inselbeete können z. B. größere befestigte Flächen oder Rasen auflockern oder als Blickfang eingesetzt werden. Bedenken Sie bei der Gestaltung, dass diese Beete von allen Seiten betrachtet werden wollen. Sie können als Raumteiler dienen und beispielsweise verschiedene Gartenräume voneinander trennen. Damit die Raumwirkung auch ganzjährig erhalten bleibt, sollten Sie strukturbildende Stauden und Gehölze einplanen.

Die einzelnen Beetrezepte

Zum Einstieg erhalten Sie mit der Kurzinfo den ersten Überblick über das Thema des Beets sowie über die Standortsituation (mit Hilfe von Piktogrammen, → Kasten), den Lebensbereich und die Größe. Unter „Weitere Gartensituationen" erhalten Sie Vorschläge, in welchen Situationen das Beet noch einsetzbar wäre.
Mit der textlichen Beschreibung lernen Sie das Beet im Jahresverlauf kennen, das Auf und Ab der Blüten, die verschiedenen Farbthemen und Blütehöhepunkte sowie markante Pflanzen.
Der zusätzliche **Pflegeblock** zeigt Ihnen, welche speziellen Arbeiten Sie bei diesem Beet zu den verschiedenen Jahreszeiten erwarten. Das regelmäßige Ausputzen von Verblühtem wurde dabei nicht berücksichtigt, da dies eher eine ästhetische Frage ist. Das kann jeder nach Zeit und Lust, z. B. bei einem Gartenrundgang, durchführen. Für die Zwiebelpflanzen gilt generell: Lassen Sie das Laub erst gelb werden, bevor Sie es abschneiden oder aus dem Boden ziehen.
Pflanzplan: Jedes Beet ist mit einem Pflanzplan illustriert, in dem Sie erkennen, welche Pflanze wo den richtigen Platz findet. Die Maßketten verdeutlichen die Größenverhältnisse. Der Nordpfeil markiert die Ausrichtung und kennzeichnet damit die entsprechenden Lichtverhältnisse.
Pflanzliste: Hier finden Sie alle verwendeten Pflanzen mit entsprechender Kurzinfo wie dem botanischen Namen, der Höhe, Blütezeit und -farbe. Der Seitenverweis zeigt Ihnen, wo Sie die Pflanzenbeschreibungen in Kapitel 3 finden. Die Pflanzen sind in die Gruppen Stauden und Zwiebeln, Gräser, Farne und Gehölze unterteilt und nach Blütezeit geordnet. Teilweise gibt es auch alternative Vorschläge, falls Sie manche Sorten im Handel nicht bekommen. Ansonsten können Sie sich vom Fachpersonal beim Einkauf weitere Alternativen nennen lassen.
Eines sollte Ihnen noch bewusst sein: Pflanzen sind Lebewesen und im Garten herrschen die Gesetze der Natur. Beete sind dynamisch und können sich mit der Zeit verändern. Unsere Beispiele sind ein solider Grundstock. Wir wollen Sie aber auch einladen zu experimentieren und z. B. die eine oder andere Sorte zu tauschen oder Anordnungen mit der Zeit wieder zu verändern.

LEGENDE

Die verwendeten Piktogramme haben folgende Bedeutung:

- ☼ Der Standort ist sonnig.
- Der Standort ist hell, ohne direkte Sonne.
- Der Standort liegt im Halbschatten.
- ● Der Standort liegt im Schatten.
- Der Boden ist trocken.
- Der Boden ist frisch.
- Der Boden ist feucht.

Blätterteppich mit Farbtupfer

Standort: **Lebensbereich:** *Gehölz, Gehölzrand* **Fläche:** *20 m²*
Weitere Gartensituationen: *unter höheren Gehölzen, vor frei wachsenden Hecken*

Gelblaubige Spiersträucher, rotlaubiges Purpurglöckchen und graugrün-laubiger Frauenmantel bilden einen schön gewobenen Blätterteppich. Dazwischen setzen rote, blaue und weiße Blüten farbige Akzente im Frühling, Sommer und Herbst.

EINE FLÄCHE, die im Halbschatten und Schatten vor einer begrenzenden Hecke und eines Hauses (Nordseite) liegt, erhält mit dieser ruhig wirkenden Bepflanzung schöne Farbaspekte. Die Felsenbirne (*Amelanchier lamarckii*) wirft weiteren, lichten Schatten, doch im Hochsommer bescheint die hoch stehende Sonne in der Mittagszeit und in den Abendstunden die Pflanzung.

Frühling

Hellblauer Schneeglanz (*Chionodoxa luciliae*) ist der erste Blüher im März im Teppich der Kriechenden Ungarwurz oder Golderdbeere (*Waldsteinia ternata* ssp. *trifolia*) unter der Felsenbirne. Während hier und da die ersten gelben Blüten der Golderdbeere erscheinen, hat die hellgelbe Großkronige Narzisse 'St. Patrick's Day' ihre Blüten geöffnet. Schon bald folgt die Osterglocke *Narcissus* 'Golden Harvest'. Im Schatten von Hecke und Hauswand wachsen Falsche Alraunwurzeln (*Tellima grandiflora* 'Rubra'), deren immergrünes Laub sich ab Herbst rot verfärbt. Nun regt sich auch neues Laub bei Frauenmantel (*Alchemilla mollis*), Storchschnabel (*Geranium*) und Purpurglöckchen (*Heuchera*). Diese Kombination von unterschiedlichen Blattformen, Blattfärbungen und ihrer Oberflächenbeschaffenheit stellt auch ohne Blüten ein attraktives, abwechslungsreiches Gartenbild dar.

Die Spiersträucher (*Spiraea japonica* 'Goldflame') treiben im Frühling neue Blätter in einem goldgelben Farbton, der sich den ganzen Sommer über zeigt. Dagegen ist die rosa Blüte im Sommer nur eine Zugabe. Mit gelbem Laub besticht auch das Gras *Hakonechloa macra* 'Aureola', das mit seinem überhängenden, eleganten Wuchs zu den schönsten Schattengräsern gehört.

Zu diesem ganzen Blätterreigen gesellen sich ab April die weißen Blüten der Felsenbirne. Ende April/Anfang Mai blühen die bekannte Dichter-Narzisse (*Narcissus poeticus*) 'Actaea' und die gelbe Lilienblütige Tulpe 'Westpoint' als letzte der frühen Zwiebelgewächse.

Die leuchtende Blattfärbung von Kupfer-Felsenbirne und Hartriegel läuten den Herbst ein.

Sommer

Ende Mai/Anfang Juni läutet der Frauenmantel mit seinen gelben Blütenschleiern den Sommer ein. Dazu gesellen sich im Juni die großen, blauen Blüten des Prächtigen Storchschnabels *Geranium × magnificum*. Der gelb-blaue Farbklang ist ein Klassiker unter den Staudenkombinationen. Purpurglöckchen 'Stormy Seas' und 'Rachel' tragen nicht nur durch ihr rotes Laub zum Gesamtbild der Pflanzung bei. Im Sommer erscheinen die weißlich rosa Blütenschleier dieser hübschen Blattschmuckstauden.

Anfang Mai bestimmt die sattgelbe Lilienblütige Tulpe 'Westpoint' die Szene.

Im Juni und Juli blüht die Kletterhortensie (*Hydrangea petiolaris*) mit weißen Dolden an der Hauswand. Sie ist eine der wenigen selbst klimmenden Kletterpflanzen, die auch im Schatten ausreichend gedeiht und blüht. Der knorrige Wuchs und die schöne, dunkelgrüne Belaubung liefern einen passenden Hintergrund für die bunte Staudenpflanzung.

Auf der hellen Westseite der Felsenbirne überzieht ein dichter Teppich von *Geranium cantabri-*

giense 'Biokovo' mit weißen Blüten im Mai und Juni den Boden. Im Hochsommer ist der Bodendecker dann ein grüner Teppich für *Spiraea* 'Goldflame' und die *Geranium*-Hybride 'Ann Folkard'. Der Storchschnabel überspinnt mit den kletternden Trieben im Lauf der zweiten Jahreshälfte seine Nachbarn. Die magentafarbenen Blüten mit schwarzem Auge erscheinen von Juni bis in den Herbst hinein.

Spätsommer und Herbst

In den Spätsommer fällt die Blütezeit der Weißen Wald-Aster (*Aster divaricatus*). Die wertvolle Wildaster aus Nordamerika wächst gut am Rand im trockenen Schatten der Gebäudemauer. Die weiß blühende Staude begeistert mit ihren silbrigen Samenständen bis weit in den Winter hinein. Ein weiterer Höhepunkt im Übergang zum Herbst ist die reich blühende Japan- oder Herbst-Anemone 'Honorine Jobert'. Die weißen Blüten auf 80 cm hohen Stielen überragen den Blattteppich aus Purpurglöckchen, Frauenmantel und Storchschnabel. Deutlich höher wird das Riesen-Pfeifengras (*Molinia caerulea*) 'Karl Foerster'. Stolze zwei Meter Höhe erreichen die schmalen, hoch aufragenden Halme.

Im Oktober setzt die Felsenbirne mit ihrer intensiven Blattfärbung einen Schlusspunkt unter die Farbenpracht. Rote, braune und orange Töne verdrängen das Grün aus den Blättern. *Cornus sanguinea* 'Winter Beauty', eine neuere Sorte des Rindenschmuck-Hartriegels, tritt als geschnittener Strauch an der Hauswand während des Jahres nicht besonders in Erscheinung. Im Winter offenbart er aber seine wahren Qualitäten. Mit seiner orange bis hellrot gefärbten Rinde leuchten die jungen Triebe im Winter und ziehen die Blicke unweigerlich auf sich.

Im Juni blühen gelber Frauenmantel und blauer Storchschnabel um die Wette.

Gelb leuchtende Halme und einen eleganten Wuchs zeigt Hakonechloa macra *'Aureola'.*

Pflege rund ums Jahr

Frühling: Samenansatz der Narzissen und Tulpen entfernen; Blütenstiele von *Tellima* zurückschneiden; *Waldsteinia* und *Geranium* 'Biokovo' bei Bedarf durch Ausreißen oder Abstechen zurückdrängen

Sommer: *Alchemilla* nach der Blüte inklusive Blätter zurückschneiden

Herbst: Halme von *Molinia* nach dem Auseinanderfallen im Spätherbst entfernen

Winter: Ende Februar alle Staudenreste zurückschneiden oder absammeln; alle 2–3 Jahre *Spiraea* 'Goldflame' zurückschneiden

PFLANZLISTE

Kurzinfo

Der Plan stellt das Beet zum Blütezeitpunkt Mitte Juni dar. Es ist 5 x 4 m groß.

Nr.	Anz.	Name	Höhe (cm)	Blütezeit	Blüte
		STAUDEN UND ZWIEBELPFLANZEN			
	15	Chionodoxa luciliae › S. 153	15	März	
	10	Narcissus (Großkronige) 'St. Patrick's Day' › S. 155	35	März – April	
	10	Narcissus (Trompetenblütige) 'Golden Harvest' › S. 156	40	April – Mai	
1	35	Waldsteinia ternata ssp. trifolia › S. 151	15	April – Mai	
	7	Narcissus poeticus 'Actaea' › S. 155	40	April – Mai	
	10	Tulipa (Lilienblütige) 'Westpoint' › S. 157	50	Mai	
2	7	Tellima grandiflora 'Rubra' › S. 150	20–40	Mai	
3	27	Geranium × cantabrigiense 'Biokovo' › S. 136	25	Mai – Juni	
4	2	Geranium × magnificum › S. 136	50	Mai – Juni	
5	13	Heuchera 'Stormy Seas' › S. 140	40	Juni – Juli	
6	8	Alchemilla mollis › S. 125	35–50	Juni – Juli	
7	9	Heuchera micrantha 'Rachel' › S. 140	40	Juni – Juli	
8	1	Geranium Procurrens-Gruppe 'Ann Folkard' › S. 137	60	Juni – Aug.	
9	8	Aster divaricatus › S. 128	50	Aug. – Okt.	
10	6	Anemone × hybrida 'Honorine Jobert' › S. 126	60–80	Sept. – Okt.	
		GRÄSER			
11	1	Hakonechloa macra 'Aureola' › S. 158	30	Aug. – Sept.	
12	1	Molinia arundinacea 'Karl Foerster' › S. 159	50–180	Aug. – Sept.	
		GEHÖLZE	**(Meter)**		
A	1	Amelanchier lamarckii › S. 161	6–10	April – Mai	
B	1	Cornus sanguinea 'Winter Beauty' › S. 162	2,5	Mai – Juni	
C	2	Hydrangea anomala ssp. petiolaris › S. 162	10–15	Juni – Juli	
D	3	Spiraea japonica 'Goldflame' › S. 163	0,8–1	Juni – Juli	

Einladung mit kräftigen Farben

Standort: ☼ ◑ ▦ ▤ **Lebensbereich:** *Freifläche* **Fläche:** *36 m²*
Weitere Gartensituationen: *an Sitzplätzen und Terrassen*

Der kräftige Farbdreiklang Blau-Gelb-Rot sorgt mit seinen Kontrastfarben in diesem Beet für volle Aufmerksamkeit – und das schon von Weitem. Vereinzelt tauchen dazu weiße Blüten auf, die harmonisch dazwischen vermitteln.

HERBST

Gerade im Vorgarten sind kräftige Farben und starke Kontraste gefragt, um die Aufmerksamkeit von Besuchern und Passanten auf sich zu lenken. Die verwendeten Stauden und Zwiebeln in verschiedenen Rot-, Gelb- und Blautönen bekommen hier mit Gehölzen, wie Buchs, Zierquitte (*Chaenomeles*) und Feuerdorn (*Pyracantha*), den entsprechenden Rückhalt. Gleichzeitig bieten im Herbst Sträucher, wie Eichblättrige Hortensie (*Hydrangea quercifolia*) oder Bitterorange (*Poncirus trifoliata*), mit ihrer Herbstfärbung den Stauden feurige Unterstützung.

Frühling

Den Blütenreigen eröffnet die Sorte 'Saturnus' des Bunten Krokus (*Crocus chrysanthus*), zu dem sich kurze Zeit später der Schneeglanz (*Chionodoxa sardensis*) gesellt, der sich durch Selbstaussaat stetig zu einem blühenden Teppich erweitert. Die Bergenie 'Eroica' folgt im April mit ihrer purpurvioletten Blüte. Bergenien bestechen vor allem durch ihre ledrigen, wintergrünen Blätter, die dem Beet das ganze Jahr Struktur und Halt geben. 'Eroica' trumpft zudem ab Herbst mit einer orange- bis rotbraunen Blattfärbung auf, die sich den Winter über hält. Das hellblau blühende Spanische Hasenglöckchen (*Hyacinthoides hispanica*) und die Lilienblütige Tulpe 'Ballerina' mit ihren orangegelben, außen rot geflammten Blütenköpfen betreten als nächstes Duo die frühlingshafte Bühne.

Ab Mai, mit dem Erblühen der Katzenminze (*Nepeta × faassenii*), verwandelt sich das Beet in ein blaues Meer, über dem als Erster der Türkenmohn (*Papaver orientale*) seine feurigroten Blütenschalen erhebt. Die Sorte 'Big Jim' ist zwar seltener zu bekommen als die sonst farbgleiche 'Beauty of Livermere', doch sie ist standfester und deshalb zu bevorzugen.

Herbstlaub und imposante Pflanzenstrukturen bestimmen das Beet Ende des Jahres.

(Bild oben) Violetter Salbei und weißer Diptam leuchten ab Juni um die Wette.

(Bild unten) Bergenie 'Eroica' und Scheinquitte stehen im Vorfrühling in voller Blüte.

Sommer

Von Juni bis August erleben Sie in diesem Beet den berauschenden Höhepunkt. Noch blauer wird das Meer durch die reinblaue Sorte 'Blauhügel' des Hain-Salbei (*Salvia nemorosa*) und im Hochsommer durch die Ballonblume (*Platycodon grandiflorum*). Der Dauerblüher Bergminze (*Calamintha*) erfreut uns sogar von Juni bis Oktober mit seinen porzellanblauen Blüten.

Der gewünschte kräftige Farbkontrast wird mit orange blühenden Lilien (*Lilium* 'Gran Paradiso') und roten Montbretien (*Crocosmia* 'Lucifer') sowie den gelb blühenden Nachtkerzen (*Oenothera*) und dem Quirlbättrigen Mädchenauge (*Coreopsis verticillata* 'Zagreb') ergänzt. Dazwischen tanzen die weißen Blüten des Diptam (*Dictamnus albus* 'Albiflorus'). Im Vordergrund wurden kleine Gruppen mit der niedrig wachsenden Zwerg-Silberraute (*Artemisia schmidtiana* 'Nana') verteilt. Ihre grünlich weißen Blüten sind eher unscheinbar. Dafür besticht sie, wie ihr Name schon verrät, durch ihr silbrig wirkendes, dicht behaartes Laub ganz besonders.

Im Hochsommer öffnen sich dazu die weißen Blüten der Palmlilien (*Yucca*) an imposanten Blütenstängeln. Wie die Bergenie gehört die Palmlilie mit ihren immergrünen Blatthorsten mit zu den wichtigen Aspektbildnern des Winters, denn die immergrünen Blatthorste zeigen auch in der sonst farblosen Winterzeit ihre blaugrüne Farbe, oder sie ragen aus flachen Schneeteppichen hervor. Der Farbreigen wird im Hintergrund unterstützt durch die Blüten von *Hydrangea*, die selbst verblüht noch einen gewissen Charme besitzen. Die Schmucklilien (*Agapanthus* 'Headbourne Hybrids') setzen mit ihren hellblauen kugeligen Blütenköpfen weitere Akzente im Beet. Schmucklilien sind vor allem als Kübelpflanzen bekannt. Es gibt aber sommergrüne Arten, die in milderen Regionen im Freien, bei leichtem Schutz, überwintern können.

SOMMER

Palmlilie und Eichblättrige Hortensie bilden fixe Punkte über das Jahr.

Spätsommer und Herbst

Den letzten Blütengruß im Spätsommer sendet uns der chinesische Bleiwurz (*Ceratostigma plumbaginoides*). Wegen seiner prächtigen enzianblauen Blüten und seiner orange-rostroten Laubfärbung, die am Ende der Blütezeit einsetzt, ist er unverzichtbar. Er ist eigentlich ein Halbstrauch und gehört zu den Pflanzen, die Ausläufer bilden. In unseren Breiten erfrieren die oberirdischen Triebe, was ihm aber nicht schadet. Er unter- und durchwandert alle Nachbarstauden und kleinen Gehölze und braucht deshalb starke Partner. Er wächst im warmen Klima (z. B. Weinbauklima) durch die längere Vegetationszeit stärker als in kühleren Gegenden. Unterstützt wird er von der Bergminze, die ihre zahlreichen Blüten seit Sommer und noch bis in den Oktober zeigt.

Weitere kräftige Farben zum Herbstspektakel bieten die Blattfärbungen der Eichenblättrigen Hortensie (*Hydrangea quercifolia*) und der Bitterorange (*Poncirus trifoliata*). Die Hortensie glüht in einer orangeroten bis dunkelweinroten Farbe, während die Bitterorange in Gelb auftrumpft. Alle Gehölze halten als Gerüstpflanzen zusammen mit den Palmlilien und den Bergenien im Winter die Stellung, bis im Frühling die nächste Blühsaison wieder eröffnet wird.

Pflege rund ums Jahr

Frühling: Samenansatz der Tulpen entfernen
Sommer: *Nepeta* nach dem ersten Flor bis zum Boden zurückschneiden
Winter: *Crocosmia* und *Agapanthus* sollten in kälteren Gegenden einen Winterschutz aus Laub und Fichtenreisig bekommen; Ende Februar alle Staudenreste zurückschneiden oder absammeln

PFLANZLISTE

Kurzinfo

Der Plan stellt das Beet zum Blütezeitpunkt im Juli dar. Es ist 4 x 9 m groß.

Nr.	Anz.	Name	Höhe (cm)	Blütezeit	Blüte
		STAUDEN UND ZWIEBELPFLANZEN			
●	20	Crocus chrysanthus 'Saturnus' › S. 153	5–10	Feb. – März	●
+	30	Chionodoxa sardensis › S. 153	15	März – April	●
1	1[illegible]	Bergenia 'Eroica' › S. 130	40	April – Mai	●
△	20	Hyacinthoides hispanica 'Excelsior' › S. 154	25	Mai	●
●	20	Tulipa (Spätblühende) 'Ballerina' › S. 157	50	Mai	●
2	[illegible]	Papaver orientale 'Big Jim' › S. 145	80	Mai – Juni	●
3	30	Nepeta × faassenii › S. 143	25–60	Mai – Sept.	●
✱	5	Lilium-Hybride 'Gran Paradiso' › S. 155	110	Juni – Juli	●
4	[illegible]	Salvia officinalis 'Purpurascens' › S. 147	50	Juni – Juli	●
5	7	Dictamnus albus 'Albiflorus' › S. 134	100	Juni – Juli	
6	24	Artemisia schmidtiana 'Nana' › S. 127	20	Juni – Juli	●
7	25	Salvia nemorosa 'Blauhügel' › S. 147	40	Juni – Juli	●
8	5	Crocosmia 'Lucifer' › S. 133	120	Juni – Juli	●
9	7	Oenothera fruticosa var. glauca 'Fyrverkeri' › S. 144	50	Juni – Aug.	●

Nr.	Anz.	Name	Höhe (cm)	Blütezeit	Blüte
10	3	Yucca Filamentosa-Gruppe 'Schneetanne' › S. 151	60–140	Juli – Aug.	
11	11	Platycodon grandiflorum 'Mariesii' › S. 146	50	Juli – Aug.	●
12	5	Agapanthus 'Headbourne Hybrids' › S. 125	50–90	Juli – Aug.	●
13	5	Coreopsis verticillata 'Zagreb' › S. 132	30	Juli – Sept.	●
14	17	Calamintha nepeta ssp. nepeta › S. 130	30–40	Juli – Okt.	●
15	15	Ceratostigma plumbaginoides › S. 132	25	Aug. – Okt.	●
		GEHÖLZE	**(Meter)**		
A	3	Chaenomeles Superba-Gruppe 'Crimson and Gold' › S. 161	1–1,5	April – Mai	●
B	1	Poncirus trifoliata › S. 163	3–4	April – Mai	
C	1	Rosmarinus officinalis 'Arp' › S. 163	1–1,5	Juni – Aug.	●
D	2	Hydrangea quercifolia › S. 162	1,3–1,7	Juli – Aug.	
E	2	Hypericum densiflorum 'Goldball' › S. 162	0,7–1,5	Juli – Sept.	●
F	1	Buxus sempervirens 'Vardar Valley' › S. 161	1,5	—	

Kraftvolle Stauden sorgen für Aufmerksamkeit

Standort: ☼ ▭ **Lebensbereich:** *Freifläche* **Fläche:** *64 m²*

Weitere Gartensituationen: *vor Mauern und Wänden, an der Gartengrenze*

Für dieses pflegeleichte Beet mit „Tiefgang" brauchen Sie zwar ein wenig Platz, dafür ist Ihnen damit alle Aufmerksamkeit sicher. Die kräftigen Rot-, Gelb- und Blautöne leuchten schon in großer Entfernung.

Die Pflanzung dieses Beispiels wird gut von Weitem gesehen. Zum einen durch die Auswahl kräftiger Farben, zum anderen durch die Anordnung in Gruppen. Es gibt vier Gruppen, die gestaffelt hintereinander in der Fläche liegen. Die Verteilung erfolgt aber nicht im Block, sondern es bestehen fließende Übergänge und enge Verzahnungen. Jede Gruppe beinhaltet Arten, die sich im Wuchs ergänzen und unterschiedliche Blütezeiten haben. Wenn z. B. im Juni die Arten der verschiedenen Gruppen blühen, ergibt sich durch die Verteilung eine tolle Tiefenwirkung.

Gruppe 1: Im Vordergrund sind Bergenie 'Admiral' und der weiß blühende Blut-Storchschnabel (*Geranium sanguineum* 'Album') gepflanzt. Dazwischen verteilt sich die Narzisse 'Carlton'.

Gruppe 2: Es folgen Vielfarbige Wolfsmilch (*Euphorbia epithymoides* 'Candy'), Schönaster (*Kalimeris incisa* 'Blue Star'), Schwertblättriger Alant (*Inula ensifolia* 'Compacta'), Fetthenne (*Sedum Telephium*-Gruppe 'Herbstfreude') und Triumph-Tulpe 'Negrita' sowie Paukenschlegel-Lauch (*Allium rosenbachianum*) 'Album'.

Gruppe 3: Zwei Tagliliensorten (*Hemerocallis* 'Tinkerbell', *H.* 'American Revolution') liegen im Teppich aus Chinesischem Bleiwurz (*Ceratostigma plumbaginoides*). Dazwischen werden Traubenhyazinthe (*Muscari*) und Spanisches Hasenglöckchen (*Hyacinthoides*) unregelmäßig verteilt.

Gruppe 4: Im hinteren Bereich wachsen Türkenmohn (*Papaver orientale*) 'Big Jim' und Iberischer Storchschnabel (*Geranium ibericum*) 'Vital' zusammen mit der Alpenveilchen-Narzisse 'February Gold' als Frühlingsblüher.

Ganz hinten geben die „Einzelgänger" Bärenklau (*Acanthus hungaricus*), Chinaschilf (*Miscanthus sinensis* 'Graziella') und die Kleine Wald-Sonnenblume (*Helianthus microcephalus*) durch ihren hohen Wuchs dem Beet Rückhalt. Die niedrige, ausläufertreibende Segge (*Carex*) 'The Beatles' eignet sich ideal, um Trittplatten zu umgrünen. Sie hält gelegentliche Tritte aus und wächst durch kurze Ausläufer rasenartig.

Selbst abgeblüht bestimmen die Blütenstände des Paukenschlegel-Lauchs noch die Pflanzung.

Frühling

Das Großblütige Schneeglöckchen (*Galanthus elwesii*) läutet das neue Jahr ein. Bald darauf folgen Etrusker-Krokus (*Crocus etruscus*) 'Zwanenburg' und die Strahlen-Anemone (*Anemone blanda*) 'Blue Shades'. Diese drei sind keiner Gruppe zugeordnet und verteilen sich auf der ganzen Fläche. Zusammen mit der Strahlen-Anemone stimmt die sehr früh blühende Alpenveilchen-Narzisse 'February Gold' ein blau-gelbes Duett an. Die Traubenhyazinthe (*Muscari armeniacum*) 'Valerie Finnis' erscheint eher verhalten, bevor die Tulpe 'Negrita' und die Großkronige Narzisse 'Carlton' zusammen mit Bergenie 'Admiral' und der Vielfarbigen Wolfsmilch für ein aufregendes zweites Highlight in dem Beet sorgen.

Im Mai gibt das Spanische Hasenglöckchen (*Hyacinthoides hispanica*) 'Excelsior' ein blaues Inter-

Der Pracht-Storchschnabel verwandelt im Mai und Juni das Beet in ein blaues Meer.

mezzo. Den Übergang zum Sommer schafft der feurigrote Türkenmohn 'Big Jim', der aus einem Teppich von Iberischem Storchschnabel herauswächst. Der Iberische Storchschnabel wird weniger häufig angeboten. Sie können ihn auch durch den Pracht-Storchschnabel (*Geranium* × *magnificum* 'Rosemoor') ersetzen.
Im Vordergrund der Pflanzung schweben die weißen Blütenkugeln des Paukenschlegel-Lauchs über dem weiß blühenden Blut-Storchschnabel. Die orangegelbe Taglilie 'Tinkerbell' läutet schließlich den Sommer ein.

Sommer

Während die wuchtigen, architektonisch wirkenden Blütenstände des Bärenklaus sich im Hintergrund in die Höhe recken, breitet der weiße Blut-Storchschnabel ab Juni seinen Blütenteppich im Vordergrund aus. Daraus erheben sich wirkungsvoll die himmelblauen Büsche der Schönaster 'Blue Star' mit 60–90 cm Höhe.
Ab Juli beherrscht das als Solitär gepflanzte, straff aufrecht wachsende Reitgras (*Calamagrostis* × *acutiflora* 'Karl Foerster') den Mittelgrund. Dazu blühen die dunkelrote *Hemerocallis* 'American Revolution', der gelb blühende Schwertblättrige Alant 'Compacta'. Erhaben und aufrecht erstrahlen im Hintergrund die gelben Blüten der Kleinen Wald-Sonnenblume.

Die abgeblühten Blütenstände der Fetthenne zieren sich im Winter mit einer Schneehaube.

Im April blühen Großkronige Narzissen und Triumph-Tulpen in farbiger Harmonie.

Spätsommer und Herbst

Der Chinesische Bleiwurz breitet ab August seinen blauen Teppich im mittleren Bereich aus, der uns bis in den Oktober erfreut. Als letzte Blüher gesellen sich die weißen Heide-Astern (*Aster ericoides*) 'Golden Spray' und die rosa blühende Fetthenne (*Sedum Telephium*-Gruppe) 'Herbstfreude' dazu. Zusammen mit den Gräsern bilden die Blütenstände der Fetthenne über den Winter attraktive Strukturen. Unterstützt wird das Ganze vom Feuerdorn (*Pyracantha*), der mit seinen immergrünen Blättern und den gelben und orangeroten Früchten glänzt.

Pflege rund ums Jahr

Frühling: Samenansatz der Narzissen und Tulpen entfernen
Sommer: *Helianthus* bei Bedarf stäben und einzelne, umgekippte Triebe abschneiden; verblühte Blütenstände von *Kalimeris* abschneiden, dann treibt sie aus den unteren Blattachseln neue kleine Blütenstände; *Inula* nach der Blüte zurückschneiden, da sie sich sonst zu stark aussät
Winter: Ende Februar alle Staudenreste zurückschneiden oder absammeln; *Miscanthus* und *Calamagrostis* zurückschneiden

PFLANZLISTE

Kurzinfo

Der Plan stellt das Beet zum Blütezeitpunkt Anfang Juni dar. Es ist 8 x 8 m groß.

Nr.	Anz.	Name	Höhe (cm)	Blütezeit	Blüte
		STAUDEN UND ZWIEBELPFLANZEN			
	40	Galanthus elwesii › S. 154	10–15	Jan. – März	
	50	Crocus etruscus 'Zwanenburg' › S. 153	10	März	
	30	Narcissus cyclamineus 'February Gold' › S. 155	30	März	
	40	Anemone blanda 'Blue Shades' › S. 152	10–20	März – April	
	40	Muscari armeniacum 'Valerie Finnis' › S. 155	20	April	
	30	Tulipa Triumph-Gruppe 'Negrita' › S. 156	45	April	
1	13	Bergenia 'Admiral' › S. 130	50	April – Mai	
	30	Narcissus (Großkronige) 'Carlton' › S. 155	40	April – Mai	
2	13	Euphorbia epithymoides 'Candy' › S. 135	40	April – Juni	
	30	Hyacinthoides hispanica 'Excelsior' › S. 154	25	Mai	
3	4	Hemerocallis 'Tinkerbell' › S. 139	60	Mai – Juni	
4	10	Papaver orientale 'Big Jim' › S. 145	80	Mai – Juni	
	15	Allium rosenbachianum 'Album' › S. 152	100	Mai – Juni	
5	20	Geranium sanguineum 'Album' › S. 137	40	Mai – Juni	
6	27	Geranium ibericum 'Vital' › S. 136	50	Juni	
7	6	Acanthus hungaricus › S. 124	30–90	Juni – Juli	
8	16	Kalimeris incisa 'Blue Star' › S. 141	60–90	Juni – Sept.	
9	11	Hemerocallis 'American Revolution' › S. 139	70	Juli – Aug.	
10	32	Inula ensifolia 'Compacta' › S. 140	25	Juli – Aug.	
11	3	Helianthus microcephalus › S. 138	140–200	Aug. – Sept.	
12	26	Ceratostigma plumbaginoides › S. 132	25	Aug. – Okt.	
13	12	Aster ericoides 'Golden Spray' › S. 128	90	Sept. – Okt.	
14	11	Sedum Telephium-Gruppe 'Herbstfreude' › S. 149	50	Sept. – Okt.	
		GRÄSER			
15	24	Carex 'The Beatles' › S. 157	20	April – Mai	
16	6	Calamagrostis × acutiflora 'Karl Foerster' › S. 157	60–140	Juli – Aug.	
17	1	Miscanthus sinensis 'Graziella' › S. 159	100–170	Aug. – Sept.	
		GEHÖLZE	(Meter)		
A	2	Pyracantha coccinea 'Soleil d'Or' › S. 163	1,5–2	Mai – Juni	
B	2	Pyracantha 'Orange Charmer' › S. 163	1,5–2	Mai – Juni	

Märchenhafte Partner für eine Zaubernuss

Standort: ☼ ◑ ≋ **Lebensbereich:** *Gehölz, Gehölzrand, Beet* **Fläche:** *12,25 m²*
Weitere Gartensituationen: *an Sitzplätzen und Terrassen*

Die Zaubernuss eröffnet als Frühstarter im Februar fulminant die Saison. Doch erst mit ihren märchenhaften Begleiterinnen – Stauden in vielgestaltiger Form und zarten Pastellfarben – wird das Beet zum attraktiven Erlebnis.

Auch wenn hier im Frühling zuerst ein Strauch im Mittelpunkt steht, sind es doch die Stauden, die während des Jahres immer wieder die Aufmerksamkeit auf sich ziehen. Dieses kleine Beet eignet sich beispielsweise für Hauseingänge oder nahe einer Bank, damit die Stauden aus der Nähe betrachtet und bewundert werden können. Diese Pflanzengemeinschaft mag frische bis feuchte, sauer-humose Böden und kommt ideal mit schattigen Verhältnissen zurecht. Um Licht ins Dunkel zu bringen, eignen sich besonders Stauden mit frisch- bis gelbgrünen oder sogar gelben Blättern. In den helleren und sonnigeren Randbereichen jedoch werden vereinzelt rotlaubige oder Stauden mit roten Stielen dazu kombiniert. Als Blütenfarben finden Sie meist helle, freundliche Pastelltöne und immer wieder Weiß.

Frühling

Wenn sich die meisten Pflanzen im Garten noch im Winterschlaf befinden, hält es die Zaubernuss (*Hamamelis × intermedia* 'Arnold's Promise') kaum mehr aus. Sobald die Temperaturen längere Zeit über den Gefrierpunkt steigen, öffnen sich ihre prallrunden Knospen und schieben ganz schmale, spinnenbeingleiche, hellgelbe Blütenblätter hervor. 'Arnold's Promise' ist die Zaubernuss für beengte Plätze, denn ihr Wuchs ist schmal trichterförmig aufrecht. Nach einigen Jahren wird sie mit gut vier Meter Höhe das Beet dominieren. Dazu gesellt sich dann ab Februar das Schneeglöckchen (*Galanthus nivalis*) 'Viridapicis', eine besonders schöne Sorte, mit grünen Spitzen an den weißen Blütenblättern. Auch die Frühlings-Primeln aus der *Pruhonicensis*-Gruppe lassen nicht lange auf sich warten. Die verwendete Sorte 'Blue Riband' ist in Deutschland kaum zu erhalten. Stattdessen können Sie Sorten wie 'Frühlingszauber', 'Leuchtstern' oder 'Wanda' pflanzen.

Im Mai sind die Blattschöpfe der Stauden voll entwickelt, Phlox und Günsel stehen in Blüte.

Ab April blühen Wald-Phlox (*Phlox divaricata*) und Schaumblüte (*Tiarella*). Sie müssen einander nicht vorgestellt werden, denn sie kennen sich aus ihrer nordamerikanischen Heimat, in der sie in Laubwäldern die Frühlingsbilder prägen. Die hellrot blühende Bergenie 'Wintermärchen' gehört eher zu den schwächer wüchsigen Sorten. Einzelne Blätter färben sich über den Winter zu leuchtenden, warmen Farbtönen. Von zierlicherem Wuchs als die bekannten Frauenmantel-Arten darf *Alchemilla erythropoda* hier mitmischen. Er schmückt sich mit einem grüngelben Flor und mit ansprechendem Laub.

Mit ihren gelbgrünen Halmen leuchtet die Gelbe Sumpf-Segge aus dem Schatten hervor.

Sommer

Der rosa blühende Kahle Phlox (*Phlox glaberrima* ssp. *triflora*) 'Bill Baker' hat eine Eigenart, die das Beet lebendig werden lässt: Er wandert, entfernt sich immer weiter von seinem ursprünglichen Standort weg und erneuert sich dadurch. In sanftem Gelb blüht dazu der Großblumige Fingerhut (*Digitalis grandiflora*). Die Astilben schätzen den Schatten der Zaubernuss. Kräftige Blütenstände hat die Sorte 'Visions in Red' aus der *Chinensis*-Gruppe. In einem geheimnisvollen Rot zieren sie auch noch abgeblüht bis in den Spätwinter. Die Blüten der Sorte 'Sprite' aus der *Glaberrima*-Gruppe hingegen sind vergänglicher.

Es müssen nicht immer Blüten sein. Hier wirkt der Kontrast der Blattformen und -farben.

Das rotlaubige Purpurglöckchen 'Regina' präsentiert sich im Oktober noch immer fast makellos.

Spätsommer und Herbst

Zwei Kostbarkeiten aus dem Reich der Mitte schließen das blühende Gartenjahr ab: der Herbst-Enzian (*Gentiana sino-ornata*) und der Oktober-Steinbrech (*Saxifraga cortusifolia* var. *fortunei*). Der Enzian entwickelt sich über die Jahre zu kleinen, kaum fünf Zentimeter hohen Laubmatten, über die sich im Oktober bis November (frühe Sorten schon Ende September) die großen leuchtend blauen Blüten erheben. Das Ende der Blüte setzen stärkere Fröste. Die zerbrechliche Schönheit des Oktober-Steinbrechs hingegen findet schon bei –2 °C ihr Ende. Er sollte auf jeden Fall einen gut geschützten Platz bekommen. Die Zaubernuss 'Arnold's Promise' trumpft im Herbst noch einmal auf, denn ihr Laub färbt sich, bevor es fällt, in ein Feuerwerk aus Gelb, Orange und Rot.

Laubschmuck das ganze Jahr

Der Günsel (*Ajuga tenori* 'Valfredda') breitet sehr effektvoll einen Teppich aus schokoladenbraunen Blättern aus, über dem die dunkelblauen Blütenkerzen erscheinen. In diesem eingestreut wachsen drei Zwerg-Funkien 'Lime Green' mit zitronengelbem Laub. Ein weiterer, aber auffälligerer Lichtfleck ist die Gelbe Segge (*Carex elata* 'Bowles Golden'). Das gelb austreibende Laub vergrünt bis zum Herbst leicht. Eine besonders schöne Funkie, nämlich *Hosta* 'Queen Josephine', hat einen Ehrenplatz im schwarzgrünen Teppich des Schlangenbarts (*Ophiopogon planiscapus*) 'Nigrescens'. Die Funkie ist eine edle, elegante Gestalt mit mäßig großen, zweifarbigen Blättern: ein kräftiges Grün mit unregelmäßigem, cremegelbem Rand. Das Laub erscheint wie lackiert. Ihre Wirkung wird durch den Farbkontrast mit dem Schlangenbart noch gesteigert. Die Sommergrüne Breitblatt-Segge (*Carex siderosticha*) 'Variegata' besticht durch ihre frischgrünen Blätter mit feinem, weißem Rand und setzt zusammen mit der Japan-Segge (*Carex elata*) 'Aurea' strukturelle Akzente bis in den Herbst.

Pflege rund ums Jahr

Sommer: *Alchemilla* nach der Blüte zurückschneiden; abgeblühte Stängel von *Phlox glaberrima* nur zur Hälfte zurückschneiden

Herbst: Falllaub als Schutz für *Heuchera* auch über Winter liegen lassen

Winter: Ende Februar alle Staudenreste zurückschneiden oder absammeln; die Blütenstände der Spiräe abschneiden

PFLANZLISTE

Kurzinfo

Der Plan stellt das Beet zum Blütezeitpunkt Ende Mai dar. Es ist 3,5 x 3,5 m groß.

Nr.	Anz.	Name	Höhe (cm)	Blütezeit	Blüte
		STAUDEN UND ZWIEBELPFLANZEN			
△	10	Galanthus nivalis 'Viridapicis' › S. 154	10–15	Feb. – März	
1	4	Primula Pruhonicensis-Gruppe 'Blue Riband' › S. 146	10–15	März – April	
△	3	Anemone nemorosa 'Blue Bonnet' › S. 152	10–15	April	
2	5	Ajuga tenori 'Valfredda' › S. 125	3–10	April – Mai	
3	2	Epimedium youngianum 'Roseum' › S. 134	30	April – Mai	
4	3	Bergenia 'Wintermärchen' › S. 130	20–40	April – Mai	
5	10	Phlox divaricata 'Clouds of Parfume' › S. 145	10–25	April – Juni	
6	4	Tiarella 'Inkblot' › S. 150	20–35	April – Juni	
☆	3	Camassia leichtlinii 'Alba' › S. 152	75	Mai – Juni	
7	3	Hosta 'Lemon Lime' › S. 140	15–25	Juni	
8	9	Alchemilla erythropoda › S. 126	10–20	Juni – Juli	
9	3	Heuchera 'Regina' › S. 140	20–45	Juni – Juli	
10	3	Digitalis grandiflora › S. 134	50–70	Juni – Juli	
11	2	Phlox glaberrima ssp. triflora 'Bill Baker' › S. 145	50	Juni – Juli	
12	3	Hosta 'Grünfink' › S. 140	20–30	Juni – Juli	
13	9	Ophiopogon planiscapus 'Nigrescens' › S. 144	10–20	Juni – Aug.	
14	1	Geranium maculatum 'Espresso' › S. 136	50	Juni – Aug.	
15	5	Astilbe Chinensis-Gruppe 'Visions in Red' › S. 129	40	Juli – Aug.	
16	2	Astilbe Glaberrima-Gruppe 'Sprite' › S. 129	35	Juli – Aug.	
17	2	Hosta 'Queen Josephine' › S. 140	30–45	Aug. – Sept.	
18	2	Cimicifuga japonica var. acerina › S. 132	80–120	Aug. – Sept.	
19	5	Saxifraga cortusifolia var. fortunei › S. 148	10–40	Sept. – Okt.	
20	3	Gentiana sinoornata 'Eugens Bester' › S. 136	10–15	Sept. – Nov.	
		GRÄSER			
21	5	Carex siderosticha 'Variegata' › S. 158	10–20	März – April	
22	1	Carex elata 'Bowles Golden' › S. 158	50–90	April – Mai	
23	4	Molinia caerulea 'Variegata' › S. 159	30–50	Aug. – Okt.	
		FARNE			
24	3	Dryopteris affinis 'Pinderi' › S. 160	80	--	
		GEHÖLZE	**(Meter)**		
A	1	Hamamelis × intermedia 'Arnold's Promise' › S. 162	2,5–3	Feb. – März	
B	2	Buxus microphylla 'Faulkner' › S. 161	1,5–2	--	
C	1	Spiraea japonica 'Crispa' › S. 163	0,4–1,5	Juni – Juli	

Graublaue Stimmung im Halbschatten

Standort: ◐ ▭ **Lebensbereich:** *Gehölz, Gehölzrand* **Fläche:** *10,5 m²*
Weitere Gartensituationen: *an Sitzplätzen und Terrassen*

Im Schatten eines kleinen Baums tummeln sich graublaue und silbrige Blattschmuckstauden. Zusammen mit violetten, roten und hellgelben Blüten bewirken sie eine geheimnisvolle und vornehme Stimmung.

Der grösste Teil des Beets liegt unter dem Schatten einer Blasenesche (*Koelreuteria paniculata*): ein herrlicher Kleinbaum mit zierendem gefiederten Blättern und kräftig gelben Blüten im Sommer. Am westlichen Rand sowie im Süden und Norden des Baums wachsen verschiedene Rosen-Sorten, die zur Blütezeit im Juni und Juli den Besucher mit einem betörenden Duft empfangen und zusammen mit den Mahonien einen Abschluss bilden. Dazwischen und zu ihren Füßen gesellen sich die Hauptakteure: faszinierende Blattschmuckstauden von silbrig-weiß über blaugrau bis zu purpurbraun, kombiniert mit zarten Blüten und filigranen Farnen.

Frühling

Mit den meist weißen Frühlingsblühern, wie dem Schneeglöckchen (*Galanthus*), der Christrose (*Helleborus*) und dem Krokus, beginnt es ganz „harmlos". Erst die Karnevals-Primel (*Primula vulgaris* ssp. *sibthorpii*) und das Frühlings-Alpenveilchen (*Cyclamen coum*) mit seinen karminroten Blüten sorgen für kräftigere Farben. Bereits die dunkel purpurrot blühende Bergenie (*Bergenia purpurascens*) und das enzianblau blühende Lungenkraut (*Pulmonaria australis* 'Blaues Meer') setzen im April einen starken Kontrast zum gelbgrünen Flor der purpurlaubigen Mandel-Wolfsmilch (*Euphorbia amygdaloides* 'Purpurea').
Ab Ende Mai, wenn die Jakobsleiter (*Polemonium* 'Lambrook Mauve') schon ihren violetten Flor zeigt, sind die Blätter der Funkien (*Hosta*) bereits entfaltet: die Sorten 'Krossa Regal', 'High Kicker' und 'Fragrant Blue' verzaubern mit ihrem graublauen Laub. Zusammen mit dem Blau der Präriekerze (*Camassia cusickii*) 'Zwanenburg', dem dunklen Lila der Berg-Flockenblume (*Centaurea montana*) 'Purple Prose' und dem dunklen Rot der Großen Sterndolde (*Astrantia major* ssp. *major*) 'Ruby Wedding' ergibt dies eine einzigartige Stimmung. Diese reicht noch bis weit in den Sommer, denn Flockenblume und Sterndolde remontieren durch den Sommer.

Sommer

Der Sommer beginnt rosig. Die Bourbonrose 'Louise Odier' (rosarot) und die Zentifolie 'Fantin Latour' (hellrosa) duften um die Wette. Die ungewöhnliche Essigrose 'Violacea' im Hintergrund gibt sich sehr edel. Aus den einfachen purpurvioletten Blüten leuchten goldgelbe Staubgefäße. 'Louise Odier' erhält Gesellschaft durch die Zwerg-Waldrebe 'Katharina', die sich locker in die Rose hängt.

(Bild oben) Die Rosendame 'Louise Odier' überzeugt im Sommer mit üppiger Blüte.

(Bild unten) Die blaulaubige Funkie betont die violetten und hellgelben Blütenfarben.

Im Juni weht die Rose 'Louise Odier' ihren Begleitern einen köstlichen Duft um die Nase.

Perfektes Blatt-Duo: dunkellaubige Mandel-Wolfsmilch und die Funkie 'Fragrant Blue'.

Die Außenseiter in diesem Beet sind Katzenminze (*Nepeta racemosa*) 'Grog' und Bleichhäutige Schwertlilie (*Iris pallida*) 'Argentea Variegata'. Sie sind keine Schattenpflanzen, sondern lieben volle Sonne. Sie wurden deswegen am sonnigsten und trockeneren Platz des Beets gepflanzt. Katzenminze hat graues Laub und ist ein „Dauerblüher". Die aufrecht wachsenden, schwertförmigen Blätter der Schwertlilie sind graublau mit weißem Rand – eine kühl wirkende Pflanze. Beide nehmen das graue Thema der Funkien auf.

Spätsommer

Im Spätsommer beherrscht die straff aufrechte Gestalt des Englischen Eisenhuts (*Aconitum anglicum*) die Szene. 'Bressingham Spire' blüht ausgesprochen lange durch viele seitliche Nebenblütenstände. In dieser Zeit öffnen sich zu einem zweiten Flor einzelne Blüten der Rose 'Louise Odier' und der Waldrebe 'Katharina'. In der untersten Etage, direkt über dem Boden, tauchen ab Ende August weiße Blüten des Efeublättrigen Alpenveilchens (*Cyclamen hederifolium*) 'Album' auf. Im Hintergrund färben sich die Hagebutten der Essig-Rose 'Violacea' langsam rot.

Weiteren Blattschmuck bieten einige Heucherella mit purpurbraunem, silbrig marmoriertem Laub. Das Gleiche gilt für den Brokat- oder Regenbogenfarn (*Athyrium niponicum* var. *pictum*) aus Japan. Seine sonnenempfindlichen Wedel verbrennen sehr schnell. Er wurde deshalb im Kernschattenbereich der Blasenesche gepflanzt.
Der filigrane Weiche Schildfarn (*Polystichum setiferum*) 'Congestum' bleibt meist wintergrün. Rein purpurfarben ist das Laub der Mandel-Wolfsmilch (*Euphorbia amygdaloides* 'Purpurea'). Silbrigweiß hingegen sind die Laubpolster der Gefleckten Taubnessel (*Lamium maculatum* 'White Nancy').

Pflege rund ums Jahr

Sommer: *Nepeta* und *Astrantia* nach der Blüte zurückschneiden; verblühte Blütenköpfe von *Centaurea* regelmäßig über dem ersten oder zweiten Blatt unter der Blüte abschneiden, bis etwa Mitte Juli, dann ganze Pflanze bodentief zurückschneiden; bei den Rosen 'Louise Odier' und 'Fantin Latour' nach der Blüte die Blüten- bzw. Blütenstände einschließlich zwei Blätter darunter abschneiden

Winter: Ende Februar alle Staudenreste zurückschneiden oder absammeln

Frühaufsteher wie das Frühlings-Alpenveilchen trotzen selbst winterlichen Rückfällen.

PFLANZLISTE

Kurzinfo

Der Plan stellt das Beet zum Blütezeitpunkt Ende Mai dar. Es ist 3,5 x 3 m groß.

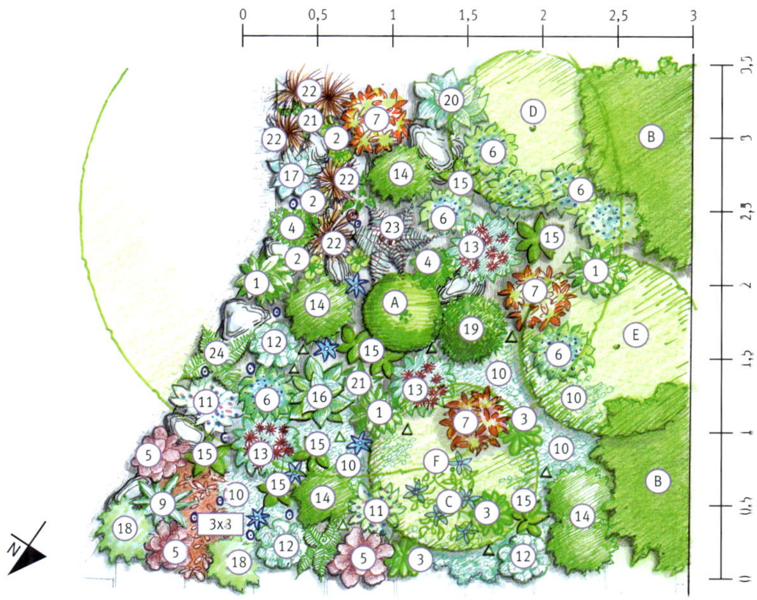

Nr.	Anz.	Name	Höhe (cm)	Blütezeit	Blüte
		STAUDEN UND ZWIEBELPFLANZEN			
1	3	Helleborus niger › S. 138	10–20	Jan. – April	
△	10	Galanthus plicatus › S. 154	15–25	Feb. – März	
⊙	10	Crocus biflorus 'Miss Vain' › S. 153	10	Feb. – März	
2	5	Cyclamen coum ssp. coum › S. 133	10	Feb. – März	
3	3	Primula vulgaris ssp. sibthorpii › S. 146	10–15	Feb. – April	
4	2	Hepatica transsylvanica 'Alba' › S. 139	15	März – April	
5	3	Bergenia purpurascens › S. 130	20–30	April – Mai	
6	7	Pulmonaria australis 'Blaues Meer' › S. 146	25	April – Mai	
7	3	Euphorbia amygdaloides 'Purpurea' › S. 135	40	April – Juni	
8	3	Ajuga tenori 'Valfredda' › S. 125	3–10	Mai	
9	1	Iris pallida 'Argentea Variegata' › S. 141	90–100	Mai	
✶	5	Camassia cusickii 'Zwanenburg' › S. 152	75	Mai – Juni	
10	5	Lamium maculatum 'White Nancy' › S. 142	10–20	Mai – Juni	
11	2	Polemonium Reptans-Gruppe 'Lambrook Mauve' › S. 145	30–50	Mai – Juli	
12	3	× Heucherella alba 'Quicksilver' › S. 140	15–30	Mai – Juli	
13	3	Centaurea montana 'Purple Prose' › S. 131	40	Mai – Aug.	
14	5	Astrantia major ssp. major 'Ruby Wedding' › S. 129	50	Juni – Juli	
15	8	Digitalis grandiflora › S. 134	50–70	Juni – Juli	
16	1	Hosta 'Krossa Regal' › S. 140	70–130	Juni – Juli	
17	1	Hosta 'Fragrant Blue' › S. 140	25–35	Juni – Juli	
18	2	Nepeta racemosa 'Grog' › S. 143	30	Juni – Sept.	
19	1	Aconitum anglicum 'Bressingham Spire' › S. 124	90–150	Juli – Aug.	
20	1	Hosta 'High Kicker' › S. 140	30–55	Aug. – Sept.	
21	3	Cyclamen hederifolium 'Album' › S. 133	15	Aug. – Sept.	
		GRÄSER			
22	5	Carex digitata › S. 157	15	April – Mai	
		FARNE			
23	1	Athyrium niponicum var. pictum › S. 160	30–40	--	
24	2	Polystichum setiferum 'Congestum' › S. 161	25	--	
		GEHÖLZE	**(Meter)**		
A	1	Daphne mezerum 'Album' › S. 162	1	April – Mai	
B	2	Mahonia aquifolium › S. 162	1	April – Mai	
C	1	Clematis-Hybride 'Katharina' › S. 161	1,5–2,2	Juni – Juli	
D	1	Rosa centifolia 'Fantin Latour' › S. 163	1,5–1,8	Juni – Juli	
E	1	Rosa gallica 'Violacea' › S. 163	1,7	Juni – Juli	
F	1	Rosa × borbonica 'Louise Odier' › S. 163	1,8	Juni – Juli/Aug.	

Herrschaftliche Wegbegleiter mit Rosen

Standort: ☼ ▭ **Lebensbereich:** *Freifläche, Beet* **Fläche:** *36 m²*
Weitere Gartensituationen: *an Sitzplätzen und Terrassen*

Über den Sommer bestimmen rosa blühende Rosen das Geschehen. Sie umgeben sich mit edlen Stauden in eleganten Blütenfarben. Doch auch silbrige und purpurrote Blätter zeigen ihre faszinierende Wirkung.

Dieses Beet kann an einem Hang angelegt werden, begleitet von einer Treppe. Es entfaltet aber auch als Wegbegleitung in einer ebenen Fläche seine Wirkung. Als markante Beetbegrenzung dient eine in Form geschnittene Hecke aus Birkenblättriger Spiräe (*Spiraea betulifolia*). Sie wird etwa 80–100 cm hoch und bezaubert im Juni mit weißen Blüten und einer spektakulären orangeroten Herbstfärbung. Wer es dezenter und niedriger mag, kann auch eine Einfassung aus geschnittenem Buchs (*Buxus sempervirens* 'Blauer Heinz') wählen und damit z. B. auch das obere und untere Ende des Beets einfassen. Mit geschnittenen Buchskugeln können Sie zusätzlich markante, immergrüne Akzente setzen. Der Rest der Pflanzung ist durch die unregelmäßig gepflanzten Stauden ganz natürlich gehalten und steht im Kontrast zur strengen Einfassung. Möchten Sie den Weg auf beiden Seiten mit Stauden begleiten, können Sie den Plan einfach spiegeln, dann erhalten Sie eine symmetrische Bepflanzung. Noch dynamischer wirkt es, wenn Sie den Plan zweifach spiegeln: einmal an der Wegkante und von Nord nach Süd, sodass sich gleiche Pflanzen in einer Diagonale gegenüberliegen.

Frühling

Die neue Saison läutet das Großblütige Schneeglöckchen (*Galanthus elwesii*) ein. Der Schneeglanz (*Chionodoxa forbesii*) bildet zusammen mit *Galanthus* bald einen blau-weißen Teppich. Zur gleichen Zeit blühen die robusten Trompeten-Narzissen (*Narcissus pseudonarcissus*), die wie „Osterglocken en miniature“ aussehen. Die Bergenie 'Erioca' hat auffällig purpurviolette Blüten, wichtiger bei ihr sind jedoch ihre Blätter, die sich über den Winter attraktiv braunrot färben. Zur gleichen Zeit blüht die Tulpe 'Cheers', deren gelblich weiße Blüten vornehm und elegant wirken.

Üppig quillt der Bleiwurz aus dem Beet und umspielt dabei die Fetthenne 'Matrona'.

(Bild oben) Im Lauf der Jahre verbreiten sich die Schneeglöckchen durch Selbstaussaat.

(Bild unten) Spektakulär kleidet sich im Herbst die Birkenblättrige Spiräe in warme Farben.

Der Mai ist die Zeit des Hasenglöckchens (*Hyacinthoides*). Aus einer gepflanzten Zwiebel werden bald große Horste. Die Sorte 'Excelsior' des Spanischen Hasenglöckchens (*H. hispanica*) taucht das Beet in dunkles Blau. Das „blaue Zepter“ wird Ende Mai weitergereicht an die violett blühende Präriekerze (*Camassia quamash*). Die imposanten, dunkel purpurfarbenen Blütenbälle des Paukenschlegel-Lauchs (*Allium* 'Mars') schweben mit etwa 120 cm Höhe wie kleine Wölkchen zur gleichen Zeit über der Pflanzung.

Sommer

Ab Juni bezaubert Sie die bewährte und robuste Strauchrose 'Angela'. Sie blüht den ganzen Sommer und bis zum Frost mit ihren halbgefüllten, altrosa Blüten. Sie bildet einen ansprechenden, nicht zu hoch werdenden Strauch. Zu Beginn des Rosenflors wird 'Angela' von der Moosrose 'Parkjuwel' in Rosa unterstützt.
Mit den Storchschnäbeln (*Geranium Renardii*-Gruppe) 'Terre Franche' und (*G. Sanguineum*-Gruppe) 'Tiny Monster' sowie den Taglilien (*Hemerocallis*) 'Gentle Shepard' und 'Icecap' beginnt die Zeit der blühenden Stauden. Zu deren blauen bzw. weißen Blüten passen gut die silbrigen Blätter von Perlpfötchen (*Anaphalis triplinervis*) 'Sommerschnee', das purpurbraune Laub des Ageratumdosts (*Ageratina altissima*) 'Chocolate', die Busch-Aster (*Aster lateriflorus* var. *horizontalis*) 'Prince' sowie die purpurgraue Fetthenne (*Sedum Telephium*-Gruppe) 'Matrona'. Das Perlpfötchen ziert über den Hochsommer mit kleinen weißen Strohblumenblüten.
Im Juli erscheinen die sehr kleinen, aber in Massen auftretenden Blüten der Bergminze (*Calamintha nepeta* ssp. *nepeta*). Die Bienen werden von ihnen geradezu magnetisch angezogen. *Calamintha* ist ein sehr dankbarer Dauerblüher, der den Hochsommerflor mit dem Herbstflor verbindet und Sie lange erfreuen wird.

Prärielilien sind am richtigen Standort dankbare und langlebige Zwiebelblumen.

Herbst

Der Herbst ist die Zeit der Fetthenne 'Matrona' und des Chinesischen Bleiwurz (*Ceratostigma plumbaginoides*). Durch Ausläufer füllt er nach und nach die Lücken zwischen den horstig wachsenden Stauden. 'Matrona' hingegen kann sich zu wuchtigen Horsten entwickeln. Das fahlgrüne Laub ist rötlich getönt, was einen guten Kontrast zu den blassrosa Blüten bietet.
Die fast wie ein kleiner Strauch wirkende Busch-Aster (*Aster lateriflorus*) 'Prince' macht mit ihren rosaroten Blüten im September und Oktober den Blüten-Abschluss. Nur der Ageratumdost blüht meist noch später, kommt aber nicht jeden Herbst zum Blühen. Das tut dem gesamten Erscheinungsbild keinen Abbruch, denn sein Zierwert besteht vor allem aus dem schokoladenfarbenen Laub. Bis das neue Jahr mit Blüten beginnt, halten die Gehölze und die Fruchtstände der Fetthenne die Stellung.

Pflege rund ums Jahr

Frühling: Blütenstängel der Bergenien herausschneiden
Sommer: abgeblühte Stängel von *Geranium* und *Hemerocallis* bodentief herausschneiden; regelmäßig die abgeblühten Blütenstände der Rosen abschneiden; Buchshecke und -kugeln im Juli bei trübem Wetter schneiden
Winter: Ende Februar alle Staudenreste zurückschneiden oder absammeln

PFLANZLISTE

Kurzinfo

Der Plan stellt das Beet zum Blütezeitpunkt Ende Juni dar. Es ist 9 x 4 m groß.

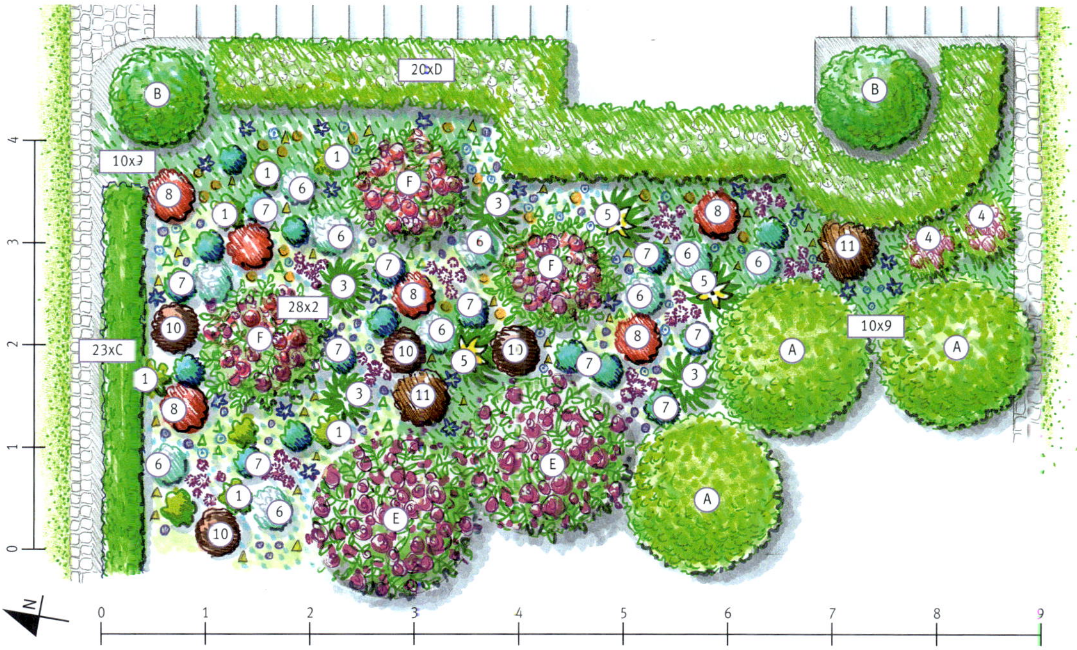

Nr.	Anz.	Name	Höhe (cm)	Blütezeit	Blüte
		STAUDEN UND ZWIEBELPFLANZEN			
	30	Galanthus elwesii › S. 154	10–15	Jan. – März	
	30	Chionodoxa forbesii › S. 153	15	März – April	
	20	Narcissus pseudonarcissus › S. 156	20–40	März – April	
	30	Tulipa (Triumph-Gruppe) 'Cheers' › S. 156	40	April	
1	8	Bergenia 'Eroica' › S. 130	40	April – Mai	
	30	Hyacinthoides hispanica 'Excelsior' › S. 154	25	Mai	
	20	Camassia quamash › S. 152	30	Mai – Juni	
	10	Allium 'Mars' › S. 152	120	Mai – Juni	
2	28	Geranium renardii-Hybride 'Terre Franche' › S. 137	45	Mai – Juni	
3	4	Hemerocallis 'Gentle Shepherd' › S. 139	75	Juni – Juli	
4	2	Geranium sanguineum-Hybride 'Tiny Monster' › S. 137	50	Juni – Aug.	
5	3	Hemerocallis 'Icecap' › S. 139	80	Juli – Aug.	
6	10	Anaphalis triplinervis 'Sommerschnee' › S. 126	25	Juli – Sept.	
7	18	Calamintha nepeta ssp. nepeta › S. 130	30–40	Juli – Okt.	
8	6	Sedum Telephium-Gruppe 'Matrona' › S. 149	50	Aug. – Sept.	
9	20	Ceratostigma plumbaginoides › S. 132	25	Aug. – Okt.	
10	4	Aster lateriflorus var. horizontalis 'Prince' › S. 128	90	Sept. – Okt.	
11	2	Ageratina altissima 'Chocolate' › S. 125	80–110	Okt. – Nov.	
		GEHÖLZE	(Meter)		
A	3	Buxus microphylla 'Faulkner' › S. 161	1,5–2	--	
B	2	Buxus sempervirens (als Kugel geschnitten) › S. 161	2–3	--	
C	23	Buxus sempervirens 'Blauer Heinz' (als Hecke) › S. 161	0,4	--	
D	20	Spiraea betulifolia (als Hecke) › S. 163	0,5–1	Juni	
E	2	Rosa centifolia muscosa 'Parkjuwel' › S. 163	1,6	Juni – Juli	
F	3	Rosa 'Angela' › S. 163	1,3	Juni – Okt.	

Weiße Blüten im Purpurmeer

Standort: ☼ ▭ **Lebensbereich:** *Freifläche, Beet* **Fläche:** *47 m²*
Weitere Gartensituationen: *vor Mauern und Hecken, als Raumteiler, an Terrassen*

Aus einem Meer zumeist purpurner und magentarosa blühender Stauden erheben sich weiße und hellgelbe Blüten. Diese Gemeinschaft zieht durch seine Fülle an Pflanzen die Blicke auf sich. Hier ist Üppigkeit angesagt.

Die ideale Begleitung für einen Weg entsteht hier mit großzügigen Pflanzgruppen, die wie Wellen und Wogen den Weg umfließen. Die meisten Stauden erreichen eine Höhe von ca. 50 cm und bilden damit den Grundteppich mit Purpurtönen, aus dem sich ein paar höhere in Grüngelb und Weiß erheben. Die meisten der verwendeten Stauden, die ab Mitte bis Ende Mai zur Blüte kommen, haben ihr natürliches Vorkommen in Wiesen. Da jedoch auf Gräser verzichtet wurde, entsteht kein Wiesencharakter, sondern ein wogendes Blütenmeer. Wo mehr Platz zur Verfügung steht, kann das Konzept vervielfacht werden.

Frühling

Die Üppigkeit der Pflanzung zeigt sich bereits mit dem ersten Flor am Ende des Winters. Schneeglöckchen (*Galanthus nivalis*) legen einen weißen Teppich über die Fläche, bevor der Frühling richtig startet. Bald wird der Teppich weißblau mit weißer Strahlen-Anemone (*Anemone blanda* 'White Splendour') und blauem Schneeglanz (*Chionodoxa forbesii*), wenig später weißblau-gelb, wenn der späte Garten-Krokus (*Crocus vernus*) 'Haarlem Gem' in Violett und die Alpenveilchen-Narzisse (*Narcissus cyclamineus*) 'Jenny' mit hellgelber Krone erblühen.
Schneeglöckchen und Schneeglanz breiten sich durch Selbstaussaat reichlich aus. Aus den ursprünglich gepflanzten Knollen bzw. Zwiebelknollen von Strahlen-Anemone und Alpenveilchen-Narzisse werden bald große Pulks.
Im April, bevor die Alpenveilchen-Narzisse vollständig verblüht ist, übernimmt die Großkronige Narzisse 'St. Patrick's Day' die Herrschaft. Die Wirkung ihres hellgelben Flors wird noch gesteigert, wenn die Bergenien 'Blickfang' und 'Purpurglocken' rosa und purpurrot zu blühen beginnen. Als Letzte der Zwiebelpflanzen kommt im Mai das Spanische Hasenglöckchen (*Hyacinthoides hispanica*) 'La Grandesse' mit seinen weißen Blütenglöckchen zum Einsatz.

Verschwenderisch blühen im Juni Ziest, Storchschnabel, Frauenmantel und Knöterich.

(Bild oben) Über den frischen Staudenhorsten schweben im April die gelben Narzissenblüten.

(Bild unten) Der Wolken-Knöterich 'Johanniswolke' blüht hier zusammen mit Wiesen-Iris.

Sommer

Die Stauden, die das wogende, purpurne Meer bilden, haben nun ihre endgültigen Höhen erreicht und beginnen nach und nach mit ihrer Blütenfülle. Die weinrote Sorte 'Chilled Wine' der Sibirischen Wiesen-Iris (*Iris sibirica*) ist als Erstes an der Reihe. Schon folgen die ersten weißen Blüten mit der Berg-Flockenblume (*Centaurea montana*) 'Alba'. In der Nähe der Gehölze blüht gleichzeitig der Nesselkönig (*Lamium orvala*), eine sehr dekorative Staude, deren Austrieb zwar einer Brennnessel gleicht, ihre edlen purpurbraunen Blütenkerzen jedoch einen durchaus imposanten Eindruck machen. Einmal eingewachsen, gedeiht er ohne Probleme und vermehrt sich gut durch Selbstaussaat.

Ab Juni stimmen dann der Großblütige Ziest (*Stachys macrantha*) 'Superba' und der Zierliche Storchschnabel (*Geranium Gracile*-Gruppe) 'Sirak' mit ein. Sie tragen fast das gleiche Purpurrosa zur Schau. Der Armenische Wiesen-Storchschnabel (*Geranium psilostemon*) in magentarosa mit schwarzer Mitte passt sehr gut dazu. Noch mehr Frische bringt der Glattblättrige Frauenmantel (*Alchemilla epipsila*) mit seinen grünlich gelben Blüten in das Farbenmeer.

Zu den Riesen in der Pflanzung gehört der Wolken-Knöterich *Aconogonon* 'Johanniswolke' (im Handel oft noch als *Polygonum polymorphum*) und das Riesenschleierkraut (*Crambe cordifolia*). Durch ihre imposante Größe erheben sie sich über das Purpurmeer und ziehen mit ihren weißen Blüten gern die Blicke auf sich. Der Knöterich blüht dabei etwa 14 Tage vor dem Riesenschleierkraut. Weitere kleine Höhepunkte setzen die Taglilien (*Hemerocallis*) 'Green Flutter' und 'Jest' mit 60–70 cm Höhe. Sie nehmen das Gelbgrün des Frauenmantels wieder auf. Dazu gesellt sich im Juli und August die Kaukasus-Glockenblume (*Campanula lactiflora*) 'Alba' mit 100 cm Höhe. Einmal eingewachsen, ist sie eine robuste und langlebige Staude.

Von Juni bis zum Frost erscheinen unermüdlich neue Blütenstände der Moschata-Rose 'Moonlight'. Der bräunliche Austrieb und die purpurbraune Farbe der Triebe stellen einen weiteren Schmuckwert dar. Obwohl oft als Strauchrose geführt, eignet sie sich auch als Kletterrose und könnte deshalb ebenso gut einen anschließenden Zaun oder eine Mauer begrünen.

HERBST

Die Kleinblütige Taglilie 'Green Flutter' verbindet den Spätsommer mit dem Herbst.

Spätsommer und Herbst

Einen weißen Abschluss der Blütenfülle bietet der etwa 140 cm hohe Milchweiße China-Beifuß (*Artemisia lactiflora*). Die in der chinesischen Provinz Guizhou gefundene Sorte gleichen Namens hat dunkle Stängel, was den weißen Blütenflor in seiner Wirkung noch steigert.

Das Siebenbürger Blaugras (*Sesleria heufleriana* ssp. *hungarica*) bleibt bei ausreichender Bodenfeuchte im Winter lange grün. Zusammen mit dem hübschen Laub der Bergenien und den Rosen bietet es im Herbst und Winter noch hübsche Blickpunkte im Beet.

Pflege rund ums Jahr

Frühling: Samenansatz der Narzissen entfernen
Sommer: von *Centaurea* regelmäßig die verblühten Köpfchen abschneiden, um die Nachblüte anzuregen und Sämlinge (meist blau) zu vermeiden; um dem Mehltau-Befall bei *Centaurea* vorzubeugen, diese Mitte Juli bis zum Boden zurückschneiden; *Alchemilla epipsila* nach der Blüte inklusive der Blätter zurückschneiden; regelmäßig das Verblühte bei den Rosen ausschneiden; verblühten Blütenstand von *Campanula* abschneiden
Winter: Ende Februar alle Staudenreste zurückschneiden oder absammeln

PFLANZLISTE

Kurzinfo

Der Plan stellt das Beet zum Blütezeitpunkt Ende Juni/Anfang Juli dar. Es ist 2 x 10 m und 3 x 9 m groß.

Nr.	Anz.	Name	Höhe (cm)	Blütezeit	Blüte
		STAUDEN UND ZWIEBELPFLANZEN			
	50	Galanthus nivalis › S. 154	15	Feb. – April	
	40	Anemone blanda 'White Splendour' › S. 152	10–20	März – April	
	30	Chionodoxa forbesii › S. 153	15	März – April	
	50	Crocus vernus 'Haarlem Gem' › S. 153	10	März – April	
	25	Narcissus (Großkronige) 'St. Patrick's Day' › S. 155	35	März – April	
	30	Narcissus cyclamineus 'Jenny' › S. 155	20–30	April	
1	6	Bergenia 'Blickfang' › S. 130	40	April – Mai	
2	11	Bergenia 'Purpurglocken' › S. 130	40	April – Mai	
	30	Hyacinthoides hispanica 'La Grandesse' › S. 154	25	Mai	
3	6	Iris sibirica 'Chilled Wine' › S. 141	60	Mai – Juni	
4	8	Lamium orvala › S. 142	40–60	Mai – Juni	
5	40	Alchemilla epipsila › S. 125	25–30	Mai – Juni	
6	15	Centaurea montana 'Alba' › S. 131	40	Mai – Juli	
7	20	Stachys macrantha 'Superba' › S. 150	50	Juni – Juli	
8	1	Aconogonon 'Johanniswolke' › S. 124	200	Juni – Juli	
9	16	Geranium Gracile-Gruppe 'Sirak' › S. 136	50	Juni – Juli	
10	1	Gillenia trifoliata › S. 137	70–120	Juni – Juli	
11	19	Geranium psilostemon 'Ivan' › S. 137	60–80	Juni – Aug.	
12	3	Crambe cordifolia › S. 132	150–200	Juli – Aug.	
13	5	Campanula lactiflora 'Alba' › S. 130	100	Juli – Aug.	
14	10	Hemerocallis 'Green Flutter' › S. 139	50–70	Juli – Aug.	
15	7	Hemerocallis 'Jest' › S. 139	60–80	Aug. – Sept.	
16	4	Artemisia lactiflora 'Guizhou' › S. 127	140	Aug. – Sept.	
		GRÄSER			
17	3	Sesleria heufleriana ssp. hungarica › S. 160	30–45	April – Mai	
		GEHÖLZE	(Meter)		
A	2	Rosa Moschata-Gruppe 'Moonlight' › S. 163	2,5–3,5	Juni – Okt.	

Sanfte Pastelltöne ganz stark

Standort: ☼ ◪ ▭ **Lebensbereich:** *Freifläche, Steppenheide* **Fläche:** *6 m²*
Weitere Gartensituationen: *an Sitzplätzen und Terrassen, für vollsonnige Böschungen*

Klare Strukturen bestimmen diese Komposition, die im Frühling mit prickelnden und kräftigen Farben beginnt. Ab Sommer wird es dezenter mit aparten Partnerschaften aus sanftem Gelb, Purpur- und Pastelltönen.

Südseitige Beete vor Mauern können mitunter recht extreme Pflanzenstandorte darstellen, die nach „Spezialisten“ unter den Stauden verlangen. Sind die Mauern auch noch weiß oder hell, reflektieren sie zusätzlich das Licht. Steinmauern speichern außerdem die Sonnenwärme und geben sie später noch ab, wenn die Sonne bereits untergegangen ist. Dadurch sind solche Plätze oft um einige Grade wärmer als die Umgebung. Die idealen Pflanzen dafür kommen in der Natur von steilen, teilweise stein- und felsreichen Südhängen mit durchlässigen und eher nährstoffärmeren Böden. Einen nicht durchlässigen Boden, wie etwa Lehmboden, können Sie durch Einmischen von Splitt, aber auch Schotter und Sand verbessern und dadurch gleichzeitig etwas abmagern. Wenn Sie das Beet um 30–50 cm oder mehr erhöhen, z. B. durch eine Trockenmauer aus Naturstein, sieht das toll aus und macht das Beet in gewissem Umfang trockener.

Frühling

Weiß-blau startet der Frühling mit Krokus 'Snow-bunting' und Sternblume (*Ipheion uniflorum*) 'Rolf Fiedler'. Einen ersten farbkräftigen Akzent setzt die rote Triumph-Tulpe 'Couleur Cardinal' zusammen mit der Wildform der „dicken“ Garten-Hyazinthe (*Hyacinthus orientalis* ssp. *orientalis*) in Blau. Das blaugrüne Laub der Triumph-Tulpe steht in schönem Kontrast zu ihren dunkelscharlachroten Blüten. Abgemildert wird der Kontrast durch das sanfte Gelb der Zwerg-Schwertlilie (*Iris Barbata-Nana*-Gruppe) 'Silberschein' und der weiß blühenden Tulpe 'White Triumphator'. Gleichzeitig blüht im Hintergrund an der Wand die Mittelmeer-Wolfsmilch (*Euphorbia characias* ssp. *wulfenii*) in grünlichem Gelb. Sie ist eine sehr imposante Erscheinung, die mit ihrem immergrünen Laub auch im Winter ziert.

Reiche Pracht im Juni: Schnittlauch, Schafgarbe, Hain-Salbei, Mittelmeer-Wolfsmilch und Rose.

(Bild oben) Im April und Mai bietet die Triumph-Tulpe 'Couleur Cardinal' einen feurigen Empfang.

(Bild unten) Die Fetthenne 'Matrona' umgibt sich gern mit der Blütenfülle der Kleinblütigen Bergminze.

Sommer

Ab Mitte/Ende Mai beginnt dann die purpurne Phase, die teilweise bis in den Juli anhält. Der als Küchenkraut allseits beliebte Schnittlauch (*Allium schoenoprasum*) kann auch mit einigen farbkräftigen Auslesen auftrumpfen, z. B. mit der purpurvioletten Sorte 'Bamberg'. Mit dem Schnittlauch blüht die hohe Sorte des Hain-Salbeis (*Salvia Nemorosa*-Gruppe) 'Caradonna'. Er wirkt nicht nur durch seine dunkelvioletten Blüten, sondern auch durch dunkle Blütenstiele und -stängel.

Von fast gleicher Blütenfarbe sind die Wild-Gladiole (*Gladiolus communis* ssp. *byzantinus*) und die Sorte 'New Hampshire Purple' des Blut-Storchschnabels (*Geranium sanguineum*), die ab Juni im Hintergrund in den purpurroten Blütenreigen mit einstimmen. Damit es nicht langweilig wird, blühen zwei schwefelgelbe Schafgarben (*Achillea* 'Taygetea') dazu.

Im Juni bezaubert Sie die Noisette-Rose 'Meteor' mit karminrosa Blüten und einem betörenden Duft. Sie ist recht gut winterhart und kann als Strauch oder steiftriebige Kletterrose (Climber) gezogen werden. Erobert und begleitet wird sie von 'Juuli', einer neuen halbstrauchigen Clematis aus der *Integrifolia*-Gruppe.

Dekorative Kräuter wachsen im Vordergrund des Beets, deren Aroma durch Hitze und Trockenheit noch intensiver werden: Echtes Berg-Bohnenkraut (*Satureja montana* ssp. *montana*), *Origanum* und die zwei recht winterharten Rosmarin-Sorten 'Veitshöchheim' und 'Arp'. An dieser Stelle lassen sie sich auch bequem ernten.

Spätsommer und Herbst

Die Waldrebe 'Gravetye Beauty' bringt im Spätsommer immer noch einzelne rote Blüten hervor, ansonsten zieren die Samenstände des vergangenen Sommerflors. Die schon seit Juli unermüdlich blühende Bergminze (*Calamintha nepeta* ssp. *nepeta*) zeigt noch bis in den Oktober hinein ihre porzellanblauen Blüten. Den Ausklang des Gartenjahrs beschließt 'Mary Stoker', eine einfach blühende Herbst-Chrysantheme (*Chrysanthemum Rubellum*-Gruppe). Selbst beim Blühen bleibt sie von leichten Frösten unbeeindruckt. Ihr zur Seite steht der verblühte Flor der Fetthenne (*Sedum Telephium*-Gruppe) 'Matrona'.

WINTER

Hohe Fetthennen bleiben den ganzen Winter attraktiv und sind gern von Schnee gekrönt.

HERBST

Die Herbst-Chrysantheme 'Mary Stoker' betritt nach der Fetthenne 'Matrona' die Bühne.

Pflege rund ums Jahr

Frühling: Samenansatz der Tulpen entfernen
Sommer: abgeblühte Blütenstängel von *Allium* rechtzeitig abschneiden, um das Aussamen zu verhindern, nach dem Abblühen mitsamt den Blättern bis etwa 3 cm über dem Boden zurückschneiden; bei *Salvia* entweder regelmäßig die abgeblühten Blütenquirle entfernen oder nach dem ersten Flor die ganze Pflanze bis etwa 5 cm über dem Boden abschneiden
Herbst: *Clematis* werden im Spätherbst oder im März auf 20–30 cm zurückgeschnitten
Winter: Ende Februar alle Staudenreste zurückschneiden oder absammeln

PFLANZLISTE

Kurzinfo

Der Plan stellt das Beet zum Blütezeitpunkt Mitte Juni dar. Es ist 4 x 1,5 m groß.

Nr.	Anz.	Name	Höhe (cm)	Blütezeit	Blüte
		STAUDEN UND ZWIEBELPFLANZEN			
	20	Crocus chrysanthus 'Snowbunting' › S. 153	5–10	Feb. – März	
	10	Ipheion uniflorum 'Rolf Fiedler' › S. 154	10–15	März – April	
	15	Hyacinthus orientalis ssp. orientalis › S. 154	20–30	April – Mai	
	20	Tulipa 'Couleur Cardinal' › S. 156	30	April – Mai	
1	2	Iris Barbata-Nana-Gruppe 'Silberschein' › S. 141	15–30	April – Mai	
	7	Tulipa 'White Triumphator' › S. 157 Alternativ: T. 'White Elegance' › S. 157	50–70	Mai	
2	2	Euphorbia characias ssp. wulfenii › S. 135	120	Mai – Juni	
3	1	Iris Barbata-Elatior-Gruppe 'Imperator' › S. 141	70	Mai – Juni	
4	3	Geranium sanguineum 'New Hampshire Purple' › S. 137	20	Mai – Juni	
	10	Gladiolus communis ssp. byzantinus › S. 154	60	Juni	
5	3	Allium schoenoprasum 'Bamberg' › S. 126	30	Juni – Juli	
6	4	Salvia nemorosa 'Caradonna' › S. 147	60–80	Juni – Aug.	
7	3	Scabiosa caucasica 'Clive Greaves' › S. 148	90	Juni – Sept.	
8	1	Clematis Integrifolia-Gruppe 'Juuli' › S. 132	150–200	Juni – Okt.	
9	2	Achillea 'Taygetea' › S. 124	60	Juli – Aug.	
10	2	Goniolimon tataricum › S. 138	30	Juli – Aug.	
11	2	Origanum vulgare ssp. hirtum › S. 144	30–50	Juli – Sept.	
12	10	Calamintha nepeta ssp. nepeta › S. 130	30–40	Juli – Okt.	
13	2	Sedum Telephium-Gruppe 'Matrona' › S. 149	50	Aug. – Sept.	
14	3	Satureja montana ssp. montana › S. 148 Alternativ: S. montana ssp. illyrica › S. 148	20–40	Aug. – Okt.	
15	1	Chrysanthemum Rubellum-Gruppe 'Mary Stoker' › S. 132	65	Sept. – Nov.	
		GEHÖLZE	(Meter)		
A	1	Rosmarinus officinalis 'Veitshöchheim' › S. 163	1–1,5	Juni – Aug.	
B	1	Rosmarinus officinalis 'Arp' › S. 163	1–1,5	Juni – Aug.	
C	1	Rosa Noisette-Gruppe 'Meteor' › S. 163	1,6–2	Juni – Sept.	
D	1	Clematis Texensis-Gruppe 'Gravetye Beauty' › S. 161	2–3,5	Juli – Sept.	

Feurige Kontraste setzen Akzente

Standort: ☼ ▭ **Lebensbereich:** *Gehölz, Gehölzrand, Beet* **Fläche:** *15 m²*

Weitere Gartensituationen: *im Vorgarten und an Eingängen*

Dieses Beet im Vorgarten lodert in kräftigen Rottönen! Leuchtende Blüten und eine Farbenvielfalt der Blätter machen es sehr lebendig. Kombinationen wie knallrote Blüten zu schwarzgrünem und stahlblauem Laub werden Sie faszinieren.

DIESES BEET MIT L-förmigem Grundriss kann z. B. eine Terrasse von zwei Seiten umschließen. Idealerweise sollten Sie Beete an Sitzplätzen auf gleicher Höhe oder sogar höher anlegen, damit Sie alle Pflanzenschätze im Sitzen gut im Blick haben. Um kleine Höhenunterschiede abzufangen, sind niedrige Mauern (30–45 cm Höhe) aus Naturstein eine tolle Lösung. Denn Mauern können Sie mit leicht überhängenden Polsterstauden eine locker blühende Krone aufsetzen, die die Kanten weich umspielt. Die Pflanzung selbst bekommt mit Spiräen (*Spiraea thunbergii*) und einer Zaubernuss (*Hamamelis × intermedia* 'Diane') ein Grundgerüst aus Gehölzen. Dazwischen füllt sich die Fläche mit vielen niedrigen, buntblättrigen und leuchtend blühenden Stauden in starken Farben.

Frühling

Ein absoluter „Frühaufsteher" unter den Frühlingsblühern ist das Adonisröschen (*Adonis ramosa*) 'Fukujukai'. Die großen, goldgelben Blüten im Februar/März überraschen um diese Jahreszeit. Es zieht allerdings auch wieder früh ein, im Juli ist davon nichts mehr zu sehen. Markieren Sie unbedingt den Standort, damit die Knospen bei der Pflege nicht zertreten oder zerhackt werden.

Das dominierende Gehölz im März ist die Zaubernuss 'Diane'. Sie öffnet schon früh ihre braunvioletten bis leuchtend weinroten Blüten. Der Hundszahn (*Erythronium*) überzeugt mit seinem hübschen, signifikant braun-grün marmorierten Laub. Dazu blüht das Siebenbürger Leberblümchen (*Hepatica transsylvatica*) in Hellblau sowie die Strahlen-Anemone (*Anemone blanda*) 'White Splendour' in Weiß.

Im April zieren die eleganten, hellgelben Fritillarien (*Fritillaria pallidiflora*) den Fuß der Hamamelis. Die Spiräen sind nun überreich mit weißen Blüten besetzt. Entlang der Mauerkrone erblühen die hübschen Polster von *Phlox subulata* 'Candy Stripes' und Blaukissen (*Aubrieta*) 'Neuling'. Die Bergenien-Sorte 'Eroica' hat ihr dekoratives Laub entfaltet und erstrahlt in Purpurviolett.

Sommer

Im Schatten und Halbschatten der Sträucher, vor allem der Zaubernuss, breiten sich allmählich die grasartigen Polster des schwarzgrünen Schlangenbarts (*Ophiopogon planiscapus*) 'Nigrescens' aus. Er bietet die Bühne für andere Blattschönheiten. Zwischen seinen Blatthorsten wachsen die elegante, blaugrau belaubte Funkie (*Hosta*) 'Halcyon', die immergrüne, grasartige *Liriope muscari* 'Ingwersen' oder das grünlaubige Purpurglöckchen (*Heuchera brizoides*) 'Ricard'. Mehr im Halbschatten gesellen sich das panaschierte Kleine Moor-Pfeifengras (*Molinia caerulea*) 'Variegata' und das purpurn belaubte *Heuchera micrantha* 'Palace Purple' dazu. Diese Kombination von Blattschmuckstauden ist wirklich ein „Hingucker".

SOMMER

Im Frühsommer zeigt sich das Beet mit dezenten Blüten eher von der verhaltenen Seite.

Die üppige Bepflanzung bildet den Rahmen für einen intimen Platz auf der Terrasse.

Tulipa tarda *und* Anemone blanda *tummeln sich bereits voll erblüht um die Zaubernuss.*

Nun hat die Zaubernuss ihren zweiten Auftritt: Sie schmückt sich mit gelbem Herbstlaub.

Die absolute Krönung erhält die Szene, wenn sich das Purpurglöckchen 'Ricard' mit seinem knallroten Flor dazu gesellt.

In den sonnigeren Partien des Beets glüht es bereits in leuchtendem Rot mit einer Zwergsorte der Indianernessel (*Monarda*) 'Fireball', und auch die Lobelie (*Lobelia splendens*) 'Elmfeuer' mischt kräftig im Farbzirkus mit. Letztere ist nicht überall sicher winterhart und wird dann jedes Jahr neu gepflanzt. Mit roten Blüten und rötlichem Laub trägt die Grasnelke (*Armeria maritima*) 'Vesuv' zum Feuerwerk bei. Ihre niedrigen Polster eignen sich gut für Mauerkronen.

Zwischen den schwarzgrünen Ophiopogon-*Blättern tritt die Strahlen-Anemone hervor.*

Spätsommer und Herbst

Das farbige Laub der blauen Funkien, des schwarzgrünen Schlangenbarts, der panaschierten Gräser und anderer Pflanzen präsentiert sich noch immer von der besten Seite. *Liriope muscari* 'Ingwersen' reckt ihre violetten Trauben über die dunkelgrünen Blatthorste. Im Herbst färben sich die Blätter von *Spiraea* goldgelb, von *Hamamelis* in verschiedenen, feurigen Gelb- und Rottönen. Doch das Blühen ist noch nicht zu Ende. Der Herbst verglüht mit den in Massen erscheinenden kleinen Blütenkörbchen der Busch-Aster (*Aster lateriflorus* var. *horizontalis*) und dem zerbrechlich wirkenden Flor des Oktober-Steinbrechs (*Saxifraga cortusifolia* var. *fortunei*) in Weiß.

Pflege rund ums Jahr

Frühjahr: Samenansatz der Tulpen entfernen

Herbst: *Clematis* im November/Dezember auf 20–30 cm zurückschneiden; *Monarda* wandert, deshalb nach einigen Jahren teilen und neu aufpflanzen

Winter: ältere Zweige von *Spiraea* bodennah herausschneiden und dadurch regelmäßig verjüngen; Ende Februar alle Staudenreste zurückschneiden oder absammeln

PFLANZLISTE

Kurzinfo

Der Plan stellt das Beet zum Blütezeitpunkt Mitte Juli dar. Es ist 4 x 2 m und 3,5 x 2 m groß.

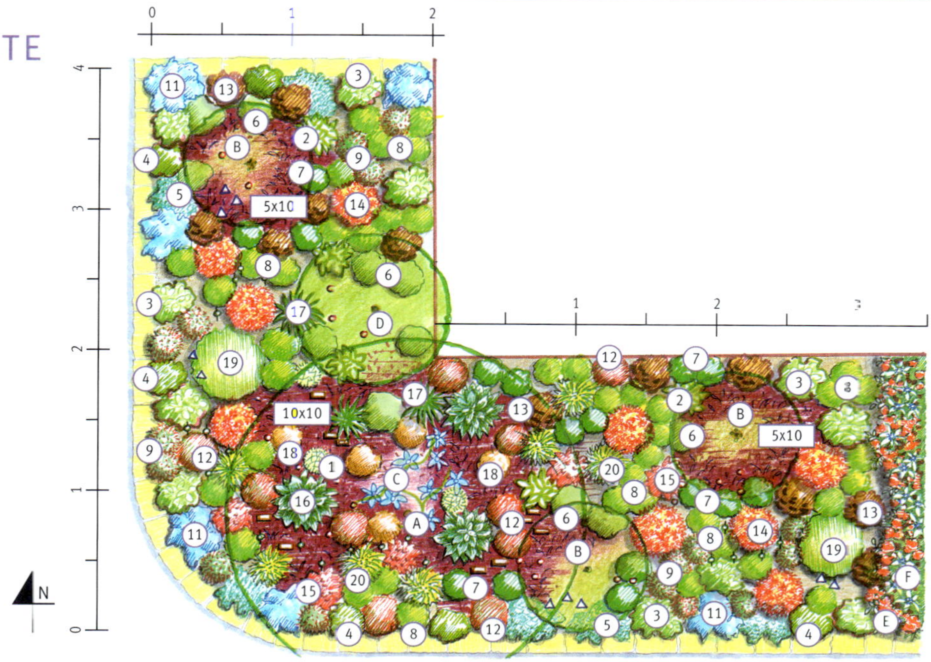

Nr.	Anz.	Name	Höhe (cm)	Blütezeit	Blüte
		STAUDEN UND ZWIEBELPFLANZEN			
[illegible]	[illegible]	Adonis ramosa 'Fukujukai' › S. 125	25	Feb. – März	
[illegible]	[illegible]	Hepatica transsylvanica › S. 139	10–15	März – April	
	10	Erythronium dens-canis 'Rose Queen' › S. 153	15	März – April	
	20	Anemone blanda 'White Splendour' › S. 152	10–20	März – April	
	10	Fritillaria pallidiflora › S. 154	30–40	April	
3	1[illegible]	Bergenia 'Eroica' › S. 130	40	April – Mai	
4	6	Phlox subulata 'Candy Stripes' › S. 145	10–15	April – Mai	
5	6	Aubrieta 'Neuling' › S. 129	10	April – Mai	
	2[illegible]	Tulipa tarda › S. 157	15	April – Mai	
6	1[illegible]	Epimedium grandiflorum 'Lilafee' › S. 134	30	April – Mai	
7	1[illegible]	Omphalodes cappadocica 'Cherry Ingram' › S. 144	10–25	April – Mai	
8	4[illegible]	Alchemilla erythropoda › S. 126	10–20	Juni – Juli	
9	16	Armeria maritima 'Vesuv' › S. 127	10–30	Mai – Juni	
10	20	Ophiopogon planiscapus 'Nigrescens' › S. 144	10–20	Juni – Aug.	
11	6	Campanula portenschlagiana 'Major' › S. 131	15	Juni – Aug.	
12	10	Heuchera × brizoides 'Ricard' › S. 139	15–50	Juni – Aug.	
13	12	Heuchera micrantha 'Palace Purple' › S. 140	15–60	Juli – Aug.	
14	9	Monarda Didyma-Gruppe 'Fireball' › S. 143	40–60	Juli – Aug.	
15	5	Lobelia splendens 'Elmfeuer' › S. 143	85	Juli – Sept.	
16	3	Hosta 'Halcyon' › S. 140	20–55	Juli – Sept.	
17	3	Liriope muscari 'Ingwersen' › S. 143	30	Aug. – Okt.	
18	5	Saxifraga cortusifolia var. fortunei › S. 148	10–40	Sept. – Okt.	
19	2	Aster lateriflorus var. horizontalis › S. 128	60–70	Okt.	
		GRÄSER			
20	7	Molinia caerulea 'Variegata' › S. 159	30–50	Aug. – Okt.	
		GEHÖLZE	(Meter)		
A	1	Hamamelis × intermedia 'Diane' › S. 162	3–4	März	
B	3	Spiraea thunbergii › S. 163	1	April – Mai	
C	1	Clematis 'Königskind' › S. 161	1,2–1,8	Mai – Okt.	
D	1	Paeonia Suffruticosa-Gruppe › S. 162	1–1,5	Mai	
E	1	Kletterrose 'Solo' › S. 163	2–2,5	Juni – Okt.	
F	1	Clematis florida var. sieboldiana › S. 161	2,5–4	Juni – Okt.	

Steppenpflanzung in Pastell

Standort: ☼ ▦ **Lebensbereich:** *Freifläche, Steingarten* **Fläche:** *8 m²*
Weitere Gartensituationen: *an Sitzplätzen und Terrassen, in Vorgärten und an Eingängen*

Im Mittelmeerraum oder den trocken-heißen Steppen Nordamerikas wachsen viele Pflanzen, die sich mit grauem Laub oder dickfleischigen Blättern vor der Sonne schützen. Holen Sie sich solche Dauerblüher in sanften Farben in Ihren Garten.

(Bild oben) Harmonischer Dreiklang: cremefarbene Skabiose, rote Knautie, blauer Lein.

(Bild unten) Selbst der Samenstand des Sternkugel-Lauchs ist noch eine hübsche Zierde.

DIE BEWOHNER dieses Beets eignen sich für Gartenplätze, denen eines gemeinsam ist: Der Boden ist durchlässig, nährstoffarm, er führt Regenwasser schnell ab und kann im Sommer auch austrocknen. Sie lieben es heiß und trocken, je sonniger, desto wohler fühlen sich die „sanften Graulaubigen".

Die Bartblume (*Caryopteris*) ist in diesem Beet der einzige Strauch. Mit dem Föhngras (*Stipa*) und den halbkugeligen Büschen der Heiligenblume (*Santolina*) bildet sie das Gerüst der Pflanzung. Sie setzen übers Jahr Fixpunkte. Zwischen den höheren Stauden breiten sich Teppiche aus Fetthenne (*Sedum*), Ziest (*Stachys*), Storchschnabel (*Geranium*) und Katzenminze (*Nepeta*) aus. Im Sommer bringen magentarote, blaue und cremefarbene Blüten Farbe ins Beet, zusammen mit Rosa und Weiß komplettiert sich der Klang der pastellfarbigen Töne.

Frühling

Schon im Februar öffnen sich mit dem weißen *Crocus chrysanthus* 'Snowbunting' die ersten Blüten der Saison. Wenig später, nämlich Anfang März, folgt die Seerosentulpe *Tulipa kaufmanniana*. Die Strahlen-Anemone (*Anemone blanda*) 'White Splendour' blüht in Weiß ab Mitte März.

Im April öffnen sich die gelben Blüten der Tenby-Narzissen (*Narcissus obvallaris*). Es regt sich auch in den Blatttepp ichen der Bodendecker frisches Grün: Die Gräser beginnen neu durchzutreiben und die Bartblume entfaltet neues grau-grünes Laub. Zwischen den Horsten der Katzenminze liegt der Sternkugel-Lauch (*Allium christophii*), der nun seine dunkelgrünen Blätter dicht am Boden ausbreitet. Aus der Mitte schieben sich nach und nach die Blütenstängel nach oben.

Ab Mai wachsen die höheren Blütenstauden, wie Knautie (*Knautia macedonica*), Skabiose (*Scabiosa ochroleuca*) und blaue Katzenminze (*Nepeta × faassenii* 'Walker's Low'), schnell zu ihrer vollen Größe heran. Die weiß blühende *Nepeta* 'Snowflake' bleibt mit 25 cm dagegen deutlich kleiner und blüht sogar oft schon Ende Mai.

Sommer

Mit den ersten Blüten läuten die Blaue Katzenminze 'Walker's Low' und die purpurrote Kartäuser-Nelke (*Dianthus carthusianorum*) Anfang Juni den Sommer ein. Das Föhngras 'Lemperg' schiebt seine Halme nach oben und wird umgarnt von der rosa Form des Blut-Storchschnabels (*Geranium sanguineum* var. *striatum*). Im Juni und Juli hat die Pflanze ihre Hauptblüte, aber den ganzen

Grausilbriges Laub und zarte Blüten verwandeln Beete in ein wild-romantisches Gartenparadies.

Sommer, sogar bis in den September hinein, erscheinen immer noch rosa Blüten über dem grünen Blattteppich.

Im Juli ziert sich das Schleierkraut (*Gypsophila*) mit rosa Blütenwolken und die ersten magentaroten Blüten von *Knautia macedonica* regen sich. Die Knautienblüten kontrastieren farblich schön mit den cremefarbenen von *Scabiosa ochroleuca*. Bei beiden zieht sich der Flor fast über den ganzen Sommer hin, also echte Dauerblüher. An mehreren Stellen wächst das ebenfalls lang blühende Leinkraut (*Linaria*) mit seinen violetten Blütenkerzen an 80 cm langen Stielen.

Der Sternkugel-Lauch hat mit 60 cm seine Endhöhe erreicht. Langsam öffnen sich die Knospen und geben nach und nach kleine filigrane Sternchen in Violett frei. Die 25 cm großen Kugeln schweben über den Teppichen von dunkelrotem *Sedum spurium* 'Fuldaglut' und den behaarten „Hasenöhrchen“ des Wolligen Ziests (*Stachys byzantina* 'Silver Carpet'). Auch nach dem Samenansatz bleibt der Zierlauch lange attraktiv.

Im August zeigt das Beet noch einmal seine ganze Stärke: Die Katzenminze beginnt ein zweites Mal zu blühen während andere, wie Skabiose, Knautie, Schleierkraut und rosa Storchschnabel, noch immer Farbe zeigen.

HERBST

Wie eine Wolke schwebt das Föhngras über den Teppichen von Wolligem Ziest und Fetthenne.

FRÜHLING

Oft schon im März vertreiben die weißen Korbblüten der Strahlen-Anemone den Winter.

Spätsommer und Herbst

Der Spätsommeraspekt gehört in diesem Beet den Gräsern und der Bartblume. Die Halme des Föhngrases 'Lemperg' leuchten im Licht der tief stehenden Sonne. Die graublauen Büschel des Blau-Schwingels (*Festuca cinerea*) und das blaugrüne Laub der Bartblume passen sehr schön zum Charakter der Steppenpflanzung. Bis in den September hinein ist die buschige, ein Meter hohe Bartblume mit dunkelblauen Blütenköpfen überzogen. Noch im Spätherbst sprenkeln einzelne pastellfarbene Blüten die Pflanzfläche.

Pflege rund ums Jahr

Frühling: überzählige Staudensämlinge entfernen oder an einen günstigen Platz verpflanzen; *Caryopteris* erst im April kräftig zurückschneiden; *Santolina* bei Bedarf zurückschneiden, verträgt kräftigen Rückschnitt

Sommer: *Nepeta* und *Centranthus* nach der Blüte zurückschneiden; von *Dianthus* und *Scabiosa* ab und zu verblühte Triebe abschneiden

Herbst: mögliches Laub durch Nachbargehölze absammeln (sonst unerwünschte Humusbildung)

Winter: Ende Februar alle Staudenreste zurückschneiden oder absammeln

PFLANZLISTE

Kurzinfo

Der Plan stellt das Beet zum Blütezeitpunkt Juli/August dar. Es ist 2 x 4 m groß.

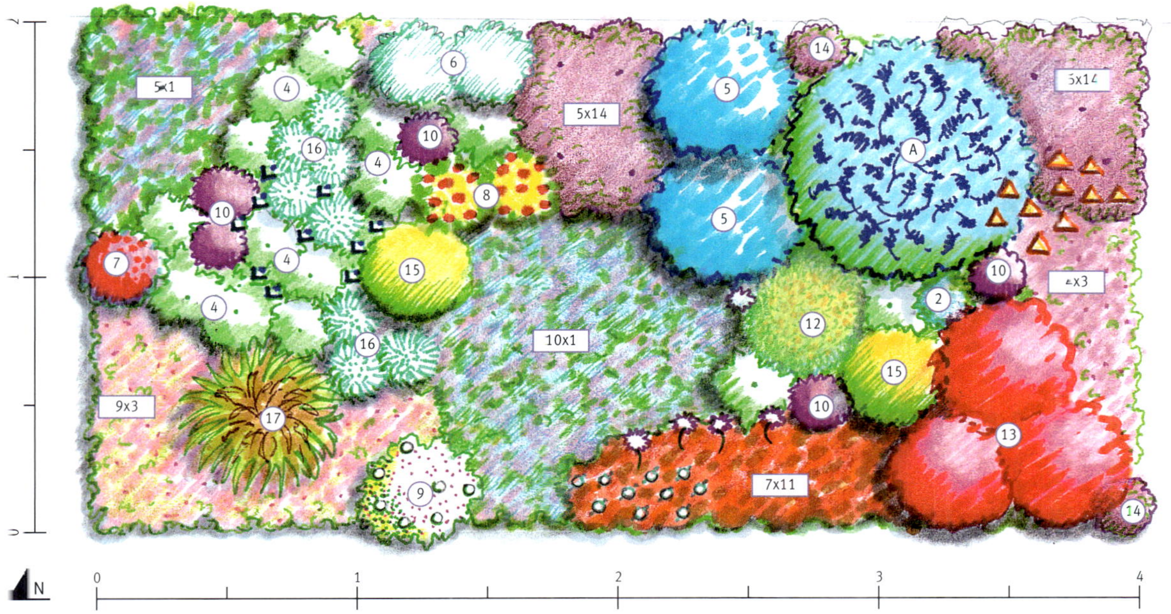

Nr.	Anz.	Name	Höhe (cm)	Blütezeit	Blüte
		STAUDEN UND ZWIEBELPFLANZEN			
	0	Crocus chrysanthus 'Snowbunting' › S. 153	5–10	Feb. – März	
	0	Tulipa kaufmanniana › S. 157	10	März	
	7	Anemone blanda 'White Splendour' › S. 152	10–20	März – April	
	0	Narcissus obvallaris › S. 156	20–30	April	
	5	Allium christophii › S. 152	60	Juni – Juli	
1	5	Stachys byzantina 'Silver Carpet' › S. 149	20–60	Juni – Juli	
2	1	Linum perenne ssp. perenne › S. 143	30–70	Juni – Aug.	
3	3	Geranium sanguineum var. striatum › S. 137	30	Juni – Aug.	
4	4	Nepeta × faassenii 'Snowflake' › S. 143	25	Juni – Sept.	
5	2	Nepeta × faassenii 'Walker's Low' › S. 143	60	Juni – Sept.	
6	2	Centranthus ruber 'Alba' › S. 131	60–90	Juni – Sept.	
7	1	Centranthus ruber 'Coccineus' › S. 131	60–90	Juni – Sept.	

Nr.	Anz.	Name	Höhe (cm)	Blütezeit	Blüte
7	8	Dianthus carthusianorum › S. 133	10–30	Juni – Sept.	
9	1	Gypsophila Repens-Gruppe 'Rosenschleier' › S. 138	30–40	Juni – Sept.	
10	5	Linaria purpurea 'Canon J. Went' › S. 142	50–80	Juni – Sept.	
11	7	Sedum spurium 'Fuldaglut' › S. 149	15	Juli – Aug.	
12	1	Santolina chamaecyparissus › S. 148	40–60	Juli – Aug.	
13	3	Knautia macedonica › S. 142	60–80	Juli – Sept.	
14	13	Origanum vulgare ssp. vulgare 'Compactum' › S. 144	15	Juli – Sept.	
15	2	Scabiosa ochroleuca › S. 148	40–80	Juli – Okt.	
		GRÄSER			
16	8	Festuca cinerea › S. 158	20	Mai – Juli	
17	1	Stipa calamagrostis 'Lemperg' › S. 160 Alternativ: S. gigantea › S. 160	120	Juli – Sept.	
		GEHÖLZE	**(Meter)**		
A	1	Caryopteris × clandonensis 'Heavenly Blue' › S. 161	1	Aug. – Okt.	

Harmonie in Blau, Weiß und Rosa

Standort: ☼ ▦ **Lebensbereich:** *Freifläche, Steingarten* **Fläche:** *12 m²*
Weitere Gartensituationen: *an Sitzplätzen und Terrassen, vor Mauern*

Zarte Farben geben hier den Ton an: Im Mai und Juni verwöhnen uns Iris, Mohn und Zierlauch mit eindrucksvollen Blüten, bevor die Dauerblüher Eisenkraut und Präriekerze in der zweiten Jahreshälfte das Bild im trocken-heißen Beet bestimmen.

Dieses Beet überzeugt mit ausdrucksstarken Blütenformen in zarten Pastellfarben, imposanten Strukturbildnern und unermüdlichen Dauerblühern. Im Hintergrund geben ein klein bleibender Schmetterlingsflieder (*Buddleja davidii* 'Nanho Purple') und eine Strauchpappel oder Buschmalve (*Lavatera Olbia*-Gruppe 'Bearnsley') dem Beet Halt. Während die Gräser und das markante Brandkraut (*Phlomis russeliana*) die Fläche strukturieren, strahlen dazwischen den ganzen Sommer über rosa, weiße und blaue Blüten.

Frühling

Ende Februar beginnt mit *Crocus sieberi* 'Tricolor' und blauen oder violetten Zwiebel-Iris (*Iris reticulata*) das neue Gartenjahr. Wenig später gesellt sich das Persische Hasenglöckchen (*Scilla mischtschenkoana*) in Weiß dazu. Ebenfalls weiß blühen Narzisse 'Stainless' und Dichter-Narzisse 'Actaea' bis Ende April.

Im Mai regt sich überall neues Leben. Gegen Ende des Monats beherrschen die großen Blütenschalen des Türkenmohns (*Papaver orientale*) in Rosa oder Weiß und die eleganten, weiß-violetten Blüten der hohen Bartiris (*Iris Barbata-Elatior*-Gruppe) 'Blue Sapphire' die Pflanzung in perfekter Harmonie. Die auffällig violetten Kugeln des Iran-Lauchs (*Allium aflatunense*) 'Purple Sensation' und erste Blüten der hohen blauen Katzenminze (*Nepeta × faassenii*) 'Walker's Low' begleiten ihren Auftritt.

In diese Zeit fällt auch die Blüte von *Allium* 'Globemaster'. Die Blütenkugeln können einen Durchmesser von 20 cm erreichen und machen auch nach dem Verblühen mit ihrem Samenstand eine gute Figur. Um kahle Stellen ab Juni nach dem Einziehen des Laubs zu vermeiden, liegen die Zwiebeln direkt neben der spät austreibenden *Aster* 'Snowflurry'.

Gelbes Brandkraut und rote Spornblumen setzen im Juni einen ersten Höhepunkt.

Sommer

Purpurrote Spornblume (*Centranthus ruber*) 'Coccineus' und die weiße Form der Vexiernelke (*Lychnis coronaria*) 'Alba' bilden im Juni mit den gelben Blütenquirlen des Brandkrauts einen pastellfarbenen Dreiklang. Zum Blau der Katzenminze gesellt sich Ende Juni das zarte Rosa der hochwachsenden Katzenminze 'Dawn to Dusk'. Die Strauchpappel hat sich zu einem großen Busch entwickelt, auf dem die ersten weiß-rosa Blüten erscheinen. Dicht und kompakt wächst

Von den hohen Blütenstauden eröffnen Bartiris und Türkenmohn im Mai die Sommersaison.

der Schmetterlingsstrauch – ein schöner, graugrüner Hintergrund für die pastellfarbenen Töne. Verschiedene Bodendecker, z. B. Thymian (*Thymus*), die Storchschnabelarten oder der Kaukasische Frauenmantel (*Alchemilla eryothopda*), blühen im Juni. Wie ein schwebendes Band durchziehen Exemplare des Buenos Aires-Eisenkrauts (*Verbena bonariensis*) den ganzen Sommer die Pflanzung. Die lange Blütezeit gilt auch für die Präriekerzen (*Gaura lindheimeri*).

Im Hochsommer lässt das Blühen kaum nach. *Origanum* 'Herrenhausen' schmückt sich mit dol-

Allium 'Globemaster' fasziniert im Juni mit großen Blütenbällen auf schlanken Stielen.

Kaum ist der letzte Schnee geschmolzen, öffnen Zwiebel-Iris und Frühlings-Krokus erste Blüten.

denartigen Blüten und *Geranium sanguineum* 'Max Frey' zeigt immer noch einige dunkelrote Farbtupfer. Spornblume und Katzenminze entwickeln die ersten Nachblüten und auch die markanten, stacheligen Blütenkugeln der Banater Kugeldistel (*Echinops banaticus*) 'Taplow Blue' halten ihre blaue Färbung.

Spätsommer und Herbst

Die Blüte des Diamantgrases (*Calamagrostis brachytricha*) läutet den Übergang zu Spätsommer und Herbst ein. Nach einem Regenguss sitzen die Ähren voll kleinster Wassertropfen, sie

Macht seinem Namen Ehre – nach jedem Regenguss glitzern die Ähren des Diamantgrases.

funkeln in der Sonne wie Diamanten. Die rosa Blüten von Fetthenne (*Sedum Telephium*-Gruppe) 'Herbstfreude' und Berg-Aster (*Aster amellus*) 'Veilchenkönigin' erscheinen im September. **Im Oktober** ziert sich Aster 'Snowflurry' mit einem Teppich aus zahlreichen kleinen, weißen Blüten. Die Bergminze (*Calaminta nepeta* ssp. *nepeta*) blüht seit Juli und überdeckt noch bis Oktober mit seinen weiß-rosa Blütenschleiern die nun kahlen Pflanzstellen des Türkenmohns. Bis zum Frost blühen *Gaura* und *Verbena* um die Wette, noch tief im Winter verbreiten die Silhouetten der Gräser und die Samenstände von Brandkraut, Aster und Fetthenne ihr Flair.

Pflege rund ums Jahr

Frühling: *Lavatera* im April zurückschneiden; *Verbena* und *Gaura* auf Ausfälle kontrollieren, bei Bedarf nachpflanzen; auf Sämlinge achten
Sommer: *Nepeta, Lychnis, Centranthus* und *Echinops* nach der Blüte zurückschneiden
Herbst: Wurzelbereich und Basis von *Verbena* und *Gaura* mit Laub oder Mulch abdecken
Winter: Ende Februar alle Staudenreste zurückschneiden oder absammeln; *Calamagrostis* zurückschneiden

PFLANZLISTE

Kurzinfo

Der Plan stellt das Beet zum Blütezeitpunkt Ende Mai dar. Es ist 3 x 4 m groß.

Nr.	Anz.	Name	Höhe (cm)	Blütezeit	Blüte
		STAUDEN UND ZWIEBELPFLANZEN			
	10	Iris reticulata 'Harmony' › S. 155	10–20	Feb. – März	
	10	Iris reticulata 'Jeannine' › S. 155	10–20	Feb. – März	
	10	Crocus sieberi ssp. sublimis 'Tricolor' › S. 153	5	März	
	10	Scilla mischtschenkoana › S. 156	15–20	März – April	
	10	Narcissus (Großkronige) 'Stainless' › S. 155	40–60	März – April	
	10	Narcissus poeticus 'Actaea' › S. 155	40	April – Mai	
1	1	Iris Barbata-Elatior-Gruppe 'Blue Sapphire' › S. 141	80–100	Mai	
	3	Allium 'Globemaster' › S. 152	120	Mai – Juni	
2	12	Geranium × cantabrigiense 'Biokovo' › S. 136	25	Mai – Juni	
3	1	Papaver orientale 'Black and White' › S. 145	80	Mai – Juni	
4	1	Papaver orientale 'Karine' › S.145	60	Mai – Juni	
	10	Allium aflatunense 'Purple Sensation' › S. 152	80	Mai – Juni	
5	8	Geranium renardii › S. 137	25–30	Mai – Juni	
6	12	Geranium sanguineum 'Max Frey' › S. 137	20	Mai – Juni	
7	3	Geranium renardii 'Philippe Vapelle' › S. 137	40	Jun – Juli	
8	12	Alchemilla erythropoda › S. 126	10–20	Jun – Juli	
9	3	Phlomis russeliana › S. 145	60–100	Jun – Juli	
10	1	Nepeta grandiflora 'Dawn to Dusk' › S. 144	60–80	Juni – Aug.	
11	1	Echinops banaticus 'Taplow Blue' › S. 134	100–140	Juni – Aug.	
12	4	Lychnis coronaria 'Alba' › S. 143	60–90	Juni – Aug.	
13	16	Thymus serpyllum 'Albus' › S. 150	5	Juni – Aug.	
14	2	Nepeta × faassenii 'Walker's Low' › S. 143	60	Juni – Sept.	
15	4	Centranthus ruber 'Coccineus' › S. 131	60–90	Juni – Sept.	
16	1	Lavatera Olbia-Gruppe 'Barnsley' › S. 142	150–200	Juni – Okt.	
17	3	Origanum Laevigatum-Gruppe 'Herrenhausen' › S. 144	40	Juli – Sept.	
18	21	Origanum vulgare ssp. vulgare 'Compactum' › S. 144	15	Jul – Sept.	
19	1	Origanum vulgare ssp. vulgare 'Rosenkuppel' › S. 144	40	Jul – Sept.	
20	8	Verbena bonariensis › S. 151	130–180	Jul – Okt.	
21	2	Calamintha nepeta ssp. nepeta › S. 130	30–40	Jul – Okt.	
22	1	Gaura lindheimeri 'Siskiyou' › S. 135	60–70	Juli – Okt.	
23	5	Gaura lindheimeri 'Whirling Butterflies' › S. 135	90–100	Juli – Okt.	
24	3	Aster amellus 'Veilchenkönigin' › S. 128	40–45	Aug. – Okt.	
25	1	Sedum Telephium-Gruppe 'Herbstfreude' › S. 149	50	Sept. – Okt.	
26	1	Aster 'Snowflurry' › S. 129	10–20	Sept. – Okt.	
		GRÄSER			
27	1	Helictotrichon sempervirens › S. 159	50–100	Juli – Aug.	
28	1	Calamagrostis × acutiflora 'Karl Foerster' › S. 157	60–140	Juli – Aug.	
29	1	Calamagrostis brachytricha › S. 157	100	Aug. – Okt.	
		GEHÖLZE	**(Meter)**		
A	1	Buddleja davidii 'Nanho Purple' › S. 161	1,5	Juli – Aug.	

Roter und weißer Knöterich in geselliger Runde

Standort: ☼ ▤ ▤ **Lebensbereich:** *Freifläche, Beet, Gehölzrand* **Fläche:** *24 m²*
Weitere Gartensituationen: *vor Mauern und geschnittenen Hecken*

„Wildadel mit dem Talent zum Dauerblühen" – so könnte man den Hauptdarsteller dieses Beets bezeichnen, den Kerzen-Knöterich aus dem Himalaya. Er blüht von Anfang Juli bis zu den ersten Nachtfrösten mit dunkelroten oder weißen Blüten.

Die Blasenspiere (*Physocarpus oppulifolius*) 'Diabolo', das Chinaschilf (*Miscanthus sinensis*) 'Silberfeder' und der Wolken-Knöterich (*Aconogeton*) 'Johanniswolke' bilden den Rahmen und das Gerüst des Beets. Das tiefrote Laub der Blasenspiere harmoniert mit dem Grün in seiner Nachbarschaft und bietet einen perfekten Hintergrund für das Kommen und Gehen der Blütenstauden. Während der Frühling vor allem mit Weiß glänzt, bestimmen im Sommer Rot, Rosa und wiederum weiße Blüten das Bild.

Frühling

Ab Ende Februar blühen als Erstes die Schneeglöckchen (*Galanthus nivalis*) und ab März die gelbe Narzisse 'Peeping Tom'. Im April sind es Gruppen von groß- und kleinkronigen Narzissen wie 'Filly', die hellgelbe 'St. Patrick's Day' und die elegante 'Edna Earl', die Farbe in die Pflanzung bringen. Im Schatten von Blasenspiere und Wolken-Knöterich erwacht Ende April/Anfang Mai der Waldmeister (*Galium odoratum*) mit seinen zarten Sternchenblüten zum Leben.
Im Mai zieht die weiße Viridiflora-Tulpe (*Tulipa viridiflora*) 'Spring Green' mit ihrer zurückhaltenden Schönheit alle Aufmerksamkeit auf sich. Hier und da zeigen sich die ersten orangeroten, halbgefüllten Blüten des Nelkenwurz (*Geum* × *cultorum*) 'Leonardii', und erste blaue Farbtupfer überziehen den fein geschlitzten Blattteppich des Storchschnabels (*Geranium himalayense*) 'Gravetye' am Rand des Beets.

Sommer

Anfang Juni blüht die Sterndolde (*Astrantia Major*-Gruppe) 'Claret' in einem dunklen Rot. Auch das Laub hat einen rötlichen Schimmer und die Blattstiele sind dunkel gefärbt. Ebenfalls einen rötlichen Austrieb zeigt der Ageratumdost

(Bild oben) Sehr dynamisch erscheinen die roten Blütenquirle der Indianernessel 'Squaw'.

(Bild unten) Der Wolken-Knöterich und die rotlaubige Blasenspiere blühen im Juni.

(*Ageratina altissima*) 'Chocolate' und *Aster lateriflorus* var. *horizontalis* 'Lady in Black'.
Ende Juni präsentiert der Wolken-Knöterich seine weißen, später leicht rosafarbenen Rispen und bildet damit den idealen Hintergrund für die Indianernessel (*Monarda*) 'Squaw', deren Blütenquirle sich nach und nach zu einem tiefen Rot verfärben und über viele Wochen blühen. Der Kerzen-Knöterich (*Bistorta amplexicaule*) hat üppiges Blattwerk entwickelt, und Anfang Juli erscheinen die ersten der roten Blütenkerzen.
Im Juli und August blüht der Riesen- oder Virginia-Kandelaber-Ehrenpreis (*Veronicastrum virginicum*) mit langen, aufrechten Blütenkerzen in Rosa oder Weiß. Auch nach dem Verblühen setzt

Üppiges Wachstum und Blüten von Juli bis zum Frost garantiert der rote Kerzen-Knöterich.

er durch seine aufstrebende Wuchsform schöne Akzente und wird weiterhin vom Kerzen-Knöterich begleitet. Langsam geht der Hochsommer seinem Ende entgegen. Die ersten Halme der Rutenhirse (*Panicum virgatum*) beginnen sich zu färben, das Plattährengras (*Chasmanthium latifolium*) bildet seine typisch flachen Samen aus, und das Chinaschilf streckt seine luftigen, silbrigen Blütenstände in die Höhe. Die roten und weißen Blütenkerzen des Kerzen-Knöterichs sind nach wie vor präsent. Sterndolde, Nelkenwurz und Storchschnabel bereichern mit ihrer Nachblüte die Farbpalette des spätsommerlichen Gartens.

Spätsommer und Herbst

Mit den unzähligen lilarosa Blüten der Busch-Astern (*Aster lateriflorus* var. *horizontalis*) setzt Ende August die hohe Zeit der Herbstastern ein. Im September sind es die verschiedenfarbigen

Kissen-Astern kombiniert mit Rutenhirse beenden den Sommer in spektakulären Farben.

HERBST

FRÜHLING

Narcissus *'St. Patrick's Day' trägt mit ihrem strahlenden Gelb zum Frühlingsreigen bei.*

Kissen-Astern (*Aster dumosus*), die zusammen mit den blühenden Gräsern und dem Dauerblüher Kerzen-Knöterich einen neuen Höhepunkt bescheren. Die niedrige Raublatt-Aster (*Aster novae-angliae*) 'Purple Dome' blüht als Letzte in einem dunklen Violett. Nur der Agerатumdost blüht noch später, erst im Oktober, mit zahlreichen weißen Blütenbüscheln. Das tiefrote Laub der Blasenspiere verblasst nach und nach und die Farbe der Gräser wechselt langsam von Grün zu Gelb und schließlich zu Braun.

Im Winter sind die Gräser feste Punkte zwischen den aufrechten Trieben des Virginia-Kandelaber-Ehrenpreises und den abgeblühten Stielen der verschiedenen Herbstastern.

Pflege rund ums Jahr

Frühling: *Bistorta* leidet unter Frühfrösten im April und Mai, Laubreste nicht entfernen, mit Laubschüttung schützen; *Monarda* wandert, deshalb nach einigen Jahren teilen und neu aufpflanzen

Sommer: *Alchemilla* und *Astrantia* nach der Blüte zurückschneiden

Winter: Ende Februar alle Staudenreste zurückschneiden oder absammeln; *Miscanthus* zurückschneiden

PFLANZLISTE

Kurzinfo

Der Plan stellt das Beet zum Blütezeitpunkt Ende Juli/Anfang August dar. Es ist 4 x 6 m groß.

Nr.	Anz.	Name	Höhe (cm)	Blütezeit	Blüte
		STAUDEN UND ZWIEBELPFLANZEN			
△	2[illegible]	Galanthus nivalis › S. 154	15	Feb. – April	
◻	2[illegible]	Narcissus cyclamineus 'Peeping Tom' › S. 155	20–30	März – April	
	1[illegible]	Narcissus (Großkronige) 'Filly' › S. 155	35	März – April	
	1[illegible]	Narcissus (Großkronige) 'St. Patrick's Day' › S. 155	35	März – April	
	1[illegible]	Narcissus (Kleinkronige) 'Edna Earl' › S. 155	35	April – Mai	
	1[illegible]	Tulipa Viridiflora-Gruppe 'Spring Green' › S. 157	40	April – Mai	
1	18	Galium odoratum › S. 135	20	Mai – Juni	
2	8	Geum × cultorum 'Leonardii' › S. 137	35	Mai – Juni	
3	17	Geranium himalayense 'Gravetye' › S. 136	35	Mai – Juni	
4	1	Aconogonon 'Johanniswolke' › S. 124	200	Juni – Aug.	
5	5	Monarda 'Squaw' › S. 143 Alternativ: M. Didyma-Gruppe 'Cambridge Scarlet' › S. 143	100	Juni – Juli	
6	8	Astrantia Major-Gruppe 'Claret' › S. 129 Alternativ: A. major ssp. major 'Lars' › S. 129	60	Juni – Juli	
7	5	Alchemilla mollis › S. 125	35–50	Juni – Juli	
8	7	Veronicastrum virginicum 'Alba' › S. 151	140	Juli – Aug.	
9	7	Veronicastrum virginicum 'Roseum' › S. 151	140	Juli – Aug.	
10	1	Bistorta amplexicaule 'Album' › S. 130	120	Juli – Sept.	
11	1	Bistorta amplexicaule 'Firetail' › S. 130	120	Juli – Okt.	
12	5	Aster dumosus 'Herbstpurzel' › S. 128	25	Aug. – Sept.	
13	1	Aster lateriflorus var. horizontalis' › S. 128	60–70	Aug. – Okt.	
14	5	Aster dumosus 'Herbstgruß vom Bresserhof' › S. 128	50	Sept. – Okt.	
15	1	Aster lateriflorus var. horizontalis 'Lady in Black' › S. 128	120	Sept. – Okt.	
16	7	Aster dumosus 'Silberblaukissen' › S. 128	30	Sept. – Okt.	
17	7	Aster novae-angliae 'Purple Dome' › S. 128	60	Okt.	
18	1	Ageratina altissima 'Chocolate' › S. 125	80–110	Okt. – Nov.	
		GRÄSER			
19	3	Panicum virgatum 'Rotstrahlbusch' › S. 159	120	Juli – Sept.	
20	1	Miscanthus sinensis 'Silberfeder' › S. 159	200–220	Aug. – Sept.	
21	3	Chasmanthium latifolium › S. 158	90	Sept.	
22	1	Panicum virgatum 'Rehbraun' › S. 159	90	Sept. – Okt.	
		GEHÖLZE	**(Meter)**		
A	1	Physocarpus opulifolius 'Diabolo' › S. 162	2,5	Mai – Juni	

Elegante Farbenpracht vor ruhigem Grün

Standort: ☼ ◐ ▭ ≈ **Lebensbereich:** *Gehölzrand, Freifläche, Beet* **Fläche:** *28 m²*
Weitere Gartensituationen: *an Sitzplätzen und Terrassen, an Eingängen*

Diese abwechslungsreiche Blütenfülle verlangt nach einem ruhigen Rahmen, denn die Farben wechseln während des Jahres ihr Gesicht: Frisch und fröhlich beginnt der Frühling, im Sommer wird's elegant und der Herbst endet mit intensiven Farben.

UM DIE FARBENFÜLLE zu bändigen, braucht dieses Beet einen ruhigen Rahmen. Am besten gelingt Ihnen das mit einer hohen, immergrünen, geschnittenen Hecke im Hintergrund, z. B. mit frischgrünem Lebensbaum (*Thuja occidentalis*) oder dunkelgrüner Eibe (*Taxus baccata*). Davor können sich die Stauden mit ihrer verschwenderischen Farbenpracht austoben. Natürlich eignet sich auch eine Mauer oder Wand aus Stein oder Holz. Es darf nur keine Südwand sein, dort würde es den verwendeten Stauden zu heiß werden.

Frühling

Mit frischen Farben, vornehmlich Weiß sowie Gelb und Blau, beginnt das Jahr. Eine der ersten Zwiebelpflanzen ist, wie so oft, das Großblütige Schneeglöckchen (*Galanthus elwesii*), gefolgt von der gelben Alpenveilchen-Narzisse (*Narcissus cyclamineus*) 'Peeping Tom'. Kräftig purpurviolett zeigt sich die Blüte von *Bergenia* 'Eroica' ab April. Dazu gesellt sich in zartem Hellblau das Kaukasus-Vergissmeinnicht (*Brunnera macrophylla*) 'Hadspen Cream'.

Im Mai strahlen die weißen Blüten der Viridiflora-Tulpe 'Spring Green' sowie die Wild-Pfingstrose (*Paeonia mlokosewitschii*) mit hellgelben seidenartigen Blüten und bläulich grünem Laub um die Wette. Weiße Flecken im Hintergrund unter den hohen Stauden kommen von Vancouverie (*Vancouveria hexandra*) und dem Nesselkönig (*Lamium orvala*) 'Album'. Der absolute „Hingucker" ist aber die Strauchrose 'Helen Knight', die bereits Anfang Mai ihre einfachen, goldgelben Blütenschalen in Fülle zur Schau trägt.

Sommer

Zusammen mit der hellblau blühenden Sibirischen Wiesen-Iris (*Iris sibirica*) 'My Love', dem noch blühenden weißen Paukenschlegel-Lauch (*Allium rosenbachianum*) 'Album' und der zweifarbigen Gewöhnlichen Akelei (*Aquilegia vulgaris*) 'William Guiness' leitet der Pracht-Storchschnabel (*Geranium × magnificum*) vom Frühling in den Sommer über. Er ist eine wertvolle Gartenpflanze, nicht nur wegen seiner reichen Blütenfülle in tiefem Blauviolett, sondern auch wegen seiner Robustheit. Im Herbst erfreut er mit einer leuchtenden Herbstfärbung in warmen Farbtönen. Die Sorte 'Rosemoor' ist besonders gut geeignet, denn sie ist etwas niedriger und

SOMMER

Hoher Phlox in Blau und weißer Purpur-Sonnenhut zaubern eine kühle Stimmung.

damit standfester. Schneiden Sie die Blütenstängel nach dem Verblühen regelmäßig heraus, dann remontiert der Pracht-Storchschnabel.

Im Juni, zur besten Sommerzeit, treffen sich der Chinesische Geißbart (*Aruncus sinensis*) 'Zweiweltenkind', der Echte Eisenhut (*Aconitum napellus*) 'Bergfürst' und der zweijährige Rote Fingerhut (*Digitalis purpurea*). Ihnen gehört der Hinter- und Mittelgrund. Die sehr wertvolle, aber noch wenig bekannte, rosa blühende Sterndolde (*Astrantia Major*-Gruppe) 'Roma' und der Zwerg-Geißbart (*Aruncus aethusifolius*) geben

Die Alpenveilchen-Narzisse 'Peeping Tom' blüht im Duett mit der Viridiflora-Tulpe 'Spring Green'.

SOMMER

Sibirische Wiesen-Iris und Paukenschlegel-Lauch leiten den Frühsommer ein.

sich im Vordergrund ein „Stell-dich-ein". Die Hybride 'Brookside' des Wiesen-Storchschnabels zeigt sich nun am Rand vor der Rose.

Ab Juli hat der Hohe Phlox, auch Flammenblume genannt, seinen großen Auftritt. Im Beet wachsen zwei Sorten: 'Amethyst' in Dunkelviolett und 'Blue Paradise'. Letztere ist eine Art „blaues Chamäleon", denn zu bestimmten Tageszeiten, vor allem mittags, ist er keineswegs blau, sondern erscheint vielmehr in Violett. Zu anderen Zeiten hingegen überrascht und leuchtet er in einem ungewöhnlichen Blau.

Der Purpur-Sonnenhut (*Echinacea purpurea*) kommt, wie der Hohe Phlox auch, aus den Prärien Nordamerikas. Seine Lebensdauer ist nicht immer sehr lang. Er erhält sich aber, wenn er darf, durch eine gewisse Selbstaussaat. Die Sorte 'White Swan' blüht von Juli bis September in Weiß mit brauner Mitte. Ebenfalls ab Juli ergeben die rosa blühende Taglilie (*Hemerocallis*) 'Luxury Lace' und der Dichtblütige Ziest (*Stachys pradica*) 'Hummelo' in Purpurrosa eine harmonische Stimmung, denn es sind Farben, die im Farbkreis eng beieinanderliegen.

Spätsommer und Herbst

Noch im Verblühen der Taglilie meldet sich der Kerzenknöterich (*Bistorta amplexicaule*) 'Speciosum' zu Wort. Dieser Dauerblüher, den erst ein Frühfrost mit weniger als –2 °C zum Schweigen bringt, sorgt ab Juli mit seinen etwa 100 cm hohen, scharlachroten, aufrechten Blütenrispen für Aufregung im Beet.

Als Letzte erstrahlt die Weiße Wald-Aster (*Aster divaricatus*) mit ihren margeritenähnlichen Blüten. Ist der Boden von Baumwurzeln beeinträchtigt, gedeiht sie trotzdem noch gut, ist standfest und sät sich nicht zu stark aus. Ist Ihr Boden im Beet gleichmäßig frisch bis feucht und frei von Baumwurzeln, pflanzen Sie stattdessen besser eine weiß blühende Kissen-Aster (*Aster dumosus*), z. B. die Sorten 'Apollo', 'Dietgard' oder die halbgefüllte 'Kristina'.

Pflege rund ums Jahr

Frühling: *Bistorta* leidet unter Frühfrösten im April und Mai, Laubreste nicht entfernen, mit Laubschüttung schützen; Samenstände von Narzissen und Tulpen abschneiden

Sommer: bei *Astrantia* nach der Blüte die Stängel regelmäßig herausschneiden

Winter: Ende Februar alle Staudenreste zurückschneiden oder absammeln

HERBST

Die Blätter der Bergenie 'Eroica' legen sich nach und nach herbstliche Feuerfarben zu.

PFLANZLISTE

Kurzinfo

Der Plan stellt das Beet zum Blütezeitpunkt Mitte Juni dar. Es ist 4 x 7 m groß.

Nr.	Anz.	Name	Höhe (cm)	Blütezeit	Blüte
		STAUDEN UND ZWIEBELPFLANZEN			
	20	Galanthus elwesii › S. 154	10–15	Jan. – März	
	5	Narcissus cyclamineus 'Peeping Tom' › S. 155	20–30	März – April	
1	3	Bergenia 'Eroica' › S. 130	40	April – Mai	
2	5	Brunnera macrophylla 'Hadspen Cream' › S. 130	30–50	April – Mai	
	2[illegible]	Tulipa Viridiflora-Gruppe 'Spring Green' › S. 157	40	April – Mai	
3	1[illegible]	Vancouveria hexandra › S. 152	30–40	Mai	
4	2	Paeonia mlokosewitschii › S. 145	50–70	Mai – Juni	
	2[illegible]	Hyacinthoides hispanica 'Blue Queen' › S. 154	25	Mai – Juni	
	5	Allium rosenbachianum 'Album' › S. 152	100	Mai – Juni	
5	7	Tellima grandiflora 'Purpurteppich' › S. 150	20–50	Mai – Juni	
6	4	Geranium × magnificum 'Rosemoor' › S. 136	35	Mai – Juni	
7	2	Iris sibirica 'My Love' › S. 141	100	Mai – Juni	
8	6	Aquilegia vulgaris 'William Guiness' › S. 126	30–60	Mai – Juni	
9	7	Lamium orvala 'Album' › S. 142	40–60	Mai – Juni	
10	1	Aconitum napellus 'Bergfürst' › S. 124	150	Juni – Juli	
11	1	Aruncus sinensis 'Zweiweltenkind' › S. 127	150–180	Juni – Juli	
12	5	Digitalis purpurea › S. 134	80–120	Juni – Juli	
13	5	Aruncus aethusifolius › S. 127	15–30	Juni – Juli	
14	1	Astrantia Major-Gruppe 'Roma' › S. 129	60	Juni – Juli	
15	1	Hosta 'Blue Wedgewood' › S. 140	25–35	Juni – Juli	
16	2	Geranium Pratense-Gruppe 'Brookside' › S. 136	50–100	Juni – Aug.	
17	7	Stachys pradica 'Hummelo' › S. 150	15–30	Juni – Aug.	
18	3	Hemerocallis 'Luxury Lace' › S. 139	70	Juli – Aug.	
19	3	Phlox paniculata 'Blue Paradise' › S. 145	85	Juli – Aug.	
20	3	Echinacea purpurea 'White Swan' › S. 134	80	Juli – Sept.	
21	1	Bistorta amplexicaule 'Speciosum' › S. 130	100	Juli – Okt.	
22	2	Phlox paniculata 'Amethyst' › S. 145	100	Aug. – Sept.	
23	2	Aster divaricatus › S. 128	50	Aug. – Okt.	
		FARNE			
24	1	Polystichum aculeatum › S. 160	70	--	
		GEHÖLZE	**(Meter)**		
A	1	Malus 'Van Eseltine' › S. 162	4–6	Mai	
B	1	Rosa Spinosissima-Gruppe 'Helen Knight' › S. 163	1,5–3	Mai – Juni	

Kühle Blüten für heiße Wände

Standort: ☼ ▤ **Lebensbereich:** *Freifläche, Beet* **Fläche:** *12,5 m²*
Weitere Gartensituationen: *als Raumteiler, an Sitzplätzen*

Vor einer nach Süden ausgerichteten Mauer kann es im Sommer ganz schön heiß hergehen. Mit dieser Blütenpracht von Blau bis Violett kommt aber Abkühlung ins Beet und unterschiedlich hohe Beetstauden sorgen für den richtigen Rhythmus.

In einem südlich ausgerichteten Beet vor einer Mauer werden die Pflanzen während des Sommers ordentlich aufgeheizt. Damit dies nicht geschieht, können Sie die Mauer mit Spalierobst begrünen – z. B. mit Spalieräpfel, die mit zwei Waldreben (*Clematis*) im Sommer Verstärkung in Sachen Blüten bekommen. Die verwendeten Beetstauden sind nährstoffbedürftig und brauchen einen tiefgründigen, lockeren und sehr humosen Boden für gutes Gedeihen. Die Trittplatten wurden eingefügt, damit das Beet zur Pflege und Obsternte gut begehbar ist. Sie sind von vorne aber kaum sichtbar. Haben Sie ein längeres Beet? Dann können Sie dieses Teilstück beliebig aneinandersetzen oder spiegeln.

(Bild oben) Eine barocke Blütenpracht mit süßem Duft bieten die Garten-Hyazinthen.

(Bild unten) Vom Frühling bis zum Spätsommer wirkt das zweifarbige Laub der Schwertlilien.

Frühling

Ende Februar/Anfang März legt sich ein weißer Teppich des Gold-Krokus (*Crocus chrysanthus*) über das Beet. Die Sorte 'Snowbunting' hat reinweiße Blüten, doch die äußeren Blütenblätter sind außen grau gefiedert. Aus diesem weißen Blütenmeer erheben sich die kräftig blauen Blüten der Zwiebel-Iris (*Iris reticulata*) mit der bewährten Sorte 'Harmony'. Die Wildform der Stengellosen Primel (*Primula vulgaris*) steht schon seit Weihnachten in den Startlöchern. Unbeeindruckt vom Frost öffnet sie ihre Blüten sogar an frostfreien Januartagen. Ihr reicher, hellgelber Flor geht anschließend eine Partnerschaft mit den Hyazinthen (*Hyacinthus orientalis*) ein. Mit ihren „dicken Blütenkolben" trumpfen die Sorten 'Blue Star' und 'City of Haarlem' mächtig auf und verströmen dabei einen schweren süßen Duft. Bevor die Hyazinthen-Fülle vergangen ist, legen die purpurfarbenen Tulpen los. Die Lilienblütige Tulpe 'Maytime' hat fast dieselbe Farbe wie die Triumph-Tulpe 'Negrita', allerdings mit feinem weißen Rand. Ein paar unregelmäßig verteilte weiße Tupfer zeigt die Sorte 'Hibernia'.

Ende April/Anfang Mai beginnen die großen Polster des Polster-Phlox (*Phlox subulata*) 'G. F. Wilson' in den „Chor" mit einzustimmen. Zwar noch nicht blühend, aber schon sehr dekorativ stehen die aufrechten, gelb-blaugrün gestreiften Blätter der Bleichhäutigen Schwertlilie (*Iris pallida*) 'Aureovariegata' am vorderen Beetrand. Im Hinter- und Zwischengrund verteilen sich purpurrote, ca. 40 cm hohe Kissen der Süßen Wolfsmilch (*Euphorbia dulcis* ssp. *purpurata*) 'Chameleon'.

Üppiges Tulpen-Blühen, unterstützt von Polster-Phlox und den bunten Blattschwertern der Iris.

Sommer

Von der alten Schwertlilien-Hybride mit dem Namen „Deutsche Schwertlilie" (*Iris germanica*) gibt es unterschiedliche Typen von verschiedener Qualität. Wählen Sie neuere, wertvolle, am besten hohe Sorten aus, z. B. 'Attention Carolina', 'Jean Hoffmeister' oder 'Proud Tradition'. Spektakulär erheben sich die großen Paukenschlegel von *Allium macleanii* aus den Stauden. Selbst abgeblüht zieren sie noch bis in den Juli. Pyrenäen-Storchschnabel (*Geranium Renardii*-Gruppe) 'Terre Franche', Flockenblume (*Centaurea hypoleuca*) 'Joan Coutts' und – als Dauerblüher – Echtes Hornveilchen (*Viola cornuta*) 'Lilacina' sind als Blühpartner zum Lauch bescheidener. Der dunkelviolette Rittersporn (*Delphinium Elatum*-Gruppe) 'Tempelgong' zusammen mit dem magentaroten Armenischen Storchschnabel (*Geranium psilostemon*) 'Ivan' und der weißen Schönaster (*Kalimeris incisa*) präsentieren sich ab Juni. Dazu verströmt die Madonnenlilie (*Lilium candidum*) in reinem Weiß ab Anfang Juli ihren Duft. **Der Hochsommer** gehört Hohem Phlox (*Phlox paniculata*) 'Düsterlohe', Bergminze (*Agastache*) 'Black Adder', Goldrute (*Solidago*) 'Golden Gate', Ballonblume (*Platycodon grandiflorum*) 'Mariesii' und weiterhin der Schönaster.

HERBST

Ballonblume und Schafgarbe leiten langsam in den Herbst über, der Lauch steht dabei „Spalier".

SOMMER

Armenischer Storchschnabel, Schönaster und Rittersporn blühen im Hintergrund.

Spätsommer und Herbst

Den Abschluss der Blütensaison beschließen die Fetthenne (*Sedum Telephium*-Gruppe) 'Carl' sowie die Berg-Aster (*Aster amellus*) 'Veilchenkönigin' und die Hohe Aster (*Aster laevis*) 'Blauschleier' in Dunkel- und Hellviolett. Dazu gesellt sich ein Lauch (*Allium tuberosum*), der nicht nur attraktiv blüht, sondern dessen Blätter wie Schnittlauch gegessen werden können. Der Geschmack geht jedoch in Richtung Knoblauch. Mit prächtig gelber Herbstfärbung leuchtet die Rutenhirse (*Panicum virgatum*) 'Cloud Nine' aus dem Hintergrund hervor. Die aufrechten Gräser bleiben über Winter stehen und bilden zusammen mit der Fetthenne Strukturen im Beet.

Pflege rund ums Jahr

Sommer: *Delphinium* nach der Blüte zurückschneiden für eine Nachblüte, ebenso *Kalimeris* (um etwa ein Fünftel); *Viola cornuta* Ende Juli zurückschneiden; regelmäßig verblühte Rosen abschneiden

Herbst: *Clematis* im November/Dezember auf 20–30 cm zurückschneiden

Winter: Ende Februar alle Staudenreste und *Panicum* zurückschneiden oder absammeln

PFLANZLISTE

Kurzinfo

Der Plan stellt das Beet zum Blütezeitpunkt Mitte Juli dar. Es ist 5 x 2,5 m groß.

Nr.	Anz.	Name	Höhe (cm)	Blütezeit	Blüte
		STAUDEN UND ZWIEBELPFLANZEN			
	30	Crocus chrysanthus 'Snowbunting' › S. 153	5–10	Feb. – März	
	20	Iris reticulata 'Harmony' › S. 155	10–20	Feb. – März	
	[illegible]	Primula vulgaris ssp. vulgaris › S. 146	10–15	Feb. – April	
	20	Tulipa Triumph-Gruppe 'Negrita' › S. 156	45	April	
	10	Tulipa Triumph-Gruppe 'Hibernia' › S. 156	45	April	
	20	Hyacinthus orientalis ssp. orientalis 'Blue Star' › S. 154	25	April – Mai	
	[illegible]	Hyacinthus orientalis ssp. orientalis 'City of Haarlem' › S. 154	25	April – Mai	
2	[illegible]	Euphorbia dulcis ssp. purpurata 'Chameleon' › S. 135	40	April – Juni	
	15	Tulipa (Lilienblütige) 'Maytime' › S. 157	50	Mai	
3	3	Phlox subulata 'G. F. Wilson' › S. 145	10	Mai	
4	2	Iris pallida 'Aureovariegata' › S. 141	90–100	Mai	
5	5	Iris germanica › S. 141	50–80	Mai – Juni	
6	3	Geranium renardii 'Terre Franche' › S. 137	45	Mai – Juni	
	5	Allium macleanii › S. 152	90	Mai – Juni	
7	7	Viola cornuta 'Lilacina' › S. 151	10–15	Mai – Sept.	
8	3	Centaurea hypoleuca 'Joan Coutts' › S. 131	60	Juni – Juli/ Okt.	
9	1	Delphinium Elatum-Gruppe 'Tempelgong' › S. 133	170	Juni – Juli	

Nr.	Anz.	Name	Höhe (cm)	Blütezeit	Blüte
10	1	Geranium psilostemon 'Ivan' › S. 137	60–80	Juni – Aug.	
11	2	Solidago 'Golden Gate' › S. 149	50	Juni – Aug.	
12	2	Achillea Filipendulina-Gruppe 'Credo' › S. 124	120	Juni – Aug.	
	6	Lilium candidum › S. 155	120	Juli	
13	3	Campanula Punctata-Gruppe 'Elisabeth' › S. 131	50–70	Juli – Aug.	
14	2	Kalimeris incisa › S. 141	60–80	Juli – Aug.	
15	2	Agastache rugosa 'Black Adder' › S. 125	80–130	Juli – Aug.	
16	2	Platycodon grandiflorum 'Mariesii' › S. 146	45	Juli – Aug.	
17	3	Phlox paniculata 'Düsterlohe' › S. 145	90	Juli – Aug.	
18	2	Sedum Telephium-Gruppe 'Carl' › S. 149	40	Aug. – Okt.	
19	5	Aster amellus 'Veilchenkönigin' › S. 128	40–45	Aug. – Okt.	
20	1	Aster laevis 'Blauschleier' › S. 128	120–150	Sept. – Okt.	
	4	Allium tuberosum › S. 152	15	Sept. – Okt.	
		GRÄSER			
21	2	Panicum virgatum 'Cloud Nine' › S. 159	150–200	Aug. – Sept.	
		GEHÖLZE	**(Meter)**		
A	1	Clematis Viticella-Gruppe 'Etoile Violette' › S. 161	2,5–3,5	Juni – Sept.	
B	1	Rosa 'White Gold' › S. 163	1,2	Juni – Okt.	

Ein Feuerwerk in Rot und Purpur

Standort: ☼ ▭ ▭ **Lebensbereich:** *Freifläche, Beet* **Fläche:** *15 m²*
Weitere Gartensituationen: *an Sitzplätzen und Terrassen*

Dieses Ton-in-Ton-Beet zündet ein Spektakel in Ihrem Garten – und zwar mit Blüten und Blättern in Rot- und Purpurtönen. Für den harmonischen Gegenpart sorgen frischgrünes Laub und dezente weiße Blüten.

Die Kombination von Grün und Rot wird von den meisten Menschen als angenehm empfunden, denn die beiden sind Komplementärfarben, die sich gut ergänzen. Dies war die Grundlage für dieses Aufmerksamkeit erregende Beet. Eine geschnittene Hecke, z. B. mit Rotbuche (*Fagus sylvatica*) oder Hainbuche (*Carpinus betulus*), bildet den richtigen Rahmen. Dann können Sie auswählen: Rote Blüten gibt es in Hülle und Fülle. Aber auch rotes Laub ist ein Phänomen, das in der Natur bei vielen Stauden und Gehölzen auftritt. Schöpfen Sie aus dem Vollen, z. B. mit purpurfarbenem Laub von Bronzefenchel (*Foeniculum vulgare*) 'Red Form' oder dem roten Austrieb des Kron-Rhabarbers (*Rheum palmatum* var. *tanguticum*).

Frühling

Gelbe Trompeten-Narzissen wie die kleine 'Topolino' und die weiße Großkronige Narzisse 'Flower Record' eröffnen im März den Blütenreigen. Im April fasziniert der dunkelrote Austrieb der Aufrechten Stauden-Waldrebe (*Clematis recta*) 'Purpurea'. Die dunkle Blattfärbung verliert sich im Lauf des Jahres und nimmt dann eine olivgrüne Tönung an. Noch spektakulärer ist die Blattentwicklung des Kron-Rhabarbers (*Rheum palmatum* var. *tanguticum*). Nach und nach entfalten sich aus den schwarzroten Blattanlagen die großen gezackten Blätter. Sie sind anfangs dunkelrot, gehen dann in einen helleren Ton über, um nach und nach weiter zu vergrünen. Die Stiele und Blattadern behalten dabei ihre rote Färbung und sorgen für aufregende Muster. **Ende April/Anfang Mai** bringen die gelbe Lilienblütige Tulpe 'Westpoint' und die weiße Großkronige Narzisse 'Mount Hood' mit ihren großen Blüten sowie die weiße Narzisse 'Dutch Master' mächtig Farbe ins Beet.

In der Mitte blüht Storchschnabel 'Ivan' vor den rot überlaufenen Trieben der Stauden-Waldrebe.

Die halbgefüllten Blüten der Nelkenwurz (*Geum × cultorum*) 'Leonardii' erscheinen über einen langen Zeitraum im Frühling über dem attraktiven, immergrünen Blattschopf. In rhythmischer Wiederholung wachsen die Sorten der rotblättrigen Purpurglöckchen (*Heuchera*) 'Chocolate Ruffles', 'Palace Purple' und 'Rachel' über dem dunkelgrünen Bodendecker *Sibbaldiopsis tridentata* 'Nuuk'. Die weißen Blüten des dreigezähnten Fingerkrauts erscheinen im Mai und Juni. Zwischen den austreibenden Großstauden im Hintergrund

Ab März schmücken gelbe Tulpen und weiße Narzissen mit ihren großen Blüten das Beet.

wachsen im Frühling rosa Lungenkraut (*Pulmonaria officinalis*), violetter Günsel (*Ajuga reptans*) 'Atropurpurea' und roter Nelkenwurz 'Leonardii' als ruhige Bodendeckerfläche.

Sommer

Im Juni beginnt die Blüte der Aufrechten Stauden-Waldrebe (*Clematis recta*) 'Purpurea'. Sie braucht für ihre Triebe eine Stütze, die nun überwachsen ist. Ihre weißen Blüten erscheinen am Ende der Triebe. Zur selben Zeit setzt auch die magentarote Blüte von *Geranium psilostemon* 'Ivan' ein.

WINTER

Raureif und Nebel zaubern mystisches Flair in den winterlichen Garten.

Anfang Juli verabschiedet sich dieser Farbklang wieder. Deutlich länger blüht *Geranium* 'Ann Folkard' (*Procurrens*-Gruppe), das sich aus der rötlich grünen Bodendecke von *Veronica peduncularis* 'Georgia Blue' streckt. Die rosa und weißen Blüten der *Heuchera*-Sorten schweben wie ein Schleier im Vordergrund des Beets. Am vorderen Rand erhebt sich der filigrane Bronzefenchel 'Red Form', ein starker Kontrast zu den groben Blättern des Kron-Rhabarbers.
Im Juli blüht der ca. 140 cm hohe weiße Virginia-Kandelaber-Ehrenpreis (*Veronicastrum virginicum*) 'Alba' als feste Größe im Hintergrund des Beets. Die Taglilie (*Hemerocallis*) 'Little Grapette' nimmt das Thema roter Blüten wieder auf, das vorher durch die Taglilien-Sorte 'Crimson Glory' vertreten wurde. Im August übernehmen dann die violettroten Blütenstände mit brauner Mitte des Purpur-Sonnenhuts (*Echinacea purpurea*) 'Magnus' das feurige Thema.

Spätsommer und Herbst

Die ersten dunkelroten Korbblüten der Kissen-Aster (*Aster dumosus*) 'Jenny' leiten Ende August Spätsommer und Herbst ein. *Sedum* 'Matrona' blüht nun rosa, lange Zeit waren die purpurroten Blätter die passende Begleitung für die Purpurglöckchen. Weiße Korbblüten zeigt die hohe Oktober-Wucherblume (*Leucanthemella serotina*) 'Herbststern'. Sie wächst in der Nachbarschaft des hoch wachsenden Chinaschilfs (*Miscanthus sinensis*) 'Ferner Osten', dessen rosa Wedel die Pflanzung überragen. Im Oktober überziehen unzählige weiße Blüten von *Aster* 'Snowflurry' als niedriger Teppich den vorderen Rand des Beets.
Der Schneeball *Viburnum opulus* 'Compactum' trumpft mit einer rotorangen Herbstfärbung auf. Der Name von *Cornus* 'Winter Beauty' trügt nicht, im Winter leuchten die rotorangen Triebe weithin durch den Garten.

Pflege rund ums Jahr

Frühling: kurz vor dem Neuaustrieb *Cornus* 'Winter Beauty' als Heckenelement schneiden; Samenansatz der Narzissen und Tulpen entfernen; *Pulmonaria, Potentilla* und *Veronica* bei Bedarf durch Ausreißen oder Abstechen zurückdrängen; die Stauden-Waldrebe rechtzeitig stäben
Sommer: abgeblühte Stiele von *Geum* entfernen; Blütenstiele von *Rheum* entfernen und gelegentlich alte Blätter wegnehmen
Winter: Ende Februar alle Staudenreste zurückschneiden oder absammeln; *Miscanthus* zurückschneiden

HERBST

Die Fetthenne 'Matrona' überzeugt zu jeder Zeit durch ihr purpurfarbenes Laub.

PFLANZLISTE

Kurzinfo

Der Plan stellt das Beet zum Blütezeitpunkt Anfang September dar. Es ist 5 x 3 m groß.

Nr.	Anz.	Name	Höhe (cm)	Blütezeit	Blüte
		STAUDEN UND ZWIEBELPFLANZEN			
	10	Narcissus (Großkronige) 'Flower Record' › S. 155	40–60	März – April	
	20	Narcissus pseudonarcissus › S. 156	20–40	März – April	
	10	Narcissus pseudonarcissus 'Topolino' › S. 156	20	März – April	
1	5	Pulmonaria rubra › S. 146	30	März – Mai	
2	16	Pulmonaria officinalis › S. 146	15–30	April – Mai	
3	14	Ajuga reptans 'Atropurpurea' › S. 125	20	April – Mai	
	10	Narcissus pseudonarcissus 'Dutch Master' › S. 156	40	April – Mai	
	10	Narcissus (Großkronige) 'Mount Hood' › S. 155	40	April – Mai	
	10	Tulipa (Lilienblütige) 'Westpoint' › S. 157	50	Mai	
4	21	Veronica peduncularis 'Georgia Blue' › S. 151	15	Mai – Juni	
5	5	Geum × cultorum 'Leonardii' › S. 137	35	Mai – Juni	
6	1	Hemerocallis 'Crimson Glory' › S. 139	100	Mai – Juni	
7	24	Sibbaldiopsis tridentata 'Nuuk' › S. 149	5–15	Mai – Juni	
8	2	Hemerocallis 'Little Grapette' › S. 139	50	Mai – Juli	
9	5	Heuchera 'Chocolate Ruffles' › S. 140	65	Mai – Juli	
10	1	Clematis recta 'Purpurea' › S. 132	150–200	Juni – Juli	
11	3	Heuchera micrantha 'Rachel' › S. 140	40	Juni – Juli	
12	1	Rheum palmatum var. tanguticum › S. 147	100–200	Juni – Juli	
13	3	Geranium psilostemon 'Ivan' › S. 137	60–80	Juni – Aug.	
14	1	Geranium Procurrens-Gruppe 'Ann Folkard' › S. 137	60	Juni – Aug.	
15	5	Heuchera micrantha 'Palace Purple' › S. 140	15–60	Juli – Aug.	
16	1	Foeniculum vulgare 'Red Form' › S. 135	150	Juli – Aug.	
17	5	Veronicastrum virginicum 'Alba' › S. 151	140	Juli – Aug.	
18	3	Echinacea purpurea 'Magnus' › S. 134	80	Juli – Sept.	
19	7	Aster dumosus 'Jenny' › S. 128	40	Aug. – Sept.	
20	1	Sedum Telephium-Gruppe 'Matrona' › S. 149	50	Aug. – Sept.	
21	1	Leucanthemella serotina 'Herbststern' › S. 142	120–150	Sept. – Okt.	
22	1	Aster 'Snowflurry' › S. 129	10–20	Sept. – Okt.	
		GRÄSER			
23	1	Miscanthus sinensis 'Ferner Osten' › S. 159 Alternativ: M. sinensis 'Malepartus' › S. 159	170	Aug. – Sept.	
		GEHÖLZE	**(Meter)**		
A	1	Cornus sanguinea 'Winter Beauty' › S. 162	2,5	Mai – Juni	
B	1	Viburnum opulus 'Compactum' › S. 163	1–1,5	Mai – Juni	

Sommerrabatte in Gelb und Rot getaucht

Standort: ☼ ▭ **Lebensbereich:** *Beet, Freifläche* **Fläche:** *10 m²*
Weitere Gartensituationen: *an Sitzplätzen und Terrassen*

Die warmen Farben des Spätsommers geben hier das ganze Jahr den Ton an. In den Hauptrollen spielen blühfreudige Sommerstars wie Sonnenbraut und Sonnenhut, in den Nebenrollen glänzen unter anderem Schafgarbe und Mädchenauge.

WENN IN DER ZWEITEN Jahreshälfte die Früchte der Obstbäume reifen, das Korn auf den Feldern steht und sich bei den ersten Bäumen das Laub zu färben beginnt, dann ist im Staudengarten die hohe Zeit der Korbblüter. Warmes Gelb vom Sonnenhut und kräftiges Rotbraun von Sonnenbraut zaubern in diesem Beet eine spätsommerliche Bauerngarten-Stimmung.

Frühling

Ende Februar bis Ende April gehört das Beet den Narzissen. Die enge Nachbarschaft mit den teils spät austreibenden, höheren Blütenstauden lässt im Frühling genug Platz und Feuchtigkeit für üppiges Gedeihen. Nach ihrer Blüte verdecken die Stauden das gelb werdende Narzissenlaub. Als Erste blüht *Narcissus cyclamineus* 'Rijnvelds Early Sensation'. Die Sorte blüht vier Wochen vor allen anderen Trompeten-Narzissen erstaunlich früh. Im März zeigen die gelben und weißen Sorten der Alpenveilchen-Narzisse, 'February Gold' und 'February Silver', ihren Blütenflor. Die Triumph-Tulpe 'Yokohama' färbt ihre Blütenkelche gelb, und im April sorgen Trompeten-Narzisse 'Standard Value' und Großkronige Narzisse 'Saint Keverne' für weitere gelbe Farbtupfer.
Anfang Mai erscheint mit der Triumph-Tulpe 'Gavota' die letzte Zwiebelpflanze des Frühlings. Ihre Blütenkelche zeigen ein samtiges Braunrot mit zierendem, cremegelbem Rand.
Als Vorsommerblüher gehört der Riesen-Schuppenkopf (*Cephalaria gigantea*) in den Hintergrund der Rabatte, um nach seiner Hauptblüte von den hoch wachsenden Sommer- und Herbstblühern verdeckt zu werden. Die großen, cremeweißen, skabiosenähnlichen Blüten sitzen an 1,80 m langen Stielen und leiten Anfang Juni die Blütenfolge des Sommers ein.

Passend zum Reitgras färben sich im Spätsommer die Blütenköpfe der Sonnenbraut.

Sommer

Im Juni und Juli ist mit der Blüte der Schafgarbe (*Achillea Filipendulina*-Gruppe) 'Feuerland' der erste Höhepunkt erreicht. Das Dunkelrot der markanten Blütendolden geht nach und nach in einen warmen ockerfarbenen Ton über. Als Alternative macht sich die orangerote Sorte 'Walther Funcke' sehr schön.
Ende Juni beginnt die bekannte frühe, mittelhohe Sonnenbraut-Sorte (*Helenium*) 'Moerheim Beauty' rotbraun zu blühen. 90 cm hoch wird *Helenium* 'Kupferzwerg', die wenig später in dunkelrot am vorderen Rand des Beets zu blühen beginnt.

FRÜHLING

Die Triumph-Tulpe 'Gavota' macht mit ihren dunkelroten Blütenkelchen Lust auf Sommer.

Bis dicht an den Beetrand wachsen die fein belaubten Stiele des Mädchenauges (*Coreopsis verticillata*) 'Zagreb'. Bald überziehen gelbe Blütensterne den Dauerblüher für sechs Wochen und länger. Niedrig bleibt das Dreigezähnte Fingerkraut (*Sibbaldiopsis tridendata*) 'Nuuk'. Der wertvolle Bodendecker mit seinen kleinen weißen Blüten schließt weitere Lücken am Beetrand.
Das Reitgras (*Calamagrostis* × *acutiflora*) 'Karl Foerster' treibt früh aus und blüht ab Anfang Juli mit zahlreichen grünbraunen, aufrechten Rispen. Die Gräser werden mannshoch, sind standfest und markieren feste grüne Punkte zwischen den farbenfrohen Blütenstauden.

Die gelbe Pracht besteht aus der gut einen Meter hoch werdenden Sonnenbraut (*Helenium*) 'Waltraud'. Ihre gelb-orangen Blüten sind gelb gerandet. Noch höher wird Helenium 'Zimbelstern' im Hintergrund des Beets. Die gelb-orange Sorte zählt zu den Spätblühern im Sortiment.
Ihre Blütezeit mischt sich mit den ersten Blüten des Sonnenhuts (*Rudbeckia fulgida* var. *sullivantii*) 'Goldsturm', eine bekannte Sorte, deren gelber Flor mit schwarz-brauner Mitte der Inbegriff des Spätsommers im ländlichen Garten ist. Etwas höher, mit bis zu 100 cm, wird die Art *Rudbeckia fulgida* var. *deamii*, deren Blütezeit ebenfalls bis weit in den September reicht. Ein deutliches Ausrufezeichen setzt Fallschirm-Sonnenhut (*Rudbeckia nitida*) 'Herbstsonne' mit seinen großen hellgelben Blüten und einer grünlichen Mitte. Er überragt seine Nachbarn mit gut zwei Metern Höhe.

Das leuchtende Orange der Schafgarbe 'Feuerland' passt perfekt zur Blüte der Sonnenbraut.

Spätsommer und Herbst

Von Spätsommer zu Herbst übergehend erscheinen noch vereinzelt Blüten der Sonnenbraut. Die Schafgarbe entwickelt den ein oder anderen rot-orangen Nachzügler, die Gräser verlieren allmählich ihr sattes Grün und färben sich gelb. Gegen Ende des Herbstes werden die Blütenfarben durch die gelblichen hell- und dunkelbraunen Tönungen der Halme und Stängel abgelöst. Noch kann man deutlich das Blattwerk und die auf den Stängeln sitzenden Blütenstände erkennen. Im Lauf des Winters aber werden die Farbtöne immer dunkler, die feinen Strukturen lösen sich auf und vergehen. Die aufrechten Halme der Rutenhirse bleiben bis zum Ende des Winters standhafte Strukturgeber. Damit sie nicht auseinanderbrechen, können Sie sie zusammenbinden.

Nach der Blüte prägen die Silhouetten der Gräser und Stauden den winterlichen Garten.

Pflege rund ums Jahr

Frühling: Samenansatz der Narzissen und Tulpen entfernen; *Geranium cantabrigiense* 'Biokovo' bei Bedarf durch Ausreißen oder Abstechen zurückdrängen; unerwünschte Sämlinge von *Rudbeckia* var. *deamii* entfernen

Sommer: abgeblühte Stiele von *Achillea* bis zur Hälfte herunterschneiden; zur Blütezeitverlängerung im Juni einen Teil der oberen Blütenknospen von *Helenium* entfernen

Herbst: bei starker Selbstaussaat Samenstände von *Rudbeckia* var. *deamii* entfernen

Winter: Ende Februar Staudenreste zurückschneiden oder absammeln und *Calamagrostis* zurückschneiden

PFLANZLISTE

Kurzinfo

Der Plan stellt das Beet zum Blütezeitpunkt im September dar. Es ist 4 x 2,5 m groß.

Nr.	Anz.	Name	Höhe (cm)	Blütezeit	Blüte
		STAUDEN UND ZWIEBELPFLANZEN			
	14	Narcissus pseudonarcissus 'Rijnvelds Early Sensation' › S. 156	30	Feb. – März	
	20	Narcissus cyclamineus 'February Gold' › S. 155	30	März	
	10	Tulipa Triumph-Gruppe 'Yokohama' › S. 156	25	März	
	10	Narcissus cyclamineus 'February Silver' › S. 155	25	März – April	
	7	Narcissus (Großkronige) 'Saint Keverne' › S. 155	40	April	
	10	Narcissus pseudonarcissus 'Standard Value' › S. 156	40	April	
	10	Tulipa Triumph-Gruppe 'Gavota' › S. 156	45	April – Mai	
1	13	Sibbaldiopsis tridentata 'Nuuk' › S. 149	5–15	Mai – Juni	
2	17	Geranium × cantabrigiense 'Biokovo' › S. 136	25	Mai – Juni	
3	1	Cephalaria gigantea › S. 131	200–250	Juni	
4	2	Helenium 'Moerheim Beauty' › S. 138	90–110	Juni – Aug.	
5	5	Achillea Filipendulina-Gruppe 'Feuerland' › S. 124 Alternativ: A. Millefolium-Gruppe 'Walther Funcke' › S. 124	80	Juni – Aug.	
6	1	Helenium 'Waltraud' › S. 138	80–100	Juni – Aug.	
7	3	Helenium 'Kupferzwerg' › S. 138 Alternativ: H. 'Rubinzwerg' › S. 138	90–110	Juli – Aug.	
8	3	Helenium 'Zimbelstern' › S. 138	120–160	Juli – Aug.	
9	9	Coreopsis verticillata 'Zagreb' › S. 132	30	Juli – Sept.	
10	11	Rudbeckia fulgida var. deamii › S. 147	60–100	Juli – Sept.	
11	1	Rudbeckia nitida 'Herbstsonne' › S. 147	200	Juli – Sept.	
12	4	Rudbeckia fulgida var. sullivantii 'Goldsturm' › S. 147	60–90	Aug. – Sept.	
		GRÄSER			
13	3	Calamagrostis × acutiflora 'Karl Foerster' › S. 157	60–140	Juli – Aug.	

Schmucke Blätter sind Trumpf

Standort: **Lebensbereich:** *Gehölz, Gehölzrand* **Fläche:** *10 m²*

Weitere Gartensituationen: *an Eingängen und Wegen*

Im Frühling und Spätsommer zeigen sich in diesem Beet zwar Blüten in frischen Farben, aber im Sommer geben lockere Gräser, hübsche Bodendecker und Blattschmuckstauden den Ton an. Damit werden schattige Beete zum Vergnügen.

HERBST

Auch für extreme Standorte, wie Trockenheit im Schatten, gibt es eine Reihe zuverlässiger Stauden, die unter diesen „schwierigen" Umständen noch ausreichend wachsen und gedeihen. Solche Stellen finden sich im Garten z. B. unter Birken, die dem Boden viel Wasser entziehen und ein flaches Wurzelwerk dicht unter der Erde entwickeln. Auch Plätze unter hohen Nadelbäumen, die nur einen Teil des Regenwassers durchlassen, gehören zu den etwas schwierigen Standorten. Trockene Schattenbeete finden sich auch auf der dem Regen abgewandten Seite von Mauern, Gebäuden oder unter Dachüberständen.
Eine ideale Lösung bieten hier immergrüne Gräser und Stauden, wie Waldmarbel (*Luzula*) und Bergenie, die auch im Winter ihren schönen Laubschmuck behalten. Sie werden mit Zwiebelpflanzen kombiniert, die nach ihrem Blütenhöhepunkt einziehen. So zeigen Blausternchen (*Scilla siberica*), Schneeglanz (*Chionodoxa sardensis*) und Tulpen Farbe in der ersten Jahreshälfte. Herbst-Anemone (*Anemone hupehensis* var. *japonica*), Weiße Wald-Aster (*Aster divaricatus*) und Herbstzeitlose (*Colchicum speciosum*) blühen im Spätsommer und Herbst. Ein kleiner Strauch aus der Gattung der Johanniskräuter, das Mannsblut (*Hypericum androsaemum*) 'Autumn Blaze', bildet einen festen Punkt zwischen den unterschiedlich hohen Pflanzen in seiner Nachbarschaft. So entsteht das ganze Jahr über ein abwechslungsreiches und lückenloses Bild.

(Bild oben) Von Gelb zu Rotorange wechselt die Darwin-Tulpe 'Blushing Apeldoorn' ihre Farbe.

(Bild unten) Bergenia, Luzula *und* Tellima *gedeihen auch im trockenen Schatten gut.*

Frühling

Die ersten Blüten zu Beginn des Frühlings zeigt *Scilla siberica*, das dunkelblau blühende Blausternchen. Bald kommt auch der Schneeglanz (*Chionodoxa sardensis*) aus der Erde und streckt seine enzianblauen Glöckchen ins Licht. Die Elfenblume (*Epimedium perralchicum*) 'Frohnleiten' treibt aus und schiebt ihre hauchzarten Blätter und Blütenstände auf dünnen schwarzen Stielen in die Höhe. In der Falschen Alraunwurz (*Tellima grandiflora*) 'Rubra' regt sich neues Leben. Der halbkugelige, rot gefärbte Laubbusch beginnt sich zu strecken. Im Lauf des Frühlings wächst er auf 40 cm Höhe heran. An den beblätterten Stielen sitzen die unscheinbaren grünlichen Blüten.
Die Tulpen-Sorte 'Blushing Apeldoorn' aus der Gruppe der Darwin-Tulpen fühlt sich zwischen den Wurzeln der Herbst-Anemone sehr wohl.

Die Blätter und schwarzen Früchte des Mannsbluts passen gut zum Rosa der Herbst-Anemone.

(Bild oben) Im September blüht die Bergenie nach, zusammen mit den Herbstzeitlosen.

(Bild unten) Waldsteinia, Epimedium *und* Luzula *umrahmen die Blätter der Bergenie*

Hier hat sie genug Platz zur Entfaltung ihrer Blüte und zeigt ein reizvolles Farbspiel. Anfangs ist die Blütenknospe gelb, danach erscheint am äußeren Blattrand ein feiner oranger Strich und wenig später sind die Blüten der Tulpe orange-rot überlaufen. Nach und nach beginnt *Bergenia* 'Herbstblüte' zu blühen. Dass die rosa Blüten auch regelmäßig im Herbst erscheinen, verhalf der bewähr- ten Sorte zu ihrem Namen.
Im Frühling entwickeln sich im Teppich des gelb blühenden Kriechenden Ungarwurz (*Waldsteina ternata* ssp. *trifolia*) grün glänzende Blattschöpfe. Sie gehören zu den Herbstzeitlosen (*Colchicum speciosum*), die nun ihre Blätter bilden, um die Knospen für die Blüte im Oktober anzulegen. Im Juni ziehen die Blätter wieder ein. Mit der *Waldsteinia* unterpflanzt bleibt aber keine leere Stelle, sondern ein hübscher Blattteppich, der kein Unkraut aufkommen lässt.

Sommer

Die Elfenblume ist bereits 30 cm hoch gewachsen und öffnet ihre gelben, gespornten Blüten. Die Blätter sind grüngelb und rötlich gefärbt, erst im Lauf des Mai geht die interessante Belaubung in ein einheitliches Grün über. Kaum zu glauben, dass dieses zarte Geschöpf nach dem Einwachsen auch mit großer Trockenheit gut klarkommt.
Blattschmuckstauden zeigen nun ihre Wirkung. Die großen, glänzenden, ledrigen Blätter der Bergenien kontrastieren mit dem fein lanzettlichen, hellgrünen Laub der Waldmarbel (*Luzula sylvatica*) 'Marginata'. Diese Sorte ziert sich an der Außenseite mit einem weißen Streifen.
Nach einiger Zeit hat sich das Mannsblut (*Hypericum androsaemum*) 'Autumn Blaze' zu einem ein Meter hohen Strauch entwickelt, dessen Hauptblüte in den Sommer fällt. Die großen gelben Schalenblüten mit den langen Staubfäden setzen schnell Samen an. Ab Juni sieht man rot leuchtende Früchte und Blüten nebeneinander. Wem der Strauch zu groß geworden ist, kann ihn problemlos im Frühling bis zum Boden zurückschneiden. Es wachsen dann aus der Basis wieder frische, neue Triebe nach.
Als gleichwertiger Partner neben den wuchskräftigen Elfenblumen breitet sich *Aster divaricatus*, die Weiße Wald-Aster, aus. Aus dem dichten Laubteppich erheben sich im Lauf des Sommers 40 cm hohe Stiele, an denen ab August zahlreiche, kleine, weiße Blütensternchen erscheinen. Reizvoll ist auch der helle, wollige Samenstand, der nach der Blüte im November die abgeblühten Dolden überzieht.

Spätsommer und Herbst

Ab Ende August beginnt die Herbst-Anemone (*Anemone hupehensis* var. *japonica*) 'Pamina' zu blühen. Die halbgefüllte, lang blühende, rosa Sorte bleibt niedrig und breitet sich langsam aus. Der benachbarte Mannsblut-Strauch zeigt jetzt eine attraktive Verfärbung seiner Blätter, diese „Herbstfärbung" ist eigentlich eine Reaktion auf den trockenen Stand.
Im September erscheinen die großen, rosa Kelche

der Herbstzeitlosen (*Colchicum speciosum*), die an einen zu groß geratenen Krokus erinnern. In der blütenarmen Zeit sind sie echte Hingucker, aber leider auch bei Schnecken sehr beliebt. Dazu gesellt sich die ein oder andere Nachblüte der Bergenien. Wenn die Tage kürzer werden und es nachts immer kälter wird, färbt sich das Laub der Falschen Alraunwurzel und nimmt eine rötlich grüne Färbung an. Auch das ein oder andere Bergenien-Blatt leuchtet dunkelrot gefärbt aus dem Schatten. Die Früchte des Mannsbluts haben sich nun schwarz verfärbt. Ihre dekorative Wirkung bleibt sogar den ganzen Winter über im Beet erhalten.

Pflege rund ums Jahr

Frühling: *Tellima* kippt nach der Blüte im Mai auseinander, Blütenstiele knapp unter den größeren Grundblättern zurückschneiden; Samenansatz der Tulpen entfernen

Herbst: wenn sich *Epimedium, Aster* und *Waldsteinia* über ihren vorgesehenen Platz hinaus ausgebreitet haben, müssen die Teppiche durch Ausreißen mit Hand oder Abgrenzen mit Spaten einmal im Jahr im Zaum gehalten werden

Winter: Ende Februar alte Blütenstiele von *Aster* und *Anemone* abnehmen; das Winterlaub von *Epimedium* flach über dem Boden abschneiden

PFLANZLISTE

Nr.	Anz	Name	Höhe (cm)	Blütezeit	Blüte
		STAUDEN UND ZWIEBELPFLANZEN			
△	20	Scilla siberica › S. 156	10–15	März – April	●
○	20	Chionodoxa sardensis › S. 153	15	März – April	●
○	10	Tulipa (Darwin-Gruppe) 'Blushing Apeldoorn' › S. 156	50	April	●
1	7	Epimedium × perralchicum 'Frohnleiten' › S. 134	30	April – Mai	●
2	26	Waldsteinia ternata ssp.trifolia › S. 151	15	April – Mai	●
3	8	Bergenia 'Herbstblüte' › S. 130	25	April – Mai	●
4	8	Tellima grandiflora 'Rubra' › S. 150	20–40	Mai	●
5	6	Aster divaricatus › S. 128	50	Aug. – Okt.	○
6	3	Anemone hupehensis var. japonica 'Pamina' › S. 126	60–80	Aug. – Okt.	●
7	5	Colchicum speciosum › S. 153	20	Sept.	●
		GRÄSER			
8	7	Luzula sylvatica 'Marginata' › S. 159	25	April – Mai	●
		GEHÖLZE	**(Meter)**		
A	1	Hypericum androsaemum 'Autumn Blaze' › S. 162	1	Juni – Sept.	●

Kurzinfo

Der Plan stellt das Beet zum Blütezeitpunkt im Mai dar. Es ist 4 x 2,5 m groß.

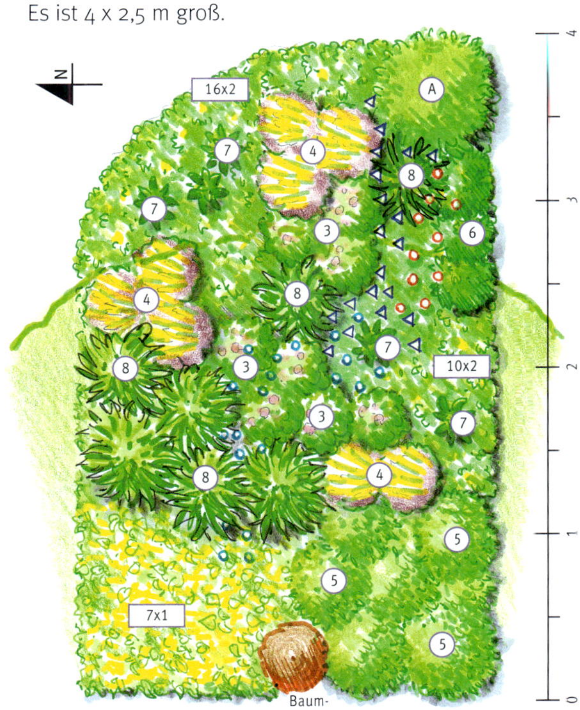

Schattenspiel mit Blau und Gelb

Standort: ☼ ● ▭ ▭ **Lebensbereich:** *Gehölzrand, Gehölz* **Fläche:** *8 m²*

Weitere Gartensituationen: *vor Mauern und geschnittenen Hecken, in Vorgärten*

Blau und Gelb, die bewährte Farbkombination sonniger Staudenrabatten, gelingt auch spielend im Schatten. Hier breiten sich grüne Teppiche mit gelben, blauen und weißen Blüten aus. Dazwischen thronen die leuchtenden Blatt-Majestäten.

Im sonnigen Staudenbeet sind es Blütenstauden, wie Rittersporn, Schafgarbe, Salbei oder Mädchenauge, die den beliebten Farbklang Blau und Gelb liefern. In unserem Schattenbeet trumpfen dagegen Stauden mit Blattschmuck auf. Ihre Blätter beeindrucken mit unterschiedlichen, wirkungsvollen Farben und Formen: grobes und feines Laubwerk, glänzende oder stumpfe Blattoberflächen, glatt oder behaart. Dazu sorgen aufrechte, flache oder überhängende Wuchsformen für ein bewegtes Auf und Ab. Die Blaublättrige Funkie (*Hosta*) 'Halcyon' und die Gelbe Sumpf-Segge (*Carex elata*) 'Bowles Golden' bringen mit ihrem Laub Farbe ins Beet.

Frühling

Schon im März blüht die elegante Kleinkronige Narzisse 'Barret Browning' in Gelborange. Zu den ersten Blühern zählt auch das Blausternchen (*Scilla siberica*) und seine weiße Form 'Alba'. Die kleine Alpenveilchen-Narzisse (*Narcissus cyclamineus*) 'February Silver' gehört zu den schönsten frühen Gartennarzissen mit ihren milchig-weißen Blütenblättern und der cremegelben Trompete. Ab April, wenn die ersten Bodendecker blühen, wird das Thema Blau und Gelb aufgenommen. *Waldsteinia geoides*, die nicht wuchernde Form der Goldenbeere, wächst neben dem hellblau blühenden Gedenkemein (*Omphalodes verna*) und begeistert mit ihren gelben Blüten. So bringen *Waldsteinia* und Gedenkemein mit ihren Blüten Farbe in den Schatten. *Omphalodes* breitet sich langsam aus, während *Waldsteinia* kräftige Horste bildet, ohne zu wandern. Der große Weiche Schildfarn (*Polystichum setiferum*) 'Herrenhausen' entrollt seine neuen hellgrünen, fein gezeichneten Wedel über dem letztjährigen Laub. Sein immergrünes Blattwerk ergänzt sich wunderbar mit dem Keilblättrigen Steinbrech (*Saxifraga cuneifolia*) und seinen kleinen, dunkelgrün glänzenden Blättern oder dem Schlangenbart (*Ophiopogon planiscapus* 'Nigrescens') und seinem schwarzen Laub.

Ab Mai setzt die luftige Blüte des Schaumkrauts (*Tiarella cordifolia*) ein. Bis in den Juni schweben die cremefarbenen Blüten über dem hellgrünen, fein gezeichneten Blattteppich. Langsam erheben sich aus dem kugeligen Blattbusch der Falschen Alraunwurzel (*Tellima grandiflora*) 'Rubra' die Blütenstiele und bringen Bewegung in die Pflanzung. Die Gelbe Sumpf-Segge (*Carex elata*) 'Bowles Golden' treibt früh aus, lange bevor sich die Spitzen von *Hosta* 'Halcyon' aus dem Boden schieben. Die Segge blüht eher unscheinbar im Mai, ihr gelb panaschiertes Laub, das am Rand mit einem schmalen grünen Streifen durchzogen ist, leuchtet dafür umso mehr.

Ende Mai beginnt der Keilblättrige Steinbrech weiß zu blühen. Dann hat auch der Oktober-Steinbrech (*Saxifraga cortusifolia* var. *fortunei*) 'Rubrifolia' sein braunrotes Laub auf purpurroten Stielen entwickelt. Diese Wildstaude aus japa-

FRÜHLING

Im Mai und Juni ergießt sich Tiarella *wie ein weiß-grüner Schaumteppich ins Beet.*

Hasenglöckchen und Narzissen vertreiben mit ihren ersten Blüten den Winter.

Weißer Oktober-Steinbrech, Schildfarn und Schlangenbart zaubern asiatisches Flair.

Eine der schönsten Solitärstauden für den Halbschatten ist Kirengeshoma palmata.

nischen Laubwäldern passt ausgezeichnet zum Dunkelgrün des Keilblättrigen Steinbrechs und dem schwarzen Laub des Schlangenbarts. Das Laub der Japan-Segge (*Carex morrowii* 'Variegata'), deren schmal gelblicher Blattrand sich dezent vom grünen Laub abhebt, ist wintergrün. Sie sorgt für Ruhe und setzt Fixpunkte im Jahreslauf.

Sommer

Im Sommer hat sich *Hosta* 'Halcyon' zu ihrer vollen Größe entwickelt und bildet nun mit der gelb leuchtenden Sumpf-Segge dank ihrer auffäligen stahlblauen Blätter über Monate hinweg

Blau-Gelb-Kontrast mal anders: mit Hosta *'Halcyon' und* Carex elata *'Bowles Golden'.*

eine sehr attraktive Kombination.

Im Juli erscheinen die hellvioletten, glockenförmigen Blüten der *Hosta* über dem makellosen Laubbusch. Auch die eher unscheinbare Blüte des Schlangenbarts fällt in diese Zeit. Etwas attraktiver sind seine kleinen, dunkelvioletten Früchte, die bis in den Herbst haften bleiben. Langsam breiten sich die Stauden mit kurzen, unterirdischen Ausläufern aus und nehmen so mit der Zeit den vorgesehenen Platz im Beet ein.

Eine filigrane Erscheinung ist der Weiche Schildfarn mit seinen gefiederten Wedeln, deren Austrieb wie silbrig behaart erscheint. Nach einiger Zeit hat sich ein 50 cm hoher und breiter Horst entwickelt. Der Farn übernimmt die Aufgabe eines Mittlers im Beet, und zwar zwischen den feingliedrigen Stauden im Vordergrund und den starken Bodendeckern in seinem Rücken.

Im August und September zeigen sich die großen, gelben, hängenden Blütenkelche der Wachsglocke (*Kirengeshoma palmata*), deren ahornartiges Laub sich im Herbst leuchtend gelb färbt.

Spätsommer und Herbst

Gegen Ende des Sommers setzt auch bei *Tellima grandiflora* die Laubfärbung ein. Der rote Farbanteil nimmt zum Winter hin immer mehr zu.

Wie sein Name schon sagt, ist es im Oktober der Oktober-Steinbrech (*Saxifraga cortusifolia* var. *fortunei* 'Rubrifolia'), der mit seinen weißen Blüten noch einmal Farbe in den Schatten bringt. Das „Oktoberle“ schiebt in diesem Monat leuchtend rote Stiele hervor, an deren Ende die reinweißen Rispenblüten sitzen. Der Kontrast zu den leuchtend roten Stielen und dem braunroten Laub ist nicht nur zu dieser Jahreszeit einmalig.

Pflege rund ums Jahr

Frühling: Blütenstiele von *Tellima* nach dem Auseinanderfallen etwas unterhalb der großen Grundblätter abschneiden

Herbst: *Saxifraga cuneifolia* leidet unter Laubfall, deshalb Falllaub absammeln

Winter: Ende Februar alle Staudenreste zurückschneiden oder absammeln; Teppiche von *Omphalodes* und *Tiarella* bei Bedarf zurückdrängen

PFLANZLISTE

Nr	Anz.	Name	Höhe (cm)	Blütezeit	Blüte
		STAUDEN UND ZWIEBELPFLANZEN			
	7	Narcissus (Kleinkronige) 'Barret Browning' › S. 155	35	März	
	10	Narcissus cyclamineus 'February Silver' › S. 155	25	März – April	
	10	Scilla siberica › S. 156	10–15	März – April	
	10	Scilla siberica 'Alba' › S. 156	10–15	März – April	
1	10	Omphalodes verna › S. 144	10–20	März – Mai	
2	12	Waldsteinia geoides › S. 151	25	April – Juni	
3	3	Tellima grandiflora 'Rubra' › S. 150	20–40	Mai	
4	26	Tiarella cordifolia › S. 150	15–25	Mai – Juni	
5	8	Saxifraga cuneifolia › S. 148	5–20	Juni – Jul	
6	9	Ophiopogon planiscapus 'Nigrescens' › S. 144	10–20	Juni – Aug.	
7	1	Hosta 'Halcyon' › S. 140	20–55	Juli – Aug.	
8	1	Kirengeshoma palmata › S. 141	70–100	Aug. – Sept.	
9	3	Saxifraga cortusifolia var. fortunei 'Rubrifolia' › S. 148	10–40	Okt.	
		GRÄSER			
10	2	Carex elata 'Bowles Golden' › S. 158	50–90	April – Mai	
11	5	Carex morrowii 'Variegata' › S. 158	40	April – Mai	
		FARNE			
12	1	Polystichum setiferum 'Herrenhausen' › S. 161	40–50	--	

Kurzinfo

Der Plan stellt das Beet zum Blütezeitpunkt im Juni dar. Es ist 4 x 2 m groß.

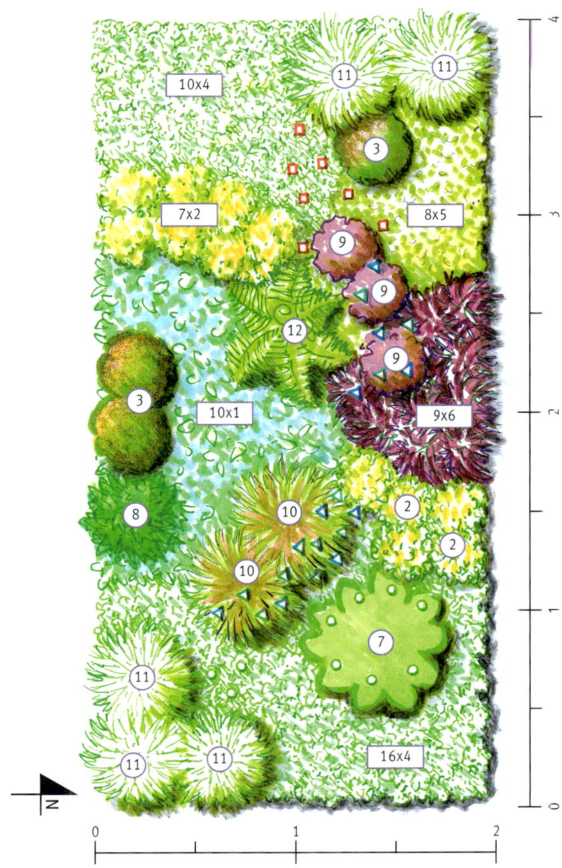

Edler Blattschmuck in Silbergrau

Standort: ◐ ● ▭ ▭ **Lebensbereich:** *Gehölz, Gehölzrand* **Fläche:** *10,5 m²*
Weitere Gartensituationen: *an Sitzplätzen und Terrassen*

Jetzt kommt Licht ins dunkle Schattenreich – und zwar mit silbrigem Laub und überwiegend hellen Blüten. Ein sanft gewobener Teppich aus Bodendeckern bildet die Grundlage. Daraus erheben sich kleine Gruppen höherer Blütenstauden.

GRAUES ODER silbriges Laub ist eher typisch für Pflanzen, die sich auf sehr heiße und trockene Standorte spezialisiert haben. Manchmal hat uns die Natur diese Färbung aber auch bei Pflanzen beschert, die in schattigen Gartenpartien gedeihen. Graues Laub reflektiert mehr Licht, ein Effekt, der dunkle Stellen aufhellt und den Schatten regelrecht zum Leuchten bringen kann.

Frühling

Die Blüte im noch winterlichen Garten beginnt mit den Schneeglöckchen (*Galanthus nivalis*) Ende Februar. Anfang März setzt die frühe Alpenveilchen-Narzisse 'February Gold', eine elegante niedrige Sorte mit weißem Rand und gelber Mitte, ein. Kurz darauf schiebt sich das Blausternchen (*Scilla siberica*) 'Spring Beauty' mit seinen dunkelvioletten Glöckchen zwischen den Gräsern empor.

Im April überdecken die rosa Blüten die silbrig gesprenkelten Blätter des Lungenkrauts (*Pulmonaria saccharata*) 'Nürnberg' und gelbe Blüten überziehen den frischgrünen Teppich der Kriechenden Ungarwurz (*Waldsteinia ternata*). Zwischen dem hoch wachsenden Laub der Elfenblumen (*Epimedium versicolor* 'Sulphureum') entfalten sich die ersten schwefelgelben Blütentrauben. Spektakulär ist der silbrig-graue Austrieb des Kaukasus-Vergissmeinnicht (*Brunnera macrophylla*) 'Jack Frost'. Die großen herzförmigen Blätter werden später mit einer silbrigen Farbe überzogen sein, bei dem das feine Geflecht der Blattadern besonders deutlich hervortritt. Mit jedem Tag öffnen sich nun mehr und mehr die eingerollten Blattwedel des Regenbogenfarns (*Athyrium niponicum* var. *pictum*), die im Sommer ein metallischer Schimmer ziert. Das dazu passende Gras ist eine Segge: *Carex conica* 'Snowline', deren niedrige Laubbüsche aus feinen,

(Bild oben) Der Regenbogenfarn fällt durch seine feinen Wedel in silbrigem Grau auf.

(Bild unten) Wildnarzissen und Hasenglöckchen begleiten den frischgrünen Austrieb.

grün-weißen Halmen immergrün sind.

Ende April setzt die cremefarbene Blüte des Schaumkrauts (*Tiarella cordifolia*) ein. Der Silberteppich aus Lungenkraut, Farn und Kaukasus-Vergissmeinnicht ist voll entwickelt.

Im Mai und Juni liefert das helle Blattwerk den Hintergrund für die Blüten der höheren Stauden. Die Wald-Glockenblume (*Campanula latifolia* var. *macrantha*) zeigt große tiefviolette Glocken an 70 cm hohen Stielen. Deutlich höher wird der Echte Eisenhut (*Aconitum nappelus*) mit 140 cm. Der „Rittersporn des Schattens“ überragt seine Partner und trägt dunkelblaue Blüten. Drei Exemplare der Dreiblattspiere (*Gillena trifoliata*) haben sich zu einem kräftigen, dichten Busch mit

Die mannshohe Samt-Hortensie markiert einen festen Punkt im jahreszeitlichen Auf und Ab.

dreizähligen Blättern entwickelt. Wie ein Schleier erheben sich die kleinen weißen Blütensterne über dem dekorativen Laub.

Sommer

Ab Juli bestimmt die Samt-Hortensie (*Hydrangea aspera* ssp. *sargentiana*) mit ihrer Blüte das Bild. Die großen, dicht behaarten Blätter, der knorrige Wuchs und die handtellergroßen, weiß-violetten Blütenstände sind alter Gartenadel. Gelb blühender Frauenmantel wächst ihr als Bodendecker zu Füßen. *Alchemilla epipsila* bleibt kleiner und kompakter als die bekannte *Alchemilla mollis*. Gegen Ende des Sommers ziehen die Silberkerzen (*Cimicifuga*) die Aufmerksamkeit auf sich. Im September erscheinen die hoch aufragenden weißen Blütentrauben der September-Silberkerze (*Cimicifuga ramosa*). Dabei bildet die Sorte 'Atropurpurea' mit ihrem rötlichen Laub nicht nur während der Blüte einen schönen Kontrast zum Grün und Grau in ihrer Nachbarschaft.

Der silbrige Teppich aus Lungenkraut, Segge und Regenbogenfarn leuchtet im Schatten.

Herbst

Chinesischer Herbst-Eisenhut (*Aconitum carmichaelii*) 'Arendsii' und Oktober-Silberkerze (*Cimicifuga simplex*) 'Armleuchter' sind die letzten Farbträger des Jahres. Die Oktober-Silberkerze trägt lange weiße Blütenrispen, der späte Eisenhut dunkelviolette Blütenstände.

Mit schönen Blattfärbungen leuchten noch einmal der silbrige Teppich aus Lungenkraut, Segge und Kaukasus-Vergissmeinnicht um die Wette. *Gillenia trifoliata* trumpft mit ihrer lang anhaltenden, rotorangen Blattfärbung auf. Und die Elfenblumen behalten ihren dunkelgrün glänzenden Laubteppich bis zum Ende des Winters.

Die Dreiblattspiere kann es in Sachen Herbstfärbung mit so manchem Strauch aufnehmen.

Pflege rund ums Jahr

Sommer: *Hydrangea* und *Aconitum* bei Bedarf wässern; *Alchemilla epipsila* nach der Blüte inklusive der Blätter zurückschneiden

Herbst: wenn sich *Pulmonaria, Tiarella* und *Waldsteinia* über ihren vorgesehenen Platz hinaus ausgebreitet haben, können die Teppiche durch Ausreißen mit Hand oder Abgrenzen mit Spaten einmal im Jahr im Zaum gehalten werden

Winter: Ende Februar, nach dem stärksten Frost, werden die Staudenreste entfernt oder abgesammelt; *Gillenia trifoliata* wird flach über dem Boden abgeschnitten; die Stiele von *Cimicifuga* und *Aconitum*, die Reste von Farn und *Brunnera* abgesammelt; das Falllaub der Gehölze bleibt liegen und bildet neuen Humus

PFLANZLISTE

Kurzinfo

Der Plan stellt das Beet zum Blütezeitpunkt im April/Mai dar. Es ist 2,5 x 4,5 m groß.

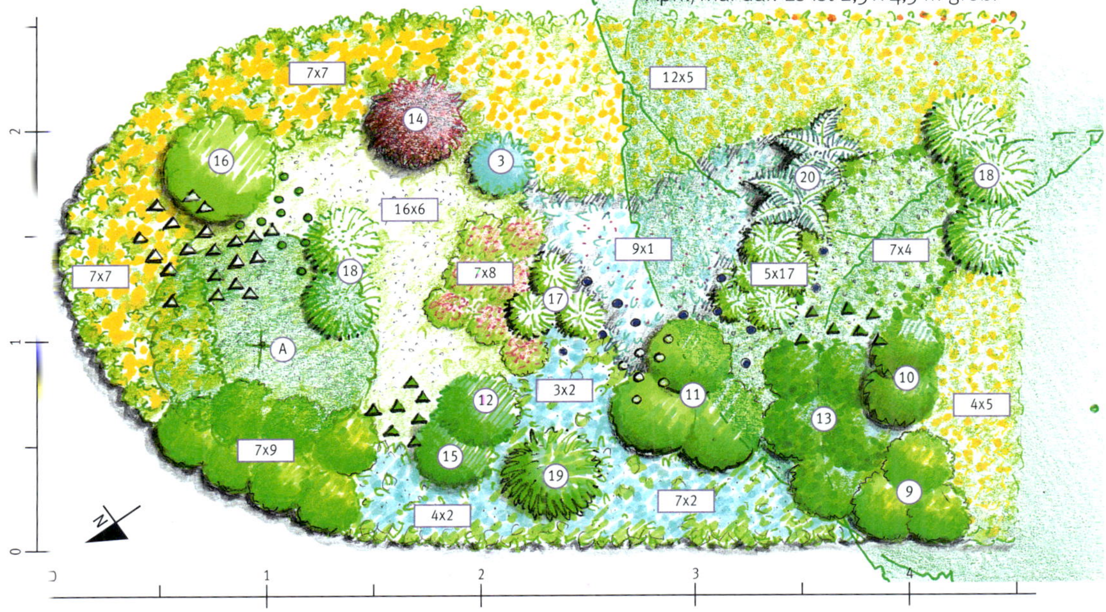

Nr.	Anz.	Name	Höhe (cm)	Blütezeit	Blüte
		STAUDEN UND ZWIEBELPFLANZEN			
△	20	Galanthus nivalis › S. 154	15	Feb. – April	weiß
●	10	Narcissus cyclamineus 'February Silver' › S. 155	25	März – April	weiß
◉	12	Scilla siberica 'Spring Beauty' › S. 156	10–15	März – April	blau
1	9	Pulmonaria saccharata 'Nürnberg' › S. 146	25	März – April	blau
2	14	Omphalodes verna › S. 144	10–20	März – Mai	blau
▲	14	Narcissus triandrus 'Thalia' › S. 156	15–50	April – Mai	weiß
3	1	Brunnera macrophylla 'Jack Frost' › S. 130	35	April – Mai	blau
4	7	Epimedium grandiflorum › S. 134 Alternativ: E. youngianum 'Niveum' › S. 134	30	April – Mai	weiß
5	16	Epimedium × versicolor 'Sulphureum' › S. 134	30	April – Mai	gelb
○	7	Narcissus tazetta 'Laurens Koster' › S. 156	20–50	April – Mai	weiß
6	15	Tiarella cordifolia › S. 150	20	April – Mai	weiß
7	14	Waldsteinia ternata ssp. trifolia › S. 151	10	April – Mai	gelb
8	[illegible]	Tiarella wherryi › S. 150	30	April – Juni	weiß
9	10	Alchemilla epipsila › S. 125	25–30	Mai – Juni	gelb
10	2	Campanula latifolia var. macrantha › S. 130	100	Juni – Juli	blau
11	3	Gillenia trifoliata › S. 137	70–120	Juni – Juli	weiß
12	1	Aconitum napellus › S. 124	90–170	Juni – Juli	blau
13	5	Campanula poscharskyana 'Blauranke' › S. 131	15–20	Juni – Juli	blau
14	1	Cimicifuga ramosa 'Atropurpurea' › S. 132	160	Sept.	weiß
15	1	Aconitum carmichaelii 'Arendsii' › S. 124	140	Sept. – Okt.	blau
16	1	Cimicifuga simplex 'Armleuchter' › S. 132	140	Sept. – Okt.	weiß
		GRÄSER			
17	8	Carex conica 'Snowline' › S. 157	20	April – Mai	braun
18	5	Carex morrowii 'Variegata' › S. 158	40	April – Mai	braun
19	1	Hakonechloa macra › S. 158	50	Aug. – Okt.	braun
		FARNE			
20	2	Athyrium niponicum var. pictum › S. 160	30–40	--	
		GEHÖLZE	**(Meter)**		
A	1	Hydrangea aspera ssp. sargentiana › S. 162	2–3,5	Juli – Aug.	rosa

Felsenbirne mit zauberhaftem „Fußvolk"

Standort: ☼ ◑ ● **Lebensbereich:** *Gehölz, Gehölzrand* **Fläche:** *5 m²*
Weitere Gartensituationen: *an Eingängen und Sitzplätzen*

Eine Felsenbirne ist hier in bester Gesellschaft: leuchtende Frühlingsblüher, feingliedrige, dezente Blüten in Weiß, Blau und Violett sowie Blattschönheiten mit verschiedenfarbigem Laub und zierenden Mustern liegen ihr zu Füßen.

DIESES KLEINE, aber feine Beet ist kein klassisch aufgebautes Inselbeet, sondern eine Kombination eines großen Strauchs, der zusammen mit vielgestaltigen, niedrigen Stauden von allen Seiten interessante Ansichten bietet. Das Beet kann z. B. eine Wegkreuzung markieren, an Eingängen oder innerhalb einer befestigten Fläche einen Blickpunkt bieten oder nahe einer Sitzbank zum Betrachten einladen.

Der Mittelpunkt ist die Kupfer-Felsenbirne (*Amelanchier lamarckii*). *Amelanchier* sind häufig gepflanzte Großsträucher. Das ist nicht verwunderlich, bieten sie doch das ganze Jahr über Dekoratives: Im Frühling schmückt sie sich mit ihrem kupferfarbenen Blattaustrieb und mit einer überreichen Fülle weißer Blüten. Daraus entwickeln sich hübsche blauschwarze, essbare Beeren. Und im Herbst entfacht ihr Laub ein weithin leuchtendes Feuerwerk in glühendem Gelb, Orange und Rot. Um die Blütezeit der Felsenbirne zu verlängern, können Sie eine Chinesische Alpen-Waldrebe (*Clematis Atragene*-Gruppe 'Purple Spider') an ihre Nordseite pflanzen. Sie beginnt ihre Blüte nach der Felsenbirne, dann leuchten dunkelviolette „Sterne“ aus dem frischgrünen Blattwerk. Die Lichtverhältnisse verändern sich mit zunehmender Größe des Strauchs.

Frühling

Mit ersten Blüten ziert eine weitere Spielart des heimischen Schneeglöckchens (*Galanthus nivalis*), die Sorte 'Flore pleno'. Ihre weißen Blüten sind prall gefüllt. Kurze Zeit später erscheint dazu eine Blaustern-Wildart, die leider viel zu selten gepflanzt wird: *Scilla mischtschenkoana*. Die grünen Blüten der Christrose sind dagegen eher unscheinbar. Ihre Hauptzierde ist das dekorative, wintergrüne Laub. Mit blauen Blütenfarben folgen Leberblümchen (*Hepatica transsylvanica*) 'Buis' und Kissen-Primel (*Primula Pruhonicensis*-Gruppe) 'Blaukissen'.

April und Mai gehören vor allem fünf kleineren Waldstauden, die in ihrem gemeinsamen Blühen eine eher stille, aber trotzdem sehr wirksame Kombination ergeben. Die Fünfblättrige Zahnwurz (*Dentaria pentaphyllos*) blüht hellviolett. Im Garten verbreitert sie ihren Horst langsam, als Laubwaldpflanze zieht sie im Spätsommer bereits ein. Deshalb sollten Sie spät austreibende Schattenstauden davor pflanzen, damit das gelb werdende Laub den Anblick nicht stört. Während die Zahnwurz blüht, bringt die Großblütige Elfenblume (*Epimedium grandiflorum*) 'Lilafee' dunkelviolette, feingliedrige Blüten hervor, die sehr effektvoll mit dem purpurnen Laubaustrieb wirken. Ein farblich guter Partner für beide ist der Hundszahn (*Erythronium revolutum*) 'White Beauty' mit marmoriertem Laub. Hinzu kommen zwei nordamerikanische Laubwaldstauden: die blaue Jakobsleiter (*Polemonium Pulcherrimum*-Gruppe) 'Blue Pearl', im Handel meist unter der falschen Bezeichnung *Polemonium reptans* 'Blue Pearl', und

Ein harmonischer Farbklang in verschiedenen Violett- und Grüntönen zeigt sich im April.

Ein starkes Duo: Die Taglilie 'Todd Monroe' und der gelblaubige Storchschnabel 'Blue Sunrise'.

(Bild oben) Die gelben Blüten des Fingerhuts schweben über gelb- und rotlaubigen Stauden.

(Bild unten) Während der Storchschnabel noch grün ist, hat sich die Taglilie schon verfärbt.

eine wasserblaue Sorte des Wald-Phlox (*Phlox divaricata*) 'Dirigo Ice'. Zwei in frischem Gelb austreibende kleine Funkien (*Hosta* 'Purple and Gold' und *H. Nakaiana*-Gruppe 'Golden Scepter') harmonieren wunderbar mit dem Violett.

Sommer

Während die Funkien an der Nordseite Licht in den Schatten bringen, entfaltet auf der Südseite der Felsenbirne ein Abkömmling eines Storchschnabels aus dem Himalaja sein Laub: *Geranium Wallichianum*-Gruppe 'Blue Sunrise'. Irgendwann im März drängen sich kleine, leuchtend orangefarbene Kugeln aus der Erde. Es sind die ersten Blätter des Storchschnabels. Je weiter sie aus dem Boden kommen, desto mehr wandelt sich die Farbe in Gelb. Im April bzw. Mai ist das Laub frischgelb. Je mehr sich die Blätter entfalten, desto heller werden sie. Im Hochsommer schließlich ist die Blattfarbe ein Grün mit einer leicht gelben Tönung. Diese aber liefert immer noch einen aparten Untergrund für die lilablaue Blütenfülle, die von Juni bis Ende August, vereinzelt auch später, hervorgebracht wird.

Für Blattschmuckwirkung sorgen zwei Purpurglöckchen mit purpur-silbrigem Laub. Die unscheinbaren Blüten an langen Blütenstängeln dürfen ruhig regelmäßig ausgeschnitten werden, sobald sie sich aus der Laubkuppel herausschieben. Im Untergrund kriecht ein Günsel (*Ajuga tenori* 'Valfredda') mit schokoladenfarbenen Blättern und blauen Blüten im Mai umher. Dass er über den Sommer fast völlig von den ausgebreiteten Blütenstängeln des Storchschnabels bedeckt wird, erträgt er relativ gut. Der Sommer gehört, was das Blühen angeht, Fuchsie (*Fuchsia magellanica* var. *gracilis*), Großblütigem Fingerhut (*Digitalis grandiflora*), Storchschnabel (*Geranium Wallichianum*-Gruppe 'Blue Sunrise') und Taglilie

Kurzinfo

Der Plan stellt das Beet zum Blütezeitpunkt Ende Mai dar. Es ist 2 x 2,5 m groß.

(*Hemerocallis* 'Todd Monroe'). Diese Kleinblütige Taglilie ist eine gesunde und reiche Blüherin, die oft bis in den August ziert und im September einzelne Nachblüten trägt. Die blaue Fülle des Storchschnabels bringt die aprikotfarbenen Blüten mit dunkler Mitte der Taglilie exzellent zur Geltung. Das sanfte Gelb des Fingerhuts gesellt sich unaufdringlich dazu. Der gelbgrüne Flor des niedrigen Kaukasischen Frauenmantels (*Alchemilla erythropoda*) hat eher eine untergeordnete Bedeutung und wirkt vor allem durch die Nachbarschaft der roten *Heuchera*-Blätter.

Spätsommer und Herbst

Je später der Sommer, desto prächtiger entwickelt sich die Fuchsie. Ihre rot-blauen zierlichen Blütenglöckchen bringt sie unermüdlich hervor. Erst der Frost setzt ihrem Flor ein Ende. Über ihr bahnt sich ein Feuerwerk an, denn die Felsenbirne gehört mit zu den schönsten Herbstfärbegehölzen – feurige Töne in Orange und Rot mit etwas Gelb. Die roten *Heuchera*-Blätter zeigen noch immer Wirkung.

Pflege rund ums Jahr

Herbst: sobald die oberirdischen Teile der *Fuchsia* weitgehend vom Frost zerstört sind, diese zurückschneiden (im Weinbauklima weniger stark, in kalten Gegenden bis auf 20 cm), mit kleinen Zweigen umlegen (bewirken ein Luftpolster) und darauf trockenes Falllaub geben, mit Fichtenreisig zudecken
Winter: Ende Februar alle Staudenreste zurückschneiden oder absammeln

PFLANZLISTE

Nr.	Anz.	Name	Höhe (cm)	Blütezeit	Blüte
		STAUDEN UND ZWIEBELPFLANZEN			
1	1	Helleborus × nigercors › S. 138	20–30	Jan. – April	
△	[illegible]	Galanthus nivalis 'Flore Pleno' › S. 1[illegible]4	10–15	Feb. – März	
○	10	Scilla mischtschenkoana › S. 156	15–20	März – April	
2	2	Hepatica transsylvanica 'Buis' › S. 139	10–15	März – April	
3	6	Primula Pruhonicensis-Gruppe 'Blaukissen' › S. 146	5–10	April	
4	3	Dentaria pentaphyllos › S. 133	30–50	April – Mai	
5	4	Epimedium grandiflorum 'Lilafee' › S. 1[illegible]4	30	April – Mai	
□	3	Erythronium revolutum 'White Beauty' › S. 153	20–40	April – Mai	
6	2	Polemonium Pulcherrimum-Gruppe 'Blue Pearl' › S. 146	15–40	April – Mai	
7	2	Phlox divaricata 'Dirigo Ice' › S. 145	10–25	April – Juni	
8	3	Ajuga tenorii 'Valfredda' › S. 125	3–10	Mai	
9	1	Heuchera 'Cascade Dawn' › S. 140	20–80	Juni – Juli	
10	3	Digitalis grandiflora › S. 134	50–70	Juni – Juli	
11	1	Hosta 'Purple and Gold' › S. 140	30	Juni – Juli	
12	2	Hemerocallis 'Todd Monroe' › S. 139	50	Juni – Juli	
13	5	Alchemilla erythropoda › S. 126	10–20	Juni – Juli	
14	1	Hosta Nakaiana-Gruppe 'Golden Scepter' › S. 140	30–50	Juni – Juli	
15	1	Heuchera 'Plum Pudding' › S. 140	30–65	Juni – Aug.	
16	1	Geranium Wallichianum-Gruppe 'Blue Sunrise' › S. 137	30–60	Juli – Sept.	
		GEHÖLZE	**(Meter)**		
A	1	Amelanchier lamarckii › S. 161	6–10	April – Mai	
B	3	Buxus microphylla 'Herrenhausen' (als Kugel geschnitten) › S. 161	0,5	--	
C	1	Clematis Atragene-Gruppe 'Purple Spider' › S. 161	2,5–3	April – Juni/ Aug.	
D	1	Fuchsia magellanica var. gracilis › S. 162	1–2	Juli – Nov.	

Eine gelbe Insel im Rasen

Standort: ☼ ▤ **Lebensbereich:** *Beet, Freifläche* **Fläche:** *15 m²*
Weitere Gartensituationen: *an Sitzplätzen und Terrassen*

Die gelben Blüten von Sonnenblumen, Mädchenauge oder Taglilien strahlen im Sommer um die Wette, begleitet von warmen Orange- und Rottönen. Mit dieser Besetzung steht diese „Insel" wie ein leuchtendes Juwel gern im Mittelpunkt.

(Bild oben) Die Blütenhalme des Pfeifengrases verneigen sich vor den cremefarbenen Blütenkolben der Fackellilie.

(Bild unten) Gelbe und gelb-weiße Alpenveilchen-Narzissen umspielen hohe Osterglocken im Zentrum des Beets.

Das Gerüst der Pflanzung bilden gelbe Taglilien (*Hemerocallis*), Sonnenblumen (*Helianthus*) und Mädchenauge (*Coreopsis*) sowie rote und orange Montbretien (*Crocosmia*), während Bodendecker sie locker umspielen und dauerhaft begleiten. Aber keine Angst vor „Einheitsgelb": die unterschiedlichen Wuchshöhen und -formen bringen die richtige Abwechslung und Dynamik ins Beet. So wird's garantiert nicht langweilig.

Frühling

Crocus flavus, der Gold-Krokus, läutet als Erster im Vorfrühling die Saison ein, dicht gefolgt von den Narzissen. Sie fühlen sich unter Bodendeckern oder zwischen den Horsten der Beetstauden sehr wohl. Hier ist es im Sommer etwas trockener, aber im Winter und Frühjahr stehen ihnen genügend Nährstoffe und Feuchtigkeit zur Verfügung. Zudem verdecken ab Mai die hoch wachsenden Stauden das vergilbende Narzissenlaub. *Narcissus cyclamineus* 'Jetfire' blüht als Erste oft schon Anfang März. Etwas später blüht die Sorte 'Jenny', eine zierliche, weiß blühende Sorte im Teppich von Gänsekresse (*Arabis procurrens*). Die weißen Blüten der Gänsekresse erscheinen früh und begleiten die Narzissenblüten im März und April. Ende April sind die letzten Trompeten-Narzissen, wie 'Bravoure', 'Red Devon' und 'Golden Harvest', verblüht.

Sommer

Ab Mai wird durchgeblüht: Die Schafgarbe (*Achillea Millefolium*-Gruppe) 'Terra Cotta' beginnt mit ihrem ockerfarbenen Blütenreigen, im Juni beginnt die Gold-Fetthenne (*Sedum floriferum*) 'Weihenstephaner Gold' zu blühen. Sie verträgt, wie die Gänsekresse, frischen Boden und zeigt im Spätsommer eine Nachblüte. Ab Juli überzieht das Mädchenauge (*Coreopsis verticillata*) 'Zagreb' ihre feingliedrigen Blätter mit gelben Korbblüten. Über sechs Wochen und länger können Sie sich an den Blüten erfreuen. Wie ein großer Teppich liegen die gelben Blütensterne von *Coreopsis* in der Mitte des Beets. Die Schafgarbe treibt immer neue frischgelbe Blüten durch die im Abblühen dunkler werdenden Triebe. Inzwischen ist das Laub der Montbretie (*Crocosmia*) 'Lucifer' auf Brusthöhe herangewachsen. Durch ihre dunklen Blüten scheint der ganze Busch regelrecht zu „brennen".

Rote Montbretien setzen einen starken Kontrast zum Gelb von Taglilie, Mädchenauge und Schafgarbe.

HERBST

Letzte Blüten zeigen Farbe, während sich das Grün langsam aus den Pflanzen zurückzieht.

Im Juli erscheinen die ersten gelbgrünen Blüten der Taglilie (*Hemerocallis*) 'Green Flutter'. Die Sorte 'Stella de Oro' blüht etwas früher und remontiert regelmäßig. Ein weiteres Rot hat sich in der Zwischenzeit dazu gesellt, das Blutgras (*Imperata cylindrica* var. *koenigii* 'Red Baron') ist schon im Austrieb rötlich gefärbt.

Im August ist *Crocosmia* 'Lucifer' verblüht, doch der leicht überhängende Wuchs, die gladiolenartigen Blätter und die dunkelbraunen Samenstände zieren bis weit in den Winter hinein. Die zweite Montbretie, *Crocosmia masoniorum*, öffnet nun ihre gelborangen Blüten, kombiniert mit den hellroten, sternförmigen Blüten der Taglilie 'Crimson Pirate'. Dicht an dicht stehen die Blätter der Montbretie und lassen kein Unkraut eindringen. Die Gold-Fetthenne erscheint nun mit einer zweiten Blüte und nach und nach öffnen sich die ersten zitronengelben Blüten der Kleinen Wald-Sonnenblume (*Heilianthus*) 'Lemon Queen'. Die überhängenden gelben Blütenstiele des Pfeifengrases (*Molinia caerulea* 'Variegata') verleihen der Pflanzung ein lockeres, naturhaftes Aussehen. Ende August hat auch die Fackellilie (*Kniphofia*) 'Little Maid' ihren großen Auftritt. Reizvoll setzen sich ihre niedrigen cremefarbenen Blütenkolben in Szene.

Spätsommer und Herbst

Im September hat sich die Staudensonnenblume 'Lemon Queen' voll entwickelt. Diese Spitzensorte wuchert nicht und ist bis unten belaubt. Die Pflanze ist über und über von kleinen zitronengelben Sonnenblumen bedeckt. Als Letzte im Beet blüht die Garten-Chrysantheme (*Chrysanthemum Indicum*-Gruppe 'Mandarine') Ende Oktober. Wie bei den Laubbäumen, so verabschiedet sich auch bei den Stauden nach und nach das Blattgrün. Es wird von gelben und braunen Tönen abgelöst. Die Pflanzen ziehen allmählich ein. Nur der Teppich von *Sedum floriferum* und *Arabis procurrens* hält sich den ganzen Winter über frisch und grün.

Pflege rund ums Jahr

Frühjahr: abgeblühte Stiele der Narzissen, nicht das Laub, nach der Blüte abschneiden
Sommer: regelmäßig abgeblühte Stiele von *Achillea* um die Hälfte einkürzen; *Helianthus* bei Bedarf stäben, einzelne, umgekippte Triebe abschneiden
Herbst: *Crocosmia* mit Laubschüttung in kalten Lagen schützen
Winter: *Arabis* von Falllaub frei halten; Ende Februar alte Staudenstiele entfernen und Gräser zurückschneiden

WINTER

Wie mit Puderzucker überzogen präsentiert sich das Beet zu Beginn des Winters.

PFLANZLISTE

Kurzinfo

Der Plan stellt das Beet zum Blütezeitpunkt Ende August/Anfang September dar. Es ist 3 x 5 m groß.

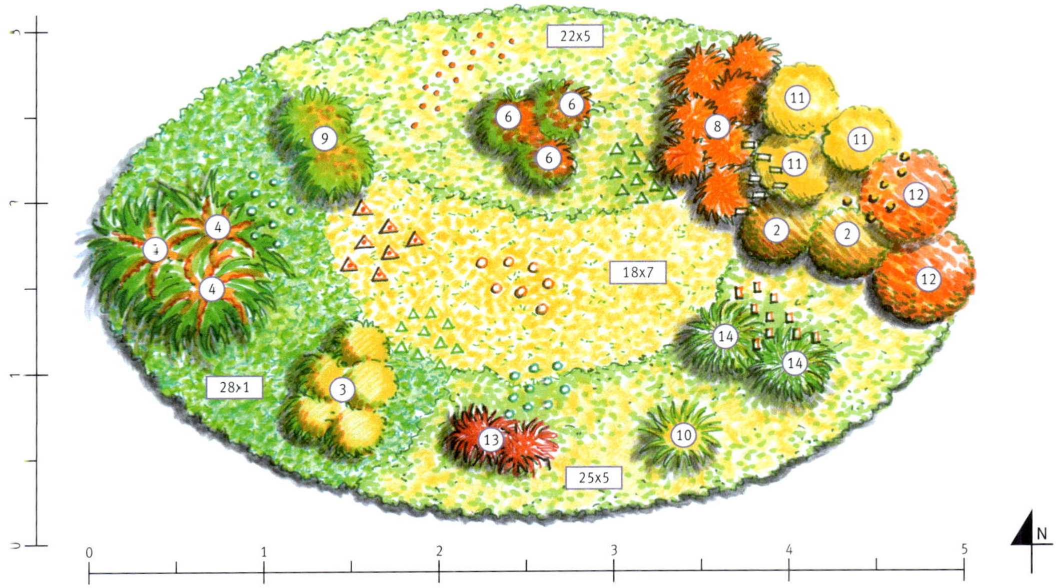

Nr.	Anz.	Name	Höhe (cm)	Blütezeit	Blüte
		STAUDEN UND ZWIEBELPFLANZEN			
●	15	Crocus flavus › S. 153	10	März	
△	20	Narcissus cyclamineus 'Jack Snipe' › S. 155	25	März	
□	10	Narcissus cyclamineus 'Jetfire' › S. 155	25	März – April	
1	28	Arabis procurrens › S. 126	5–15	März – April	
○	20	Narcissus cyclamineus 'Jenny' › S. 155	20–30	April	
▲	7	Narcissus (Großkronige) 'Red Devon' › S. 155	40	April	
▭	7	Narcissus (Großkronige) 'Saint Keverne' › S. 155	40	April	
○	7	Narcissus pseudonarcissus 'Bravoure' › S. 156	40	April	
●	7	Narcissus pseudonarcissus 'Golden Harvest' › S. 156	40	April – Mai	
2	2	Achillea Millefolium-Gruppe 'Terra Cotta' › S. 124 Alternativ: A. Filipendulina-Gruppe 'Credo' › S. 124	90	Mai – Juli	
3	5	Hemerocallis 'Stella de Oro' › S. 139	30	Mai – Aug.	
4	3	Crocosmia 'Lucifer' › S. 133	120	Juni – Juli	
5	47	Sedum floriferum 'Weihenstephaner Gold' › S. 149	15	Juni/ Aug. – Sept.	
6	3	Hemerocallis 'Crimson Pirate' › S. 139	70	Juli	
7	18	Coreopsis verticillata 'Zagreb' › S. 132	30	Juli – Sept.	
8	7	Crocosmia masoniorum › S. 133	60–80	Juli – Aug.	
9	2	Hemerocallis 'Green Flutter' › S. 139	50–70	Juli – Aug.	
10	1	Kniphofia 'Little Maid' › S. 142	50	Aug. – Sept.	
11	3	Helianthus microcephalus 'Lemon Queen' › S. 138	180	Aug. – Sept.	
12	2	Chrysanthemum Indicum-Gruppe 'Mandarine' › S. 132	80	Sept. – Okt.	
		GRÄSER			
13	2	Imperata cylindrica var. koenigii 'Red Baron' › S. 159 Alternativ: Panicum virgatum 'Shenandoah' › S. 159	60	--	
14	2	Molinia caerulea 'Variegata' › S. 159	30–50	Aug. – Okt.	

Feuer und Wasser wechseln sich ab

Standort: ☼ ▭ **Lebensbereich:** *Freifläche, Gehölzrand, Beet* **Fläche:** *28 m²*
Weitere Gartensituationen: *an Terrassen und Eingängen*

In diesem Beet wird es abwechselnd warm und kalt. Rot blühende Stauden, wie Taglilie und Schafgarbe, spielen mit dem Feuer, während andere, wie Salbei und Storchschnabel, die erhitzten Gemüter wieder abkühlen.

SOMMER

DAS FARBTHEMA in diesem Beet spielt mit zwei Gegensätzen – Feuer und Wasser. Zum einen dominieren feurige Blüten aus dem Spektrum der warmen Farben, also Rot, Orange und Gelb. Zum anderen gibt es dazwischen immer wieder kühlende Blüten in Blau und Violett, die das Wasser symbolisieren sowie „feuerlose“ Zeiten, in denen das Wasser die Herrschaft übernimmt. Die feurigen Farben ziehen die Blicke an, während die kühlen mehr Weite suggerieren und die Pflanzen eher in die Ferne rücken lassen. So entsteht knisternde Spannung. Lassen Sie sich davon in Bann ziehen. Das Beet eignet sich mit seinen mittleren bis hohen Stauden gut als Raumteiler und kann z. B. zwei Gartenbereiche voneinander trennen.

Frühling

Manchmal breitet der Etrukser-Krokus (*Crocus etruscus*) 'Zwanenburg' schon Ende Februar einen blauvioletten Teppich über das Beet. Zu dieser Zeit verliert die Bergenie 'Eroica' langsam die dekorative Winterfärbung ihrer Blätter. Wenn

Baikal-Helmkraut und hellblaue Schönaster löschen das Feuer von Sonnenbraut und Taglilie.

ihre purpurvioletten Blüten erscheinen, steht die fast schwarz-purpurbraune Tulpe 'Jan Reus' bereit, um in einen heftigen Farben-Wettstreit zu treten. Noch heftiger wird es, wenn die Nelkenwurz (*Geum × cultorum*) 'Georgenberg' ihre orangegelbe Fülle ausbreitet und – etwas später im Mai – die zweite orangegelbe Tulpe 'Dordogne' hinzukommt.

Ab Mai, nach dem ersten Farbfeuerwerk, kommt die blaue Phase der beiden Storchschnabel-Arten. Der Pracht-Storchschnabel (*Geranium × magnificum*) hat ein sehr tiefes Blau von starker Leuchtkraft. Der Himalaja-Storchschnabel (*Geranium himalayense*) 'Baby Blue' hingegen trägt Blüten in hellerem Blau. Beide wirken durch die in Massen auftretenden Blüten. Sie wachsen flächenfüllend, genau wie der Frauenmantel (*Alchemilla mollis*), der zusätzlich durch seine dekorativen Blätter auffällt. Die Hohen Schwertlilien (*Iris Barbata-Elatior*-Gruppe) sind mit ihren blaugrünen, aufrecht wachsenden Blättern auch ohne ihren Flor schon imposant. Die extravaganten Sorten 'Gala Madrid' und 'Andalou' tragen in ihren Blüten an sich schon starke Farbkontraste – aufrechte gelbe und hängende wein- bzw. braunrote Kronblätter setzen wirkungsvolle Akzente.

Sommer

Das starkwüchsige Brandkraut (*Phlomis russeliana*) ist eine auffällige Staude mit relativ großen, filzigen Blättern. Aus dem Laubteppich erheben sich im Juni straff aufrechte Stängel, die in mehreren Etagen Blütenquirle mit zweifarbig gelben Blüten tragen. Die Blütenstängel sind das ganze Jahr über attraktiv, z. B. wenn sie von Schneehauben gekrönt werden. Um jedoch das starke Aussamen zu verhindern, sollten Sie die abgeblühten Stängel abschneiden. Für violettblaue und purpurne Farbkontraste sorgen die Indigolupine (*Baptisia australis*) und der Quirlblättrige Salbei (*Salvia verticillata*) 'Purple Rain'.

Mit der ziegelroten Taglilie (*Hemerocallis*) 'Neyron Rose' kommt wieder eine warme Farbe ins Blütenspiel, die gekühlt wird durch die lilablaue Blütenfülle der Schönaster (*Kalimeris incisa*) 'Blue Star'. Die kugeligen Köpfe des Lauchs (*Allium sphaerocephalon)* bringen wieder eine andere warme Farbe ins Spiel: ein rötliches Violett.

Ende Juli haben fast alle Stauden ihre Endhöhe erreicht. Weil das Beet als Raumteiler fungieren soll, gibt es einige recht hohe Stauden, z. B. die beiden Sorten der Sonnenbraut (*Helenium*) 'Rubinzwerg' und 'Rauchtopas'. Aber auch die unkomplizierte Chinesische Wildlilie (*Lilium

Mädchenauge und Edeldistel passen farblich perfekt, beide lieben sandig-trockene Böden.

henryi) kann im Lauf der Zeit recht mächtig werden. Es empfiehlt sich, sie mit Nachbarn zu umgeben, die ihre bis zwei Meter langen Stängel stützen können. Dafür eignen sich z. B. kräftige Stauden, aber auch kleine, locker wachsende Sträucher oder Strauchrosen in passender Farbe.

Von Juli bis September sorgen Sonnenhut (*Rudbeckia fulgida* var. *deamii*) und Quirlblättriges Mädchenauge (*Coreopsis verticillata*) 'Grandiflora' für kräftige Sonnentöne. Die reich blühende, orangegelbe Montbretie (*Crocosmia*) 'George Davidson' gesellt sich mit ihren leicht überhän-

Neben dem leuchtenden Sonnenhut wirken die rosa Blüten der Fetthenne 'Matrona' ganz dezent.

Lassen Sie die Blütenstände über Winter stehen, so bleibt die Raumwirkung bis März erhalten.

genden Blütentrieben dazu. Zur Abkühlung steht die straff aufrecht wachsende, purpurblaue Bergminze (*Agastache rugosa*) 'Blue Fortune' bereit. Die Banater Kugeldistel (*Echinops banaticus* 'Arctic Glow') wirkt durch ihre gesamte Gestalt, die weißen Blütenkugeln und dem leicht grauweiß übersponnenen Laub.

Spätsommer und Herbst

Der Chinesische Bleiwurz (*Ceratostigma plumbaginoides*) leitet vom Spätsommer in den Herbst über. Sein enzianblauer Flor wird bald vom eigenen, sich herbstlich feurig schmückenden Laub

Im April und Mai gibt es üppigen Tulpenflor mit den Sorten 'Jan Reus' und 'Dordogne'.

unterstützt. Die Fetthenne (*Sedum Telephium*-Gruppe) 'Matrona' blüht nun, wirkt aber mit den abgeblühten Stängeln bis zum Rückschnitt im März. Der Pracht-Storchschnabel hat jetzt seinen zweiten Auftritt: Er färbt sein Laub leuchtend gelb-orange. Auch die filigrane Rutenhirse (*Panicum virgatum* 'Squaw') zeigt sich nun von ihrer besten Seite. Ihre leicht rot gefärbten Halme leuchten in der Herbstsonne. Sie bildet zusammen mit den stehen gebliebenen Blütenständen von *Sedum*, *Rudbeckia*, *Phlomis* und dem Buchs im Winter Blickpunkte und Struktur im Beet.

Pflege rund ums Jahr

Frühling: Samenansatz der Tulpen entfernen
Sommer: abgeblühte Blütenstände von *Salvia* regelmäßig abschneiden, um die Nachblüte zu fördern; *Alchemilla* nach der Blüte inklusive Blätter zurückschneiden; *Echinops* nach der Blüte zurückschneiden; bei starker Selbstaussaat Samenstände von *Rudbeckia* var. *deamii* entfernen
Herbst: *Crocosmia* entweder mit Fichtenreisig abdecken oder mit Laubschüttung schützen oder ausgraben und frostfrei und trocken überwintern
Winter: Ende Februar alle Staudenreste zurückschneiden oder absammeln

PFLANZLISTE

Kurzinfo

Der Plan stellt das Beet zum Blütezeitpunkt Ende Juli dar. Es ist 7 x 4 m groß.

Nr.	Anz.	Name	Höhe (cm)	Blütezeit	Blüte
		STAUDEN UND ZWIEBELPFLANZEN			
△ (blau)	[illegible]	Crocus etruscus 'Zwanenburg' › S. 153	10	März	●
1	3	Bergenia 'Eroica' › S. 130	40	April – Mai	●
△ (braun)	20	Tulipa 'Jan Reus' › S. 156	50	April – Mai	●
△ (orange)	20	Tulipa 'Dordogne' › S. 157	65	Mai	●
2	9	Geum × cultorum 'Georgenberg' › S. 137	25	Mai – Juni	●
3	1	Iris Barbata-Elatior-Gruppe 'Gala Madrid' › S. 141	60–70	Mai – Juni	●
4	2	Iris Barbata-Elatior-Gruppe 'Andalou' › S. 141	80–90	Mai – Juni	●
5	4	Geranium × magnificum › S. 136	50	Mai – Juni	●
6	13	Geranium himalayense 'Baby Blue' › S. 136	30–60	Mai – Juni	●
7	5	Alchemilla mollis › S. 125	30–50	Juni – Juli	●
8	1	Phlomis russeliana › S. 145	60–100	Juni – Juli	●
9	3	Hemerocallis 'Neyron Rose' › S. 139	70	Juni – Juli	●
10	2	Achillea filipendulina-Gruppe 'Feuerland' › S. 124	80	Juni – Aug.	●
11	4	Baptisia australis › S. 129	120	Juni – Aug.	●
12	1	Echinops banaticus 'Arctic Glow' › S. 134	140	Juni – Aug.	○
13	5	Salvia verticillata 'Purple Rain' › S. 147	40–70	Juni – Sept.	●
14	7	Kalimeris incisa 'Blue Star' › S. 141	60–90	Juni – Sept.	●
✳	10	Allium sphaerocephalon › S. 152	80–110	Juli – Aug.	●
15	1	Helenium 'Rubinzwerg' › S. 138	80–100	Juli – Aug.	●
16	1	Helenium 'Rauchtopas' › S. 138	130–160	Juli – Aug.	●
17	4	Agastache rugosa 'Blue Fortune' › S. 125	90	Juli – Aug.	●
18	4	Lilium henryi › S. 155	150–200	Juli – Aug.	●
19	5	Scutellaria baicalensis › S. 149	20–30	Juli – Sept.	●
20	3	Rudbeckia fulgida var. deamii › S. 147	60–100	Juli – Sept.	●
21	2	Coreopsis verticillata 'Grandiflora' › S. 132	50	Juli – Sept.	●
22	5	Crocosmia 'George Davidson' › S. 133	50	Juli – Sept.	●
23	2	Sedum Telephium-Gruppe 'Matrona' › S. 149	50	Aug. – Sept.	●
24	10	Ceratostigma plumbaginoides › S. 132	25	Aug. – Okt.	●
		GRÄSER			
25	2	Panicum virgatum 'Squaw' › S. 159	100	Aug. – Sept.	●
		GEHÖLZE	(Meter)		
A	1	Buxus sempervirens 'Vardar Valley' › S. 161	1,5	--	

Porträts

Die Welt der *Gartenblumen* mit ihren vielen Arten und Sorten bietet Ihnen unzählige Möglichkeiten zu gestalten. Es gibt Vieles zu entdecken – gehen Sie in diesem Kapitel auf Erkundungstour und lassen Sie sich inspirieren. Je besser Sie die Pflanzen in Ihrem Garten kennen, je mehr Sie die *individuellen Ansprüche* berücksichtigen, desto wohler fühlen sich die Pflanzen. Sie danken es Ihnen über viele Jahre mit *reicher Blüte* und *gesundem Wachstum*

Hinweise zu den Porträts

Wenn Sie mehr über Ihre Gartenpflanzen erfahren möchten, finden Sie in diesem Kapitel alles Wissenswerte zum Aussehen, zu den besonderen Vorlieben und was sie nicht mögen. Dazu gibt es noch den ein oder anderen Insidertipp.

In diesem Kapitel stellen wir Ihnen alle Pflanzen vor, die in den Beetvorschlägen verwendet und kombiniert wurden. Es sind dies zum einen bewährte Arten und Sorten, aber auch einige Neuheiten. Um weitere Pflanzen kennenzulernen, können Sie mithilfe von Fachbüchern oder Katalogen von Qualitätsbetrieben wichtige und ausführliche Informationen sammeln. Anregend ist auch der Austausch mit anderen Pflanzenliebhabern, oder Sie lassen sich von erfahrenen Landschaftsarchitekten und Gärtnern professionell beraten.

Einteilung des Porträtteils

Die Pflanzenbeschreibungen sind, wie auch in den Listen in Kapitel 2, in die jeweiligen Pflanzgruppen unterteilt. Die Stauden spielen die Hauptrolle, sie bestimmen den Charakter der Beete und nehmen auch hier den größten Raum ein (→ ab Seite 124). Zur großen Gruppe der Blütenstauden zählen auch Kräuter, Bodendecker, Halbsträucher und Blattschmuckstauden. Als Nächstes folgen Zwiebel- und Knollenpflanzen (→ ab Seite 152) sowie Gräser und Farne (→ ab Seite 157). Als Letztes finden Sie Sträucher, Rosen und Kletterpflanzen (→ ab Seite 161).

Die Porträttexte

Die wichtigsten Vertreter einer Staudengattung bzw. eine bestimmte Sorte werden in aussagekräftigen Bildern dargestellt und alles Wissenswerte dazu in folgende fünf Rubriken unterteilt.

› **Name:** Der deutsche Name nennt die meistgebrauchte deutsche Bezeichnung für eine Pflanzengattung oder Art. Die botanischen Namen orientieren sich an der neuesten Ausgabe des Lexikons der Freilandschmuckstauden (→ Seite 174) bzw. an den gängigen Namen im Handel.

› **Standort:** Hier gibt es mithilfe von Piktogrammen (→ Kasten links) Angaben zu den Lichtverhältnissen, unter der die Pflanze optimal gedeiht. Genauere Standortbeschreibungen finden Sie auf den Seiten 10 ff.

Die Nennung der **Lebensbereiche** (→ Kasten rechts) beschreibt den typischen Gartenbereich, indem die Pflanze die beste Entwicklungsmöglichkeit hat. Eine genaue Beschreibung der Lebensbereiche findet sich auf den Seiten 12 bis 13. Die Ziffern 1 bis 3 geben den optimalen Feuchtegehalt des Bodens an (→ Kasten rechts und Seite 11). Aus den Buchstaben für die Lebensbereiche und den Ziffern für die Bodenfeuchte entstehen so die Kurzbezeichnungen. An erster Stelle steht immer der optimale Lebensbereich, wird ein zweiter oder dritter Bereich genannt, kann die

LEGENDE Die verwendeten Piktogramme haben folgende Bedeutung:

- ☼ Die Pflanze möchte einen sonnigen Standort.
- ☼ Die Pflanze mag es hell, ohne direkte Sonne.
- ◑ Die Pflanze wächst im Halbschatten.
- ● Die Pflanze wächst im vollen Schatten.

Pflanze auch in diesen Lebensbereichen noch ausreichend gedeihen. Zusätzliche Angaben, beispielsweise über besondere Boden- oder Lichtansprüche, finden sich in der letzten Spalte unter „Pflege/weitere Infos".

› **Höhe/Wuchs:** Hier finden Sie neben der Höhenangabe in Zentimetern auch Hinweise auf die typische Wuchsform der Pflanze. Die Höhenangaben sind immer ungefähre Angaben und abhängig von der Sorte. Es handelt sich außerdem dabei um die Endhöhe des Blütenstands, der Blatthorst ist oftmals niedriger. Weitere Angaben, etwa zu den Blättern, finden Sie in der letzten Spalte unter „weitere Infos".

› **Blüte:** Die erste Angabe ist die Blütezeit und benennt die Monate im Jahr, in denen die Staude blüht. Die Blütezeit ist z. B. abhängig von der Lage innerhalb Deutschlands oder von der jahreszeitlichen Witterung und kann um wenige Wochen, etwa zwei bis drei, variieren. Des Weiteren gibt es Infos zur Farbe der Blüte inklusive bestimmter Eigenschaften. Der Blütezeitenkalender auf den Seiten 164 bis 167 zeigt auf einen Blick, welche Pflanzen in welchem Monat blühen.

› **Pflege/weitere Infos:** Es braucht viele Jahre des Experimentierens und des Beobachtens, um alle Besonderheiten und Eigenarten einer Pflanze kennenzulernen. Mit den Stauden, die in den Plänen verwendet werden, sind die Autoren als Gartenplaner schon seit langer Zeit vertraut. So gibt es für Sie hier wertvolle praktische Hinweise und Tipps, die Ihnen helfen, schnell mit den vorgestellten Stauden bekannt und vertraut zu werden. Informationen zum Ausbreitungsdrang, der Winterhärte, zur Vermehrung, besonderen Schnittmaßnahmen oder Pflanztiefen und weiteres Insiderwissen runden die Pflanzenporträts ab.

› **Arten/Sorten** einer Gattung, die in den Beeten verwendet werden, sind in einer eigenen Spalte unterhalb des Porträts aufgeführt. Die Besonderheiten der Art oder Sorte, die vom Hauptporträt abweichen, sind dann in Klammern aufgeführt. Achten Sie bei der Auswahl von Sorten auf die Sichtungsergebnisse (→ Adressen Seite 174) des Bundes Deutscher Staudengärtner. Mit der Sichtung an verschiedenen Standorten in Deutschland sollen Winterhärte, Gesundheit und Dauerhaftigkeit von Sorten ermittelt werden.

Unterschiede bei den Gehölzen: Diese Pflanzen werden nicht im Bild dargestellt. In der zusätzlichen Rubrik „Boden" werden die bevorzugten Bodenverhältnisse bzw. Bodenfeuchte, bei denen die Pflanzen optimal gedeihen, beschrieben. Die Spalte „Höhe" nennt die ungefähre Endhöhe in Metern sowie den Habitus, also die typische Wuchsform der Pflanze.

LEGENDE

Abkürzungen der Lebensbereiche:

G = Gehölz
GR = Gehölzrand
Fr = Freifläche
SH = Freiflächenpflanzen mit Steppenheidecharakter
H = Freiflächenpflanzen mit Heidecharakter
ST = Steinanlagen
FS = Felssteppen
M = (Fels-)Matten
SF = Steinfugen
MK = Mauerkronen
B = Beet

Bodenfeuchte:

1 = trockener Boden
2 = frischer Boden
3 = feuchter Boden

Stauden

Name	Standort	Höhe / Wuchs	Blüte	Pflege / weitere Infos
Ungarischer Bärenklau *Acanthus hungaricus* (= *A. balcanicus*, *A. longifolius*)	☼ ☼ ◑ Fr 2 (GR 2, B 2)	30–90 cm große, dekorative Grundblätter, aus denen aufrechte Blütenstängel treiben	Juni – Juli weißlich rosa mit purpurnen Hochblättern	Vermehrung durch Teilung (nur im Frühjahr), Wurzelschnittlinge oder Aussaat; starkwüchsig; an günstigen Standorten reichlich Selbstaussaat, deshalb Samenstände rechtzeitig abschneiden
Schafgarbe *Achillea Filipendulina*-Gruppe 'Credo'	☼ Fr 1-2 (B 1-2)	120 cm Blütenstängel aufrecht, Grundblätter graugrün	Juni – Aug. hellgelb, klassische Doldenblüte	kurze Ausläufer; Blütenstände gut als Trockenblumen; nach dem Abblühen zur Hälfte einkürzen wegen Selbstaussaat, Nachblüte
Arten/Sorten: 'Feuerland' (80 cm, feuerrot, im Verblühen gelb); *A. Millefolium*-Gruppe: 'Terra Cotta' (90 cm, Mai – Juli, ockerfarben) und 'Walter Funcke' (70 cm, orangerot)				
Schafgarbe *Achillea* 'Taygetea'	☼ FS/M/ST, Fr 1-2	60 cm aufrechte Blütenstängel treiben aus silbergrauen Grundblättern aus	Juli – Aug. schwefelgelb, doldenförmiger Blütenstand mit kleinen Strahlenblüten	Laub graugrün; braucht gut durchlässige, auch steinige Böden in voller Sonne; blüht relativ spät
Chinesischer Herbst-Eisenhut *Aconitum carmichaelii* 'Arendsii'	◑ GR 2-3 (G 2-3)	140 cm straff aufrechter Wuchs	Sept. – Okt. blauviolett, wegen der helmartigen Blüte auch Mönchskappe genannt	benötigt nährstoffreiche, humose Lehmböden; leidet unter Trockenheit; Blüte ähnelt der des Rittersporns; alle Pflanzenteile giftig!
Echter Eisenhut *Aconitum napellus* und Sorten	◑ ● GR 2-3 (G 2-3, B 2-3)	90–170 cm straff aufrechter Wuchs	Juni – Juli blau, violett, selten hellviolett oder weiß	benötigt nährstoffreiche, humose Lehmböden; knollenartiger Wurzelstock; Teilung im Herbst oder Frühjahr; alle Pflanzenteile giftig!
Arten/Sorten: *A. anglicum* 'Bressingham Spire' (90–150 cm, Juli – Aug., violettblau)				
Wolken-Knöterich *Aconogonon* 'Johanniswolke' (= *Polygonum polymorphum*)	☼ Fr 2, B 2	200 cm breit aufrechter Wuchs	Juni – Aug. cremeweiß, mit leichtem Duft	imposante horstbildende Großstaude, die nicht wuchert; Dauerblüher, auch nach der Blüte attraktiv; Herbstfärbung gelb; Austrieb im April; Vermehrung durch Teilung; wird im Handel noch als *Polygonum polymorphum* angeboten

Stauden

Name	Standort	Höhe / Wuchs	Blüte	Pflege / weitere Infos
 **Adonisröschen** *Adonis ramosa* 'Fukujukai' (= *A. amurensis*)	☼ ◑ GR 2	25 cm locker horstartiger Wuchs	Feb. – März goldgelbe Einzelblüten	benötigt einen mehr sauren Boden; zieht im Juni wieder ein; ideal am Rand von Laub abwerfenden Gehölzen; im Handel oft unter dem falschen Namen *Adonis amurensis*
 **Schmucklilie** *Agapanthus* 'Headbourne Hybrids'	☼ B 2-3 (Fr 2-3)	50–90 cm horstartiger Wuchs; treibt aus einem knolligen Wurzelstock	Juli – Aug. hellblau, in Doden auf kräftigen Stielen	Blätter riemenförmig, sommergrün; winterhart bei guter Dränage und möglichst trockenem Standort (abdecken); benötigt während der Vegetationszeit viel Wasser, um reich zu blühen
 **Bergminze** *Agastache rugosa* 'Blue Fortune'	☼ Fr 2, B 2	90 cm straff aufrechter Wuchs	Juli – Aug. bläulich purpurn	in kalten Lagen ist ein Winterschutz notwendig; empfindlich gegen Winternässe; nesselartiges Laub
Arten/Sorten: 'Black Adder' (80–130 cm, rauchlila Blüten aus dunklen Knospen)				
 **Ageratumdost** *Ageratina altissima* 'Chocolate' (= *Eupatorium rugosum* 'Chocolate')	◑ GR 2-3, Fr 2-3, B 2-3	80–110 cm aufrechter Wuchs mit festen Stielen	Okt. – Nov. weiß in doldenartigen Rispentrauben	Laub schokoladenbraun, deshalb sehr wertvolle Blattschmuckstaude; kommt nur in warmen Gegenden zum Blühen
 **Günsel** *Ajuga tenori* 'Valfredda' (= *A. reptans* 'Chocolate Chip')	☼ ◑ Fr 2, GR 2	3–10 cm kriechender Wuchs	Mai dunkelblau, quirlartige Scheinähre	Laub purpurbraun; es handelt sich wahrscheinlich um eine Hybride zwischen *A. tenori* und einer rotlaubigen Sorte von *A. reptans*; meist als 'Chocolate Chip' im Handel
Arten/Sorten: *A. reptans* 'Atropurpurea' (20 cm, April – Mai, lila, leidet unter Trockenheit)				
 **Glattblättriger Frauenmantel** *Alchemilla epipsila*	☼ ☼ ◑ Fr 2 (GR 2-3, B 2-3)	25–30 cm horstartiger Wuchs	Mai – Juni hellgelbe kleine Blütchen in dichten Knäueln	graugrünes, zierendes Laub; Selbstaussaat; nach der Blüte die Blütenstängel herausschneiden oder ganze Pflanze bis auf 5 cm über dem Boden zurückschneiden
Arten/Sorten: *A. mollis* (35–50 cm, Juni – Juli, grünlich gelbe Blüten, stärker wachsend)				

Stauden

	Name	Standort	Höhe / Wuchs	Blüte	Pflege / weitere Infos
	**Kaukasischer Frauenmantel** *Alchemilla erythropoda*	☼ ST/M/FS	10–20 cm horstartiger Wuchs	Juni – Sept. unscheinbare, grünlich gelbe Blüten	Laub teilweise wintergrün; nach de Blüte die Blütenstängel herausschneiden; laut Fachliteratur soll der korrekte Name *Alchemilla caucasica* sein, doch wird sie bislang als *A. erythropoda* gehandelt
	**Schnittlauch** *Allium schoenoprasum* 'Bamberg'	☼ Fr 2 (B 2)	30 cm horstartiger Wuchs	Juni – Juli purpurviolett, kugeliger Blütenstand	grasartige, essbare Blätter; nach dem Abblühen sofort bodennah zurückschneiden, sonst starke Selbstaussaat; Sorten fallen nicht echt; Vermehrung leicht durch Teilung
	**Perlpfötchen** *Anaphalis triplinervis* und Sorten	☼ Fr 2 (B 2)	20–50 cm kissenartiger Wuchs	Juli – Aug. weiße, scheibenartige Blütenköpfchen	Blätter oben graugrün, unten dicht weißwollig; gedeiht nicht auf Sandböden; verträgt keine Trockenheit; die Sorte 'Sommerschnee' (→ Abb.) wird nur 25 cm hoch
	**Herbst-Anemone** *Anemone hupehensis* var. *japonica* 'Pamina'	☼ ◐ GR 2 (G 2, B 2)	60–80 cm aus Grundblättern treiben aufrechte Blütenstängel	Aug. – Okt. rosarot, Blüten halbgefüllt	darf nur im Frühjahr ge- und verpflanzt werden; treibt mäßig Ausläufer, aus denen die Pflanze nach dem Verpflanzen am alten Standort meist wieder austreibt
	Arten/Sorten: *A.* × *hybrida* 'Honorine Jobert' (60–80 cm, Sept. – Okt., weiß, oft falsch im Handel)				
	**Gewöhnliche Akelei** *Aquilegia vulgaris* 'William Guiness'	◐ GR 2 (B 2)	30–60 cm aus einem Horst von Grundblättern treiben aufrechte Blütenstängel	Mai – Juni Kelchblätter schwarzpurpurn, Honigblätter weiß	um die Sorte zu erhalten, nach der Blüte die Blütenstängel herausschneiden; sät sich selbst aus; fällt nur echt, wenn keine andere Art oder Sorte in der Nähe steht
	**Kriechende Gänsekresse** *Arabis procurrens* und Sorten	☼ ◐ ST/M, GR 2	5–15 cm durch Ausläufer niedrige Matten bildend	März – April weiße Blütentrauben auf kurzen Stielen	Achtung, kann schwache Nachbarn überwachsen; nach der Blüte die Blütenstängel kurz über dem Laubteppich abschneiden (hier hilft eine Rasenkantenschere)

Stauden

	Name	Standort	Höhe / Wuchs	Blüte	Pflege / weitere Infos
	**Grasnelke** *Armeria maritima* 'Vesuv'	☼ Fr 1-2	10–30 cm bildet dichte Polster	Mai – Juni dunkelrote Blütenköpfchen	Blätter braunrot; alte Polster verkahlen oft in der Mitte, dann Polster teilen; eignet sich für Trockenmauern, Steinanlagen, Sandrasen, als Einfassungen und für gemischte Staudenbeete
	**Milchweißer China-Beifuß** *Artemisia lactiflora* und Sorten	☼ Fr 2-3, B 2-3	120–150 cm straff aufrechter Wuchs, Sorte 'Guizhou' hat rote Stiele	Aug. – Sept. weiß, Blüten zart duftend	im Gegensatz zu den anderen kultivierten Beifuß-Arten hat diese Art attraktive Blüten; reagiert empfindlich bei Trockenheit; in warm-trockenen Klimaten ist sie anfällig für Mehltau und Rostpilze
	**Zwerg-Silberraute** *Artemisia schmidtiana* 'Nana'	☼ ST/M/FS	20 cm kissenförmiger Wuchs	Juni – Juli grünlich, unbedeutend	das Laub ist dicht weißzottig behaart; typische, graulaubige Pflanze für besonders nährstoffarme Standorte, dann aber auch langlebig
	**Zwerg-Geißbart** *Aruncus aethusifolius*	☼ ◐ GR 2	15–30 cm bildet niedrige Matten aus	Juni – Juli cremeweiße Blütenrispen	farnartiges Laub; gelbe bis orangerote Herbstfärbung; für schattige Steingärten, in nordseitigen Mauern; bastardiert sehr leicht mit den hohen Arten, es entstehen dann mittelhohe Zwischenformen
	**Chinesischer Geißbart** *Aruncus sinensis* 'Zweiweltenkind'	◐ ● GR (1)2-3 (G 2-3, B 2-3)	150–180 cm buschiger Wuchs, Stängel aufrecht	Juni – Juli weiße, große Blütenrispen	Austrieb oft bräunlich; gehört botanisch zu *Aruncus dioicus*, wird aber, weil deutlich von dieser verschieden, bisher weiterhin unter dem Namen *A. sinensis* 'Zweiweltenkind' gehandelt

ASTER · *ASTER*

Astern gehören zu den Korbblütlern. Was wie eine Blüte aussieht, ist ein Blütenstand aus vielen Einzelblüten. Die Randblüten bilden ein Blütenblatt aus und sind verschiedenfarbig, die inneren sind meist gelb. Ihre Stängel verholzen mehr oder weniger stark und sind daher über Winter sehr standfest. Rückschnitt im März bis 2 cm über dem Boden. Alle Astern können durch Teilung vermehrt werden, wobei *A. amellus* nur im Frühjahr geteilt und verpflanzt werden darf. Die Gattung wurde neu überarbeitet und in verschiedene neue Gattungen eingeteilt. Da diese Namen noch wenig bekannt sind, werden sie hier alle unter dem alten Namen Aster gelistet.

Stauden

	Name	Standort	Höhe / Wuchs	Blüte	Pflege / weitere Infos
	**Berg-Aster** *Aster amellus* 'Veilchenkönigin'	☼ Fr 1-2, B 1-2	40–45 cm stattlicher, breit buschiger, aufrechter Wuchs	Aug. – Okt. dunkelviolette Korbblüten mit gelber Mitte	nur im Frühjahr verpflanzen und teilen; benötigt kalkhaltige Lehmböden, versagt auf sandigen, sauren Böden; die großblumigen Sorten für Beete, die kleinblumigen auch für naturhafte Gestaltungen
	**Weiße Wald-Aster** *Aster divaricatus*	◑ GR 1-2, G 1-2	50 cm breit buschiger, aufrechter Wuchs	Aug. – Okt. weiße Korbblüten mit gelber Mitte	neu: *Eurybia divaricata*; am besten im trockenen Schatten auf nicht zu nährstoffreichen, sandigen Böden, sonst nicht standfest; starke Selbstaussaat
	**Kissen-Aster** *Aster dumosus* und Sorten	☼ Fr 2-3, B 2-3	25–50 cm je nach Sorte aufrechter Wuchs	Aug. – Okt. je nach Sorte blau, violett, rosa, karminrot, weiß	neu: *Symphorytrichum dumosum*; kurze Ausläufer treibend; manche Sorten bekommen bei zu trockenem Stand Mehltau; → Abb. Sorte 'Silberblaukissen'
	Arten/Sorten: *A. novea-angliae* 'Purple Dome' (60 cm, Okt. – Nov., violett)				
	**Heide-Aster** *Aster ericoides* 'Golden Spray'	☼ Fr 1-2, B 1-2	90 cm breit buschiger, aufrechter Wuchs	Sept. – Okt. zahlreiche kleine, weißgelblich getönte Korbblüten	neu: *Symphorytrichum ericoides*; die Art wächst in eher trockenen Prärien, verträgt daher mehr Trockenheit als Kissen-, Glattblatt- oder Raublatt-Aster
	**Kahlblättrige Aster** *Aster laevis* 'Blauschleier'	☼ ◑ B 2-3, Fr 2-3, GR 2-3	120–150 cm Wuchs mehr oder weniger aufrecht	Sept. – Okt. hell blauviolette, übergeneigte Blütenrispen	neu: *Symphorytrichum laevis* 'Blauschleier'; bekommt bei zu trockenem Stand Mehltau; nicht immer sicher standfest; sät sich selbst aus, kann aber lästig werden
	**Busch-Aster** *Aster lateriflorus* var. *horizontalis* und Sorten	☼ ◑ Fr 2-3, GR 2-3 (Sorten B 2-3)	60–70 cm sparrig verzweigter, aufrechter Wuchs	Sept. – Okt. weiß mit violetter Mitte	neu: *Symphorytrichum lateriflorum*; leidet unter Trockenheit; die Sorten 'Prince' (90 cm) und 'Lady in Black' (120 cm) haben purpurbraunes Laub

Stauden

	Name	Standort	Höhe / Wuchs	Blüte	Pflege / weitere Infos
	**Teppich-Aster** *Aster* 'Snowflurry'	☼ Fr 1-2 (B 2, ST/M/FS)	10–20 cm niederliegende Triebe bilden einen Teppich	Sept. – Okt. zahlreiche kleine, weiße Blütensterne	neu: *Symphyotrichum* 'Snowflurry'; sehr schön über Steine und Mauern wachsend, auch bodendeckend, dann aber vor höher werdenden und stark wachsenden Nachbarn beschützen
	**Astilbe** *Astilbe Chinensis*-Gruppe 'Visions in Red'	◑ B 2, GR 2	40 cm aufrechte Blütenstängel aus einem lockeren Horst von Grundblättern	Juli – Aug. rosarot an roten Stängeln	am besten in kühlem Klima mit relativ hoher Luftfeuchte; Blütenstängel verholzen leicht, daher über Winter sehr standfest und dekorativ
	Arten/Sorten: *A. Glaberrima*-Gruppe 'Sprite' (35 cm, hellrosa)				

STERNDOLDE · *ASTRANTIA*

Am besten gedeihen sie in einem kühlen Klima mit relativ hoher Luftfeuchte, wie etwa dem Alpenvorland. Sie bevorzugen lehmig-tonige Böden. Astrantien gehören zu den Doldengewächsen. Wie bei den Astern setzt sich ihr Blütenstand aus Einzelblüten zusammen. Ein Rückschnitt nach dem ersten Flor bewirkt, dass viele Sorten eine mehr oder weniger fortlaufende Nachblüte bis zum Herbst hervorbringen. Im März die letzten Stängel bis 2 cm über dem Boden abschneiden. Das Laub vergeht über den Winter. Alle Sterndolden können durch Teilung vermehrt werden, die reinen Arten auch durch Samen. Sie säen sich auf lehmig-tonigen Böden selbst aus. Die Sorten fallen nicht echt.

	Name	Standort	Höhe / Wuchs	Blüte	Pflege / weitere Infos
	**Große Sterndolde** *Astrantia major* ssp. *major* 'Lars'	◑ B 2, GR 2	50–60 cm horstartiger Wuchs mit aufrechten Stängeln	Mai – Juli Hochblätter dunkelrot, rote Stiele	Vermehrung durch Teilung; abgeblühte Stängel regelmäßig ausschneiden, dann immer wieder neue Blütentriebe bis September
	Arten/Sorten: 'Ruby Wedding' (dunkelrot), *A. Major*-Gruppe 'Claret' (Juni – Juli, dunkelrot) und 'Roma' (Juni – Juli, rosa, Hybride zwischen *A. major* und *A. maxima*)				
	**Blaukissen** *Aubrieta* 'Neuling'	☼ ST, MK	10 cm bildet dichte, niedrige Polster aus	April – Mai hell blauviolette, früh blühende Sorte	wird gern von Schnecken gefressen, vor allem bei zu schattigem Standort und außerhalb von Steingärten in zu feuchten Böden; braucht volle Sonne und steinig schottrige Böden
	**Indigolupine** *Baptisia australis*	☼ Fr 2, B 2	120 cm aufrechter, buschiger Wuchs	Juni – Aug. violettblaue Blüten in Trauben	entwickelt sich langsam, wird dann aber immer schöner; wegen des langsamen Wuchses werden Jungpflanzen oft als „Unkraut" gejätet

Stauden

	Name	Standort	Höhe / Wuchs	Blüte	Pflege / weitere Infos
	**Bergenie** *Bergenia*-Hybriden in Sorten	☼ ☼ GR (1-)2, Fr 2	30–55 cm je nach Sorte kriechender Wurzelstock	April – Mai/ Sept. hell- bis karminrosa, auch fast weiß	blattlose Blütenstängel; Blüte spätfrostgefährdet; wenige Sorten remontieren, z. B. 'Herbstblüte'; Laub bei vielen Sorten im Spätherbst/ Winter braunrot bis rot; wintergrün
	Arten/Sorten: *B. purpurascens* (20–30 cm, dunkel purpurrot)				
	**Kerzen-Knöterich** *Bistorta amplexicaule* (= *Polygonum amplexicaule*)	☼ ◐ GR 2-3, Fr 2-3	80–120 cm buschiger aufrechter Wuchs	Juli – Okt. je nach Sorte rot, rosa oder weiß	frühfrostempfindlich (erfriert bei -1 bis -2 °C), die dicken Rhizome sind empfindlich gegen sogenannte Kahlfröste, d. h. es herrschen Minusgrade, jedoch ohne Schneedecke, deshalb Rhizome mit Laub abdecken
	**Kaukasus-Vergissmeinnicht** *Brunnera macrophylla* 'Jack Frost'	◐ ● GR 1-3, G 1-3	30–40 cm dichter Horst von Grundblättern, überhängende Blütenstängel	April – Mai hellblaue, vergissmeinnichtähnliche Blüten	ist eine Form der Sorte 'Langtrees' mit silbrigem Laub, bei der nur die Blattadern und ein schmaler Blattrand dunkelgrün sind
	Arten/Sorten: 'Hadspen Cream' (40 cm, himmelblau, Laub graugrün mit cremegelbem Rand)				
	**Kleinblütige Bergminze** *Calamintha nepeta* ssp. *nepeta*	☼ ST/M/FS, SH, Fr 1	30 cm aufrechter buschiger Wuchs	Juni – Okt. porzellanblau in langgestielten Trauben	setzt keinen Samen an; Achtung, nur vegetativ vermehrte Pflanzen verwenden, die anderen (auch Sorten) säen sich extrem stark aus; Bienenweide
	**Kaukasus-Glockenblume** *Campanula lactiflora* 'Alba'	☼ ◐ GR 2, FR 2, B 2	100 cm aufrechter Wuchs, nicht ganz standfest	Juli – Aug. weiße, sternförmige Blüten in Rispen	junge Pflanzen und Jungtriebe werden gern von Schnecken gefressen; wintert bei später Herbstpflanzung leicht aus; einmal eingewachsen ist sie aber robust und sät sich oft selbst aus
	**Breitblättrige Wald-Glockenblume** *Campanula latifolia* var. *macrantha*	◐ ● G 2-3 (B 2-3)	100 cm aufrechter Wuchs; bildet große Horste	Juni – Juli große, blauviolette Glockenblumen in Trauben	braucht ein Mindestmaß an Bodenfeuchte, sonst werden die Blätter rasch welk und gelb; nicht verwechseln mit *C. lactiflora*, die andere Ansprüche hat (→ Standort)

Stauden

	Name	Standort	Höhe / Wuchs	Blüte	Pflege / weitere Infos
	**Dalmatiner Glockenblume** *Campanula poscharskyana* 'Blauranke'	MK, SF	15–20 cm kriechender Wuchs; breitet sich stark aus	Juni – Juli weit geöffnete, blaue, sternförmige Blüten	Blütenstängel wachsen aus dem Blattpolster heraus und legen sich nach außen, dabei können sie schwachwüchsige Pflanzen ersticken
	Arten/Sorten: *C. portenschlagiana* 'Major' (15 cm, Juni – Aug., blauviolett)				
	**Punktierte Glockenblume** *Campanula Punctata*-Gruppe 'Elisabeth'	B 2, GR 2 (ST)	50–70 cm durch Ausläufer rasenartiger Wuchs	Juli – Aug. rosa mit weißem Schlund	kann Glockenblumen-Rost bekommen; braucht gute Nährstoffversorgung, baut sonst schnell ab
	**Flockenblume** *Centaurea hypoleuca* 'Joan Coutts'	Fr 2 (B 2)	60 cm aus einem Horst von Grundblättern treiben aufrechte Blütenstängel	Juni – Juli/Okt. rosa, am Rand gefiedert	nach dem Abblühen die Blütenstängel zurückschneiden, was zur Nachblüte im Herbst führt; Vorsicht, nicht verwechseln mit *Centaurea dealbata* 'Steenbergii', die Ausläufer treibt
	**Berg-Flockenblume** *Centaurea montana* und Sorten	GR 2	40 cm aus einem Horst von Grundblättern treiben aufrechte Blütenstängel	Mai – Juli blau, violett, rosa oder weiß	Selbstaussaat, deshalb regelmäßig Verblühtes abschneiden; Totalrückschnitt nach der Blüte; kann unter Schnecken leiden; → Abb. Sorte 'Alba'
	**Spornblume** *Centranthus ruber* 'Coccineus'	FS, SF, Mk	60–90 cm horstartiger Wuchs mit gebogenen Stängeln	Juni – Sept. leuchtend rot	schmal lanzettliche, graugrüne Blätter; sät sich sehr stark aus, deshalb Pflanzplatz mit Vorsicht wählen; ideal in Mauerfugen und auf Schotter
	Arten/Sorten: 'Alba' (70 cm, weiß)				
	**Riesen-Schuppenkopf** *Cephalaria gigantea*	Fr 1-2, GR 1-2	200–250 cm aufrechter Wuchs	Juni große, hellgelbe Einzelblüten	verlangt lehmige Böden; Vermehrung durch Aussaat oder Teilung; wächst in der Natur in Schluchten zwischen Sträuchern; als Solitärstaude oder, in größeren Flächen, kleine Gruppen pflanzen

Stauden

	Name	Standort	Höhe/Wuchs	Blüte	Pflege/weitere Infos
	**Chinesischer Bleiwurz** *Ceratostigma plumbaginoides*	☀ ◐ GR 1-2	25 cm durch Ausläufer Teppiche bildend	Aug. – Okt. azurblaue Blütchen in endständigen Köpfchen	im warmen Klima starke Ausläuferbildung, die schwache und vor allem niedrige Nachbarn verdrängen kann; gut als Unterpflanzung hoher, wüchsiger Stauden; schöne Herbstfärbung
	**Herbst-Chrysantheme** *Chrysanthemum Rubellum*-Gruppe 'Mary Stoker'	☀ Fr 2, B 2	65 cm straff aufrechter Wuchs, aber nicht immer standfest	Sept. – Nov. orangefarbene Margeritenblüten	Horste verbreitern sich durch kurze Ausläufer; stehen im Winter gern trocken; von *C. Indicum*-Gruppe viele Sorten unterschiedlicher Winterhärte
	Arten/Sorten: *C. Indicum*-Gruppe (alle Aug. – Nov., z. B. 'Mandarine' 80 cm, Sept. – Okt., ockerfarben)				
	**Japan-Silberkerze** *Cimicifuga japonica* var. *acerina*	◐ ● GR 2, G 2	80–120 cm Horst mit aufrechten Blütenstängeln	Sept. – Okt. weiße, längliche Blütenkerzen	neu: *Actaea japonica*; nicht so spektakulär wie die anderen, aber wegen ihrer Größe leichter einsetzbar
	Arten/Sorten: *C. ramosa* (neu: *A. simplex Ramosa*-Gruppe, 80–140 cm, Okt., frühfrostempfindlich, Sorten 'Atropurpurea' mit braunem Laub, 'Brunette' mit braunrotem Laub), *C. simplex* 'Armleuchter' (neu: *A. simplex* 'Armleuchter', 140 cm)				
	**Aufrechte Stauden-Waldrebe** *Clematis recta* 'Purpurea'	☀ ◐ GR 2, Fr 2	150–200 cm zunächst aufrecht wachsende Triebe, fallen ohne Halt später um	Juni – Juli weiße Trugdolden am Ende der Triebe	purpurfarbener Austrieb, wird im Lauf des Sommers olivgrün; stäben bevor die Triebe umfallen; Rückschnitt bis zum Boden im Frühjahr
	Arten/Sorten: *C. Integrifolia*-Gruppe 'Juuli' (150–200 cm, Juni – Okt., violett)				
	**Quirlblättriges Mädchenauge** *Coreopsis verticillata* und Sorten	☀ Fr 1-2	30–50 cm je nach Sorte aufrechte Stängel	Juli – Sept. hellgelbe bis goldgelbe Blütensterne	breitet sich durch kurze Ausläufer aus; sehr robust und langlebig; feinnadeliges Laub; → Abb. Sorte 'Zagreb', die 30 cm hoch wird
	**Riesenschleierkraut** *Crambe cordifolia*	☀ Fr 1-2 (B 1-2)	150–200 cm aus einem Horst mit sehr großen Grundblättern treiben sparrig verzweigte Stängel	Juli – Aug. weiß, nach Honig duftend	Standort sorgfältig auswählen (Größe!), lässt sich später nicht mehr verpflanzen; für durchlässige, aber nährstoffreiche Böden mit gutem Wasserabzug

Stauden

	Name	Standort	Höhe / Wuchs	Blüte	Pflege / weitere Infos
	**Montbretie** *Crocosmia* 'Lucifer'	☼ B 2 (Fr 2)	120 cm aus einer Knolle treiben schwertförmige Blätter	Juni – Juli scharlachrote, vielblütige Ähre	nicht sicher winterhart, ausgraben und frostfrei überwintern oder guten Winterschutz geben; für warme Standorte
	Arten/Sorten: 'George Davidson' (50 cm, Juli – Sept., gelb), *C. masoniorum* (60–80 cm, Juli – Aug., hell orangefarben bis orangerot)				
	**Frühlings-Alpenveilchen** *Cyclamen coum* ssp. *coum*	● G 1-2	10 cm Staude, die Knollen bildet und über Sommer einzieht	Feb. – März karminrot bis rosa, auch weiß (Sorte 'Album')	winterhart; blüht manchmal schon im Dezember; verträgt Sommertrockenheit; wächst auch im Wurzelfilz von Bäumen; sät sich selbst aus
	**Efeublättriges Alpenveilchen** *Cyclamen hederifolium*	● G 1-2	15 cm Staude, die Knollen bildet und über Sommer einzieht	Aug. – Sept. rosa bis rosarot, auch weiß ('Album', → Abb., 'Perlenteppich')	verträgt Sommertrockenheit; wächst auch im Wurzelfilz von Bäumen; sät sich selbst aus; für durchlässige, steinige, humose Böden
	**Rittersporn** *Delphinium* *Elatum*-Gruppe 'Tempelgong'	☼ B 2, Fr 2	170 cm aus einem Horst mit Grundblättern treiben aufrechte, hohe Stängel	Juni – Juli dunkles Blauviolett	remontiert in milden Gegenden mit langer Vegetationszeit im September nach Totalrückschnitt nach dem Abblühen; leider sehr begehrt bei Schnecken
	**Fünfblättrige Zahnwurz** *Dentaria pentaphyllos*	● G 2	30–50 cm durch kurze Ausläufer sich ausbreitend, aufrechte Stängel	April – Mai hellviolette Trauben über den Blättern	zieht im Spätsommer ein; Kalk liebend; wertvolle, langlebige Staude unter lockeren Gehölzen und am schattigen Gehölzrand; leider viel zu selten angeboten
	**Kartäuser-Nelke** *Dianthus carthusianorum*	☼ Fr 1(-2)	10–30 cm locker rasenartiger Wuchs	Juni – Sept. meist sechs purpurrote Blütenköpfchen am Ende der Stiele	schönes graugrünes Laub; als heimische Nelke sät sich die Art selbst aus; geeignet für naturhafte Gestaltungen in voller Sonne und auf trockenen Böden

Stauden

	Name	Standort	Höhe / Wuchs	Blüte	Pflege / weitere Infos
	**Diptam** *Dictamnus albus* 'Albiflorus'	☼ SH, GR 1	100 cm buschig aufrechter Wuchs	Juni – Juli weiße Blütenkolben	Laub mit Drüsen, die ätherisches Öl absondern; kann allergische Reaktionen auslösen; (junge) Pflanzen mitunter gefährdet durch Schnecken
	**Großblumiger Fingerhut** *Digitalis purpurea*	◐ GR 2 (Fr 2)	80–120 cm aus einer Blattrosette treibt der aufrechte Blütenstängel	Juni – Juli purpurrot oder weiß (Sorte 'Alba')	bevorzugt kalkarme, locker humose, gern steinige Lehmböden; Selbstaussaat; zweijährig
	Arten/Sorten: *D. grandiflora* (50–100 cm, hellgelb, bevorzugt durchlässige Lehmböden, aber auch Mull- und Moderböden, meist kalkarm, Selbstaussaat)				
	**Purpur-Sonnenhut** *Echinacea purpurea* 'Magnus'	☼ ◐ GR 2, Fr 2, B 2	80 cm aus einer Blattrosette treibt der aufrechte Blütenstängel	Juli – Sept. hellviolett mit brauner Mitte	Selbstaussaat möglich; leider nicht immer sehr langlebig; zur Blütezeitverlängerung verblühte Einzelblüten und Triebe regelmäßig ausschneiden
	Arten/Sorten: 'White Swan' (Juli – Sept., weiß)				
	**Banater Kugeldistel** *Echinops banaticus* 'Taplow Blue'	☼ Fr 1-2 (SH, B 1-2)	140 cm durch kurze Ausläufer sich ausbreitend, aufrechte Stängel	Juli – Aug. einzelne, stahlblaue Blüten in einer Kugel	nicht immer sicher standfest; als Arten von Steppen, Ödländer und sonniger Hänge wollen Kugeldisteln sonnig und trocken stehen
	Arten/Sorten: 'Arctic Glow' (grauweiß, im Handel als *E. sphaerocephalus* 'Arctic Glow')				
	**Großblütige Elfenblume** *Epimedium grandiflorum* 'Lilafee'	◐ GR 2, G 2	30 cm horstartiger Wuchs	April – Mai violette, langgespornte Blüten	relativ schwach wachsende Elfenblume; Verbesserung der Sorte 'Rose Queen'
	Arten/Sorten: *E. youngianum* 'Niveum' (25 cm, weiß) und 'Roseum' (rosa), *E. × versicolor* 'Sulphureum' (30 cm, schwefelgelb, sommergrün mit brauner Herbstfärbung, mäßig stark wachsend)				
	**Elfenblume** *Epimedium × perralchicum* 'Frohnleiten'	◐ GR (1-)2, G (1-)2	30 cm durch kurze Ausläufer bilden sich ausbreitende Blattteppiche	April – Mai leuchtend gelb in lockeren Rispen	dunkelgrün glänzendes Laub; wintergrün; starkwüchsige Elfenblume, deshalb nur mit hohen und starker Nachbarn pflanzen; erst kurz vor dem Neuaustrieb zurückschneiden

Stauden

	Name	Standort	Höhe / Wuchs	Blüte	Pflege / weitere Infos
	**Mandel-Wolfsmilch** *Euphorbia amygdaloides* 'Purpurea'	GR 2, G 2	40 cm horstartiger, buschiger Wuchs	April – Juni grünlich gelb	Laub purpurbraun; wintergrün; nicht sicher winterhart; erhält sich durch Selbstaussaat; für kalkhaltige Lehmböden; enthält giftigen Milchsaft
	Arten/Sorten: *E. dulcis* ssp. *purpurata* 'Chameleon' (40 cm, April – Juni, grünlich gelb)				
	**Mittelmeer-Wolfsmilch** *Euphorbia characias* ssp. *wulfenii*	FS, SH	120 cm buschiger, aufrechter Wuchs	Mai – Juni hellgelbe Trugdolden, Hochblätter gefärbt	Pflanze graugrün, immergrün; nicht überall winterhart; für geschützte Standorte, z. B. an Hauswänder; sät sich selbst aus; enthält giftigen Milchsaft
	**Vielfarbige Wolfsmilch** *Euphorbia epithymoides* 'Candy' (= *E. polychroma* 'Candy', 'Purpurea')	ST/M/FS (GR 1-2)	40 cm kissenartiger Wuchs	April – Juni chromgelbe Blütenstände; erscheinen schon beim Austrieb	rotbrauner Austrieb; sät sich mitunter recht stark selbst aus; nicht auf allen Standorten gut gedeihend, dann kurzlebig; im Handel meist noch unter dem alten Namen *E. polychroma*; enthält giftigen Milchsaft
	**Bronzefenchel** *Foeniculum vulgare* 'Red Form' (= 'Atropurpureum')	FR 2	150 cm straff aufrechter Wuchs, wenig verzweigt	Juli – Aug. gelbgrüner, duftiger Blütenstand	zartes, feingliedriges Laub, bronzefarben; standfest; Selbstaussaat, die in warmen Klimaten sogar lästig werden kann; nicht überall winterhart
	**Waldmeister** *Galium odoratum*	G 2	20 cm durch Ausläufer Teppiche bildend	Mai – Juni kleine, weiße Sternchenblüten	breitet sich durch Ausläufer kräftig aus; kann schwache Nachbarn verdrängen; Pflanze aromatisch; alter Name *Asperula odorata*
	**Präriekerze** *Gaura lindheimeri* 'Whirling Butterflies'	SH, FS, Fr 1	90–100 cm aus rosettenartigen Blatthorsten treiben überhängende Stängel	Juli – Okt. leuchtend rosa-weiß	nicht sehr winterhart, deshalb oft kurzlebig; erhält sich durch Selbstaussaat; braucht durchlässige, gern steinige Böden
	Arten/Sorten: 'Siskiyou' (60–70 cm, pink)				

Stauden

Name	Standort	Höhe / Wuchs	Blüte	Pflege / weitere Infos
Herbst-Enzian *Gentiana sinoornata* 'Eugens Bester'	☼ A (ST)	10–15 cm kriechender, teppichartiger Wuchs mit niederliegend aufsteigenden Trieben	Sept. – Nov. große, reinblaue Trichterblüten	liebt einen frischen, kalkfreien, sauren, lehmigen Boden; die Blüten werden mitunter von kleinen Nacktschnecken zerstört
Kleiner Felsen-Storchschnabel *Geranium × cantabrigiense* 'Biokovo'	☼ ◑ Fr 2, GR 2	25 cm kriechender, teppichartiger Wuchs	Mai – Juni weiß mit rosa Staubgefäßen	immergrün; stark wachsend, bei Bedarf zurückdrängen; die Wuchskraft wird oftmals unterschätzt; wird krank auf feuchten und nährstoffreichen Böden
Zierlicher Storchschnabel *Geranium Gracile*-Gruppe 'Sirak'	☼ ◑ GR 2-3 (Fr 2-3)	50 cm aufrechte bis überhängende Stängel	Juni – Juli, remontiert im Sept. Blüte hellviolett	bildet einen dichten Blatthorst, der den Boden zuverlässig schließt; nach dem Abblühen Blütenstängel herausschneiden
Arten/Sorten: *G. maculatum* 'Espresso' (Juni – Aug., rosa, Laub kaffeebraun, braucht frisch-feuchte, humose, gehaltvolle Böden)				
Himalaja-Storchschnabel *Geranium himalayense* 'Gravetye'	☼ ◑ Fr 2-3, GR 2-3	30–50 cm durch kriechende Rhizome Teppiche bildend	Mai – Juni/Aug. blauviolette Schalenblüten	wenig verdrängend; nach dem Abblühen Blütenstängel herausschneiden; gut im lichten Gehölzrand, unter Rosen und im Beet unter hohen Stauden
Arten/Sorten: 'Baby Blue' (30 cm, blau, über dem Laub blühend)				
Prächtiger Storchschnabel *Geranium × magnificum*	☼ ◑ Fr 1-2, GR 1-2	50 cm aufrechte bis überhängende Stängel, dichter Blatthorst	Mai – Juni große, blauviolette Schalenblüten	orangerote Herbstfärbung; nach dem Abblühen Blütenstängel herausschneiden
Arten/Sorten: 'Rosemoor' (35 cm, blauviolett, kompakter und niedriger als die Art, remontiert, → Abb.), *G. ibericum* 'Vital' (50 cm, Juni, blauviolett, sehr wüchsig)				
Gewöhlicher Wiesen-Storchschnabel *Geranium Pratense*-Gruppe 'Brookside'	☼ Fr 2-3, B 2-3	50–100 cm aufrechte bis überhängende Stängel aus einem dichten Horst von Grundblättern	Juni – Aug. blauviolette Schalenblüten	nach dem Abblühen komplett zurückschneiden bis 10 cm über dem Boden; nach dem Rückschnitt remontierend

Stauden

	Name	Standort	Höhe / Wuchs	Blüte	Pflege / weitere Infos
	**Storchschnabel** *Geranium Procurrens-Gruppe* 'Ann Folkard'	☼ M, GR 2, B 2	30–60 cm Horst von Grundblättern, aufsteigende Stängel	Juli – Sept. violett mit schwarzem Auge und purpurner Aderung	Laub hellgelb austreibend, später gelbgrün; nach dem Abblühen Blütenstängel herausschneiden; für halbschattige, kühle Plätze
	Arten/Sorten: *G. Wallichianum*-Gruppe 'Blue Sunrise' (30–60 cm, Juli – Sept., blau, Austrieb orange)				
	**Armenischer Wiesen-Storchschnabel** *Geranium psilostemon* 'Ivan'	☼ ◐ Fr 2-3, GR 2-3, B 2-3	60–80 cm aufrechte bis überhängende Stängel aus einem dichten Horst von Grundblättern	Juni – Aug. kräftig magentarot mit schwarzem Auge	nach dem Abblühen Blütenstängel herausschneiden; benötigt gleichmäßig feuchte, nährstoffreiche Böden; nur in wintermilden Lagen
	**Kaukasus-Storchschnabel** *Geranium renardii*	☼ ST/FS, Fr 1	25–30 cm aufrechte bis überhängende Stängel aus einem Blatthorst	Mai – Juni weiß mit lila Aderung	nach dem Abblühen Blütenstängel herausschneiden; wirkt auch ohne Blüten durch das kreppartige Laub
	Arten/Sorten: 'Philippe Vapelle' (40 cm, Juni – Juli, hellblau, → Abb.), 'Terre Franche' (45 cm, blau)				
	**Blut-Storchschnabel** *Geranium sanguineum* in Sorten	☼ GR 1 (SH, ST/M/FS)	10–30 cm je nach Sorte dicke, fleischige Rhizome, bildet Kissen	Mai – Juli/Sept. purpurn bis magentarot	orangerote oder gelbe Herbstfärbung; nach dem Abblühen Blütenstängel herausschneiden
	Arten/Sorten: *G. sanguineum* var. *striatum* (30 cm, Juni – Aug., rosa), *G. Sanguineum*-Hybride 'Tiny Monster' (50 cm, Juni – Aug., rotviolett, auf lehmigen Böden sehr guter Bodendecker, wird sehr breit, → Abb.)				
	**Nelkenwurz** *Geum × cultorum* 'Georgenberg'	◐ GR 2 (B 2, Fr 2)	25 cm aufrechte Stängel aus einem dichten Horst von Grundblättern	Mai – Juni leuchtend orangegelb	nach dem Abblühen Blütenstängel herausschneiden; gut zur Unterpflanzung hoher Stauden
	Arten/Sorten: *G. × cultorum* 'Leonardii' (35 cm, orangebraun, einfach gefüllt)				
	**Dreiblattspiere** *Gillenia trifoliata*	◐ ● GR 2, G 2	70–120 cm aufrechter, buschiger Wuchs	Juni – Juli weiß in endständigen, lockeren Rispen	dunkle Stiele und Stängel; starke Herbstfärbung in leuchtendem Orange; wenn Standort zu dunkel und zu feucht, dann nicht standfest

Stauden

	Name	Standort	Höhe / Wuchs	Blüte	Pflege / weitere Infos
	**Tatarische Statice** *Goniolimon tataricum*	☼ Fr 1-2	30 cm aus einem rosettenartigen Blatthorst treiben straußartige Stängel	Juli – Aug. rubinrot in weißem Kelch	Blütenstängel eignen sich als Trockenblumen; die Art wächst in Steppen, trockenem Grasland und in steinigen Hängen, entsprechend sollte sie im Garten verwendet werden
	**Kriechendes Schleierkraut** *Gypsophila Repens*-Gruppe 'Rosenschleier'	☼ ST/MFS	30–40 cm kissenförmiger Wuchs	Juni – Okt. (nach wiederholtem Rückschnitt) dunkelrosa	bevorzugt einen durchlässigen, steinigen, aber nicht zu trockenen Boden; einmal eingewachsen nicht mehr verpflanzbar wegen Pfahlwurzel
	**Sonnenbraut** *Helenium* in Sorten	☼ B 2-3, Fr 2-3	70–160 cm je nach Sorte, aufrechter Wuchs	Juni – Sept. gelb bis braunrot	auch zweifarbige Blüten; empfindlich gegen Bodentrockenheit
	Arten/Sorten: 'Kupferzwerg' (90–110 cm, Juli – Aug., braunrot), 'Moerheim Beauty' (90–110 cm, Juni – Aug., kupferrot), 'Rauchtopas' (130–160 cm, Juli – Aug., gelb, unterseits braunrot), 'Rubinzwerg' (80–100 cm, Juli – Aug., weinrot), 'Waltraud' (80–100 cm, Juni – Aug., orangegelb), 'Zimbelstern' (120–160 cm, Juli – Aug., gelb, →Abb.)				
	**Kleine Wald-Sonnenblume** *Helianthus microcephalus* und Sorten	☼ ◑ GR 2-3, G 2-3, B 2-3	140–200 cm buschig aufrechter Wuchs	Aug. – Sept. gelb oder zitronengelb bei der Sorte 'Lemon Queen'	treibt kurze Ausläufer, aber wandert nicht; Stängel dunkel gefärbt (bei 'Lemon Queen' grün); Triebe bis unten belaubt; vereinzelt Selbstaussaat
	**Christrose** *Helleborus niger*	◑ GR 2, G 2	20–30 cm locker horstig	Jan. – April weiße Schalenblüten, gelbe Staubgefäße	Selbstaussaat ist möglich; verlangt durchlässige, kalkhaltige Lehmböden; versagt auf dichten und tonigen Böden
	Arten/Sorten: *H. × nigercors* (30–50 cm, März – April, blassgrün, Laub wintergrün)				

TAGLILIE · *HEMEROCALLIS*

Die meisten Taglilien, die es in vielen Sorten gibt, sind sehr robust. Sie gedeihen auf verschiedenen, immer aber nährstoffreichen, frischen bis feuchten Böden in sonniger Lage. Aus einem Horst bogig überhängender, grasartiger Blätter (20–60 cm hoch) treiben mehr oder weniger aufrechte Blütenstängel (35–160 cm hoch). Die frühen Taglilien blühen bereits Ende Mai, die späten noch im September. Die Blütenfarben bewegen sich von verschiedenen Gelbtönen über Orange bis zu diversen Rottönen, auch bis Rosa oder Violett. Mittlerweile wurden auch fast weiße Sorten gezüchtet. Es wird unterschieden in miniaturblütige, kleinblütige und großblütige Sorten.

Stauden

Name	Standort	Höhe / Wuchs	Blüte	Pflege / weitere Infos
Miniaturblütige Taglilie *Hemerocallis* 'Little Grapette'	Fr 2-3, B 2-3	50 cm grasartige Blätter, aufrechte Blütenstängel	Mai – Juli samtig bordeauxrot mit dunklerer Zone	abgeblühte Blütenstängel herausschneiden; Horste können sehr alt werden; Vermehrung durch Teilung; verdichtete Blütenknospen durch Gallmückenbefall entfernen
Arten/Sorten: 'Jest' (60–80 cm, Aug. – Sept., zitronengelb mit grünem Schlund)				
Kleinblütige Taglilie *Hemerocallis* 'Green Flutter'	Fr 2-3, B 2-3	50–70 cm grasartige Blätter, aufrechte Blütenstängel	Juli – Aug. grünes Kanariengelb, grüner Schlund	abgeblühte Blütenstängel ausschneiden; vermehren durch Teilung
Arten/Sorten: 'Luxury Lace' (70 cm, Juli – Aug., rosa), 'Stella de Oro' (30 cm, Mai – Aug., gelb), 'Tinkerbell' (60 cm, Mai – Juni, orangegelb), 'Todd Monroe' (50 cm, Juni – Juli, aprikot)				
Großblütige Taglilie *Hemerocallis* 'Neyron Rose'	Fr 2-3, B 2-3	70 cm grasartige Blätter, aufrechte Blütenstängel	Juni – Juli himbeer- bis rosenrosa mit hellem Nerv	abgeblühte Blütenstängel ausschneiden; vermehren durch Teilung
Arten/Sorten: 'American Revolution' (70 cm, Juli – Aug., dunkelrot), 'Crimson Glory' (100 cm, Mai – Juni, dunkelrot), 'Crimson Pirate' (70 cm, Juli, rot), 'Gentle Shepherd' (75 cm, weiß), 'Icecap' (80 cm, Juli – Aug., hellgelb)				
Siebenbürger Leberblümchen *Hepatica transsylvanica* und Sorten	G 2 (GR 2)	10–15 cm horstartiger Wuchs	März – April hellblau oder weiß (Sorte 'Alba')	in milden Lagen auch früher blühend, jedoch meist vor unserem heimischen Leberblümchen (*Hepatica nobilis*); geringe Selbstaussaat

PURPURGLÖCKCHEN · *HEUCHERA*

Heuchera bevorzugen frischen, nährstoffreichen, humosen, neutralen Boden, nicht zu sandig oder tonig. Sie bilden ein kurzes gedrungenes Rhizom, an dem die Blätter entspringen und das oft aus dem Boden herauswächst. In kalten, schneelosen Gegenden empfiehlt sich ein Winterschutz (Koniferenreisig oder Laub). Längere Trockenperioden vertragen sie schlecht. Das Laub ist meist wintergrün und wirkt das ganze Jahr über, besonders aber nach dem Neuaustrieb im Frühjahr. Es gibt zwei Gruppen: die blattzierenden und die dekorativen, reich blühenden (einige wenige Sorten bieten beides). Je nach Sorte gibt es Unterschiede bezüglich Wüchsigkeit, Dauerhaftigkeit und Gesundheit.

Name	Standort	Höhe / Wuchs	Blüte	Pflege / weitere Infos
Purpurglöckchen (grünlaubig) *Heuchera* × *brizoides* 'Ricard'	GR 2 (Fr 2, ST)	15–50 cm Rhizom, an dem die Blätter entspringen	Juni – Aug. leuchtend scharlachrot	Blütenstängel nach dem Abblühen herausschneiden; 'Ricard' ist eine der besten Sorten von *H.* × *brizoides*, die anderen sind weniger wüchsig

Stauden

	Name	Standort	Höhe / Wuchs	Blüte	Pflege / weitere Infos
	**Purpurglöckchen (rotlaubig)** *Heuchera*	☼ ◐ GR 2, (Fr 2)	20–80 cm Rhizom, an dem die Blätter entspringen	Juni – Juli weißlich, klein, unbedeutend	Laub purpurn über braunrot bis dunkelviolett gefärbt, einige Sorten silbrig schimmernd
	Arten/Sorten: 'Cascade Dawn' (Laub braunrot mit Silber), 'Chocolate Ruffles' (Laub schokoladenbraun/purpurn), 'Plum Pudding' (Laub schwarzrot, → Abb.), 'Regina' (Laub purpurbraun mit Silber), 'Stormy Seas' (Laub dunkelviolett mit Silber), *H. micrantha* 'Palace Purple' (Laub bronzerot), *H. micrantha* 'Rachel' (Laub rot)				
	**× Heucherella** (*Heuchera* × *Tiarella*) × *Heucherella alba* 'Quicksilver'	◐ GR 2, (Fr 2)	15–30 cm Rhizom, an dem die Blätter entspringen	Mai – Juli kleine weiße Blüten an langen Rispen	Laub auffällig silbrig gemustert; sehr zierende Sorte; nach dem Abblühen Blütenstängel herausschneiden

FUNKIE · *HOSTA*

Das Angebot reicht von schwachwüchsigen Zwergen (kaum 15 cm hoch) bis zu Riesen (70 cm Laubhöhe, bis über 100 cm Breite). *Hosta* sind vor allem Blattschmuckstauden. Die Blätter variieren von schmal lanzettlich bis breit herzförmig in den verschiedensten Farbtönen, von grün und gelb über blaugrau bis hin zu weiß, blau und gemustert. Die Blüten sind oft eher „Beiwerk". Sie lieben gehaltvolle, humose, lehmige Böden in Halbschatten bis Schatten. Die Sonnenverträglichkeit ist von Sorte zu Sorte verschieden, blaulaubige sind meist empfindlicher als gelblaubige. Leider sind Funkien auch bei Schnecken sehr beliebt, besonders weichlaubige Sorten leiden oft unter Schneckenfraß.

	Name	Standort	Höhe / Wuchs	Blüte	Pflege / weitere Infos
	**Funkie** *Hosta* 'Queen Josephine'	◐ ● G 2, GR 2, B 2	30–45 cm dichter Blatthorst	Aug. – Sept. violett	Laub panaschiert (dunkelgrün mit gelbem Rand), glänzend; abgeblühte Blütenstängel herausschneiden
	Arten/Sorten: 'Lemon Lime' (Laub gelbgrün), *H. Nakaiana*-Gruppe 'Golden Scepter' (Laub gelb, schmal), 'Purple and Gold' (Laub gelb)				
	**Blaublättrige Funkie** *Hosta* 'Halcyon'	◐ ● G 2, GR 2, B 2	20–55 cm dichter Blatthorst	Juli – Aug. hellviolett	Laub blaugrün, etwas glänzend; abgeblühte Blütenstängel herausschneiden
	Arten/Sorten: 'Blue Wedgewood' (40 cm, Laub blaugrün), 'Fragrant Blue' (35 cm, Juni – Juli, lavendellila, duftend, Laub blaugrün), 'Grünfink' (30 cm, Juni – Juli, lila, Laub grün), 'High Kicker' (55 cm, Aug. – Sept., lavendellila, Laub graugrün), 'Krossa Regal' (130 cm, Juni – Juli, lavendellila, Laub blaugrau)				
	**Schwertblättriger Alant** *Inula ensifolia* 'Compacta'	☼ SH (Fr 1)	25 cm dicht büscheliger Wuchs	Juli – Aug. goldgelbe Einzelblüten	bevorzugt eher magere, kalkhaltige Lehmböden und verträgt recht viel Bodentrockenheit; Selbstaussaat möglich; blüht recht üppig

Name	Standort	Höhe / Wuchs	Blüte	Pflege / weitere Infos

SCHWERTLILIE, BARTIRIS · *IRIS*

Es handelt sich um Stauden mit einem kriechenden, waagerecht an der Bodenoberfläche liegenden Rhizom und schwertähnlichen, mehr oder weniger aufrechten und blaugrünen Blättern. Die Blütenstängel werden nach dem Verblühen herausgeschnitten. Die beste Zeit zum Pflanzen und Verpflanzen ist der August, also die Zeit, bevor die Rhizome neue Wurzeln treiben. Bartiris werden in drei Gruppen unterteilt, die sich in der Blütezeit und der Wuchshöhe unterscheiden: niedrige, mittelhohe und hohe Bartiris. Die niedrigen blühen meist im April und Mai, die mittleren im Mai und die hohen im Mai und Juni. In regenreichen Gebieten werden die Blätter häufig von einer Pilzkrankheit befallen.

Name	Standort	Höhe / Wuchs	Blüte	Pflege / weitere Infos
 **Hohe Schwertlilie** *Iris Barbata-Elatior*-Gruppe 'Andalou'	B 1, Fr 1	60–120 cm schwertförmige Blätter aus waagerecht kriechendem Rhizom	Mai – Juni Dom leuchtend gelb, Hängeblätter samtig braunrot	Blüten mittelgroß, erscheinen sehr zahlreich; Blütenstängel nach dem Verblühen herausschneiden
Arten/Sorten: *I. Barbata-Nana*-Gruppe 'Silberschein' (15–30 cm, April – Mai, sanftes Gelb)				
 **Bleichhäutige Schwertlilie** *Iris pallida* und Sorten	SH, ST/M/FS, Fr 1	90–100 cm schwertförmige Blätter, waagerecht kriechendes Rhizom	Mai hell lavendelfarben	Blütenstängel nach dem Verblühen herausschneiden; Sorten sind für den Lebensbereich Beet (B) geeignet
Arten/Sorten: *I. germanica* (50–80 cm, Mai – Juni, violettblaue Töne, keine Art, sondern sehr alte Bastardform, die in verschiedenen Spielarten weit verbreitet ist)				
 **Sibirische Wiesen-Iris** *Iris sibirica* und Sorten	B 3 (kleinblumige Fr 3)	40–90 cm lockerer Horst aus schilfartigen Blättern	Mai – Juni Blautöne, weiß, rosa	bevorzugt leicht sauren Boden; verträgt im Frühjahr auch mäßige Nässe (für wechselfeuchte Wiesen), sonst im frisch-feuchten Gartenboden
Arten/Sorten: Kleinblumige Iris 'My Love' (100 cm, kräftig hellblau mit feiner Zeichnung, → Abb.), Großblumige Iris 'Chilled Wine' (60 cm, weinrot mit Tigerzeichnung)				
 **Schönaster** *Kalimeris incisa* und Sorten	GR 2, Fr 2	60–80 cm straff aufrechter, buschiger Wuchs	Juli – Aug. weiße oder hellblaue Randblüten mit gelber Mitte	darf weder zu trocken (führt zu absterbenden Blättern), noch zu feucht stehen (Standfestigkeit geht verloren); Sorte 'Blue Star' mit hellblauen Blüten
 **Wachsglocke** *Kirengeshoma palmata*	GR 2-3 (G 2-3)	70–100 cm dichter, horstartiger Wuchs mit schräg aufsteigenden Stängeln	Aug. – Sept. hellgelbe, hängende Trichterblüten	Spätfröste können den jungen Austrieb zerstören; leidet bei Trockenheit; auf Schnecken achten, besonders im Austriebsstadium

Stauden

	Name	Standort	Höhe / Wuchs	Blüte	Pflege / weitere Infos
	**Mazedonische Witwenblume** *Knautia macedonica*	Fr 2, GR 2	80 cm locker horstartiger Wuchs	Juni – Sept. in Kultur meist dunkel braunrot, in der Natur auch rosa	Dauerblüher; reichlich Selbstaussaat, die in Beeten und architektonischen Anlagen unangenehm sein kann, daher mehr für naturhafte Gärten
	**Fackellilie** *Kniphofia* in Sorten	B 2, Fr 2	40–120 cm je nach Sorte grasartige Blatthorste, aufrechte Blütenstängel	Juli – Sept. je nach Sorte von gelb, orange bis rot, auch weiß	empfindlich gegen Winternässe, will aber während der Vegetationszeit nicht trocken stehen; Sorten verschieden winterhart
	Arten/Sorten: 'Little Maid' (50 cm, Aug. – Sept., cremegelb, → Abb.)				
	**Gefleckte Taubnessel** *Lamium maculatum* und Sorten	GR 2-3 (G 2-3)	10–20 cm teppichartig, niederliegende, kriechende Stängel	Mai – Juni je nach Sorte rosa bis purpurn, weiß	Laub ganz oder teilweise silbrig; mag nährstoffreiche, lockere Ton- und Lehmböden; bei Stickstoffmangel oft kurzlebig
	Arten/Sorten: 'White Nancy' (weiß), *L. orvala* (40–60 cm, purpurn, Austrieb purpurbraun, Selbstaussaat, → Abb.), *L. orvala* 'Album' (weiß)				
	**Strauchpappel** *Lavatera Olbic*-Gruppe 'Barnsley'	Fr 2, B 2	150–200 cm weichtriebige, am Grund verholzende Staude	Juni – Okt. weißlich rosa mit rotem Auge	für wintermilde Lagen; Überwinterung junger Pflanzen ist möglich, wird aber mit zunehmender Größe immer schwieriger; lässt sich leicht aus Stecklingen nachziehen
	**Oktober-Wucherblume** *Leucanthemella serotina* 'Herbststern'	Fr 2-3	120–150 cm straff aufrechter Wuchs	Sept. – Okt. große, weiße Blüten mit gelber Mitte	der Frühlings- und Sommermargerite ähnelnde Blüten auf hohen Stielen; auch für Teich- und Flussufer sowie im normalen Gartenboden, wenn er lehmig bis tonig ist
	**Purpur-Leinkraut** *Linaria purpurea* 'Canon J. Went'	Fr 1-2, SH	50–80 cm straff aufrechter Wuchs	Juni – Sept. zahlreiche, hellrosa Blütentrauben	Dauerblüher; sät sich selbst aus ohne lästig zu werden; blaugrüne, linealische Blätter und Stiele; wandert durch unterirdische Ausläufer umher

Stauden

	Name	Standort	Höhe / Wuchs	Blüte	Pflege / weitere Infos
	**Stauden-Lein** *Linum perenne* ssp. *perenne*	☼ SH, ST, FS, Fr 1	30–70 cm niederliegend, aber aufstrebende oder aufrechte Triebe	Juni – Aug. himmelblaue, nur kurz haltbare Blüten	für magere, durchlässige, auch steinige Böden; nicht sehr langlebig, erhält sich aber durch Selbstaussaat; wird leicht von stärkeren Nachbarn verdrängt
	**Lilienrasen** *Liriope muscari*	◑ ● G 2, GR 2	30 cm immergrüne, grasartige Blatthorste	Aug. – Okt. blauviolett, in ährigen Rispen	bevorzugt einen nährstoffreichen, leicht sauren, humosen Boden, auch sommertrocken, wenn eingewachsen; Sorte 'Ingwersen' ist der bislang härteste Klon; ganzjährig dekorativ
	**Glänzende Lobelie** *Lobelia splendens*	☼ B 3	85 cm straff aufrechter Wuchs	Juli – Sept. scharlachrote Lippenblüten	durch dunkelgrünes bis purpurnes Laub sehr auffällig; liebt feuchten Boden; nur mäßig winterhart, braucht unbedingt Schutz durch Laubschüttung; Sorte 'Elmfeuer' etwas dunkler belaubt
	**Filzige Kronen-Lichtnelke** *Lychnis coronaria* 'Alba'	☼ SH	60–90 cm buschiger Wuchs mit aufrechten Stängeln	Juni – Aug. weiße, große Blüten an langen Stielen	meist nur 2- bis 3-jährig, erhält sich aber durch reiche Selbstaussaat; Laub stark silbrig behaart; etwas nässeempfindlich
	**Indianernessel** *Monarda* *Didyma*-Gruppe 'Cambridge Scarlet'	☼ B 2-3, Fr 2-3	100–120 cm lockerhorstiger Wuchs mit aufrechten Trieben	Juni – Aug. scharlachrote Blüten in endständigen Quirlen	die Sorten sind verschieden anfällig für Mehltau, besonders bei zu trockenem Stand, wobei reinrote Sorten mehr Bodenfeuchte benötigen als violette oder rosafarbene
	Arten/Sorten: 'Fireball' (40–60 cm, Juli – Aug., leuchtend rot), 'Squaw' (100 cm, Juni – Juli, rot)				
	**Katzenminze** *Nepeta × faassenii*, *Nepeta racemosa* und Sorten	☼ ST/M/FS, SH (MK/SF)	25–60 cm niedrig lagernder oder mehr aufrechter Wuchs	Mai – Sept. blaue Töne; Blüten in endständigen Ähren	graulaubig; Selbstaussaat; Rückschnitt fördert die Nachblüte; Sorten von *N. × faassenii* nun zu *N. racemosa*
	Arten/Sorten: 'Grog' (30 cm, Juni – Sept., purpurviolett), 'Snowflake' (25 cm, Juni – Sept., weiß), 'Walker's Low' (60 cm, Juni – Sept., blau, → Abb.)				

Stauden

	Name	Standort	Höhe / Wuchs	Blüte	Pflege / weitere Infos
	**Großblütige Katzenminze** *Nepeta grandiflora* 'Dawn to Dusk'	GR 2, Fr 2	60–80 cm mehr oder weniger aufrechte Stängel aus kriechendem Wurzelstock	Juni – Aug. weißlich rosa Lippenblüten	Rückschnitt nach der Hauptblüte fördert das Remontieren; nicht immer ganz standfest; auch für frische, nährstoffreiche Böden geeignet
	**Strauchige Nachtkerze** *Oenothera fruticosa* var. *glauca* (= *O. tetragona*) 'Fyrverkeri'	Fr 2 (B 2)	50 cm aufrechter, horstartiger Wuchs	Juni – Aug. gelbe Schalenblüten, Knospen rot, duftend	die Blüten öffnen sich in der Abenddämmerung und verblühen im Lauf des Tages; nach dem ersten Flor um die Hälfte zurückschneiden
	**Kappadokisches Gedenkemein** *Omphalodes cappadocica* 'Cherry Ingram'	ST, Fr 2	10–15 cm durch kurze Ausläufer Kissen bildend	April – Mai klares, leuchtendes Blau	an Vergissmeinnicht erinnernde Pflanze mit mattgrünem Laub; langsam wachsender Bodendecker; nicht geeignet für kalte, raue Lagen
	**Wald-Gedenkemein** *Omphalodes verna*	G 2-3	10–20 cm durch Ausläufer Teppiche bildend	März – Mai himmelblau mit weißer Mitte	frühjahrsfeucht; durch Ausläufer sich kräftig ausbreitend, kann schwache Nachbarn verdrängen; verträgt verschiedene Böden
	**Schlangenbart** *Ophiopogon planiscapus* 'Nigrescens'	G 2	10–20 cm durch unterirdische Ausläufer Rasen bildend	Juni – Aug. weiß, in rispigen Trauben	zahlreiche blau-schwarze Früchte; Laub fast schwarz, immergrün; bildet einen starken Kontrast zu hellgrünen oder panaschierten Nachbarn
	**Wilder Dost** *Origanum vulgare* ssp. *hirtum*	SH, Fr 1-2	30–50 cm niedriger Blatttepich mit aufrechten Stängeln	Juli – Sept. weiße Lippenblüten in Quirlen, duftend	kriechende Triebe; Selbstaussaat; in rauen Lagen etwas winterempfindlich; Vermehrung durch Teilung
	Arten/Sorten: *O. Laevigatum*-Gruppe 'Herrenhausen' (40 cm, purpurviolett), *O. vulgare* 'Compactum' (20 cm, lilarosa)				

Stauden

	Name	Standort	Höhe / Wuchs	Blüte	Pflege / weitere Infos
	**Pfingstrose** *Paeonia mlokosewitschii*	☼ Fr 2, B 2	50–70 cm breit horstartiger Wuchs	Mai – Juni hellgelbe große Blüten	schönes Laub mit bläulich grünen Blättern; Nerven und Rand zuweilen rot; nicht zu tief pflanzen; Triebknospen müssen an der Erdoberfläche sein
	**Türkenmohn** *Papaver orientale* 'Karine'	☼ Fr 1-2, B 1-2	60 cm horstartiger Wuchs mit einzelnen, straff aufrechten Blütenstielen	Mai – Juni rosa mit samtrotem Basisfleck	zieht im Sommer ein, deshalb hinter spät treibende Stauden pflanzen; Teilung und Verpflanzung nur im Herbst
	Arten/Sorten: 'Big Jim' (80 cm, dunkelrot, schwarzer Basisfleck), 'Black and White' (80 cm, weiß, schwarzer Basisfleck)				
	**Brandkraut** *Phlomis russeliana*	☼ ◐ FS, ST, GR 1-2	60–100 cm wintergrüne, filzige Blätter, aus denen straff aufrechte Blütenstängel wachsen	Juni – Juli gelber, quirlartiger Blütenstand	breitet sich stark durch Selbstaussaat aus; kann schwache Nachbarn verdrängen; ansprechende Winterzierde der verblühten Blütenstiele
	**Wald-Phlox** *Phlox divaricata* 'Clouds of Parfume'	◐ GR 2	10–25 cm kriechender Wuchs mit aufsteigenden Stängeln	Mai – Juni blaue Blütendolden, duftend	Rückschnitt der Blütenstängel nach dem Verblühen bis knapp über dem Boden; wenn im Sommer zu feucht, dann schneckengefährdet
	Arten/Sorten: 'Dirigo Ice' (April – Juni, weiß, blau getönt), *P. glaberrima* ssp. *triflora* 'Bill Baker' (50 cm, Juni – Juli, rosa)				
	**Hoher Phlox, Flammenblume** *Phlox paniculata* und Sorten	☼ ◐ B 2, GR 2, Fr 2-3	70–150 cm je nach Sorte horstig, aufrechter Wuchs	Juni – Sept. je nach Sorte viele Farben, zweifarbig, manche duftend	am Gehölzrand oft gesünder; bevorzugt mineralstoffreiche Böden; Vermehrung durch Teilung und Wurzelschnittlinge (gut gegen Stängelählchen); → Abb. Sorte 'Düsterlohe'
	**Polster-Phlox** *Phlox subulata* 'Candy Stripes'	☼ ST/FS, MK	10–15 cm Polster bildend	April – Mai weiß-rosa gestreift	nach der Blüte auf etwa zwei Drittel der ursprünglichen Höhe zurückschneiden; gut auf sandigen, steinigen Böden
	Arten/Sorten: 'G. F. Wilson' (10 cm, Mai, schieferblau)				

Stauden

	Name	Standort	Höhe / Wuchs	Blüte	Pflege / weitere Infos
	**Ballonblume** *Platycodon grandiflorum*	☼ Fr 2, B 2	50 cm aus einem fleischigen Wurzelstock wachsen aufrechte, nicht immer standfeste Stängel	Juli – Aug. violettblaue, flache Glocken am Ende der Stängel	gelbe Herbstfärbung; der späte, violettbraune Austrieb wird gerne übersehen und beim Pflegen zerstört; Sorte 'Mariesii' ist sehr reichblütig und bleibt etwas niedriger
	**Jakobsleiter** *Polemonium Pulcherrimum*-Gruppe 'Blue Pearl' (= *P. reptans* 'Blue Pearl')	◑ GR 2-3, G 2-3	bis 40 cm abstehende, verzweigte Blütenstängel aus dichtem Laubhorst	April – Mai lavendelblau, glockenförmig	nach dem Abblühen Blütenstängel komplett zurückschneiden; *P. Reptans*-Gruppe 'Lambrook Mauve' blüht etwas später in Violett und wird etwa 50 cm hoch
	**Frühlings-Primel** *Primula Pruhonicensis*-Gruppe in Sorten	◑ ● GR 2-3, G 2-3	10–25 cm kriechend bis rasenartig	März – April je nach Sorte hellgelb bis gelb, weiß, blau bis violett und rosa	Laub rundlich, glänzend, bei manchen Sorten auch bräunlich gefärbt; es gibt 2 Gruppen: die eine mit Dolde auf kurzem Stängel, die andere mit kurzgestielter Einzelblüte, z. B. Sorte 'Wanda' (→ Abb.)
	**Stengellose Primel** *Primula vulgaris* ssp. *vulgaris*	◑ GR 2-3 (Fr 2-3)	10–15 cm kissenartiger Wuchs	Feb. – April hellgelb, duftend	bekannter Vorfrühlingsblüher, der sich durch Selbstaussaat im Garten verbreitet; bevorzugt frischen, kalkfreien Boden im Halbschatten
	Arten/Sorten: *P. vulgaris* ssp. *sibthorpii* (karminrot, will schattiger stehen: GR 2-3, G 2-3)				
	**Siebenbürger-Lungenkraut** *Pulmonaria australis* (= *P. dacica*, *P. angustifolia*) in Sorten	◑ ● G 2, GR 2	25 cm kissenartiger Wuchs	März – April enzianblaue Röhrenblüten	Sorten sind unterschiedlich wertvoll, Sichtungsergebnisse beachten (beste Sorte 'Blaues Meer'); abgeblühte Blütenstängel herausschneiden; bekommt manchmal Mehltau
	**Geflecktes Lungenkraut** *Pulmonaria saccharata* 'Nürnberg'	◑ ● G 2, GR 2	25 cm kissenartiger Wuchs	März – April hellblau, aus rosa Knospen	Laub vor allem im Sommer gleichmäßig silbrig gefleckt; abgeblühte Blütenstängel herausschneiden
	Arten/Sorten: *P. officinalis* (15–30 cm, April – Mai, blau-rot), *P. rubra* (30 cm, März – Mai, ziegelrot, Laub hellgrün)				

Stauden

	Name	Standort	Höhe / Wuchs	Blüte	Pflege / weitere Infos
	**Kron-Rhabarber** *Rheum palmatum* var. *tanguticum*	Fr 2, GR 2, B 2	200 cm aus einem Horst mit sehr großen Blättern treiben aufrechte Stängel	Juni – Juli dunkelrot, in schlanken, aufrechten Rispen	Laub im Austrieb rötlich verfärbt für tiefgründige, nährstoffreiche Böden; alte Blütenstände und Blätter abschneiden
	**Goldsturm-Sonnenhut** *Rudbeckia fulgida* var. *sullivantii* 'Goldsturm'	Fr 2	60–90 cm aus Blätterhorst treiben aufrechte, oben verzweigte Stängel	Aug. – Sept. gelb mit schwarzbraunem „Kegel"	wirkt etwas gröber als *R. fulgida* var. *deamii*; beide Varietäten vertragen keine Trockenheit und Hitze
	Arten/Sorten: *R. fulgida* var. *deamii* (60–100 cm, Juli – Sept., goldgelb, geringe Selbstaussaat)				
	**Fallschirm-Sonnenhut** *Rudbeckia nitida* 'Herbstsonne'	B 2-3, Fr 2-3	200 cm lockerer, aufrechter Wuchs	Juli – Sept. leuchtend gelb mit hängenden Blütenblättern	alte Bauerngartenstaude; nach Rückschnitt sicher remontierend; auch gute und lang haltbare Schnittblume in der Vase; in voll sonniger Lage standfest, sonst stäben
	**Hain-Salbei** *Salvia nemorosa* in Sorten und Hybriden	Fr 1-2	30–90 cm je nach Sorte buschig aufrechter Wuchs	Mai – Juli je nach Sorte blau oder violett	nicht für schwere, feuchte und nährstoffreiche Böden, besonders dort schneckengefährdet; Rückschnitt nach der Blüte bis zum Boden oder auf halbe Höhe; einige Sorten remontierend; → Abb. Sorte 'Blauhügel'
	**Purpurblättriger Küchen-Salbei** *Salvia officinalis* 'Purpurascens'	ST/FS (B 1)	50 cm breit wachsender Halbstrauch mit aromatischem Laub	Juni – Juli lila Lippenblüten in quirligen Blütenständen	Laub mit leichter Behaarung, ungleichmäßig purpurfarben; für geschützte Standorte; leidet in kalten Wintern
	**Quirlblättriger Salbei** *Salvia verticillata* 'Purple Rain'	Fr 1 (B 1)	40–70 cm breit aufrechter Wuchs	Juni – Sept. kleine, tief purpurviolette Lippenblüten in Quirlen	regelmäßig die verblühten Blütenstände abschneiden, um die Nachblüte zu fördern und um die Selbstaussaat zu reduzieren; Vermehrung nur durch Teilung

Stauden

	Name	Standort	Höhe / Wuchs	Blüte	Pflege / weitere Infos
	**Heiligenblume** *Santolina chamaecyparissias*	☼ ST/FS/M, SH (B 1)	40–60 cm immergrüner, grausilbriger Halbstrauch	Juli – Aug. tiefgelbe, langgestielte Knopfblüten	nicht überall sicher winterhart; verträgt auch stärksten Rückschnitt nach dem Ende des Winters, dann kaum Blüten; auch für Einfassungen und kleine Hecken geeignet; riecht stark würzig
	**Berg-Bohnenkraut** *Satureja montana* in Unterarten	☼ ST/FS/M, SH, MK/SF (B 1)	20–40 cm am Grunde verholzter, dichtbuschiger Halbstrauch	Aug. – Okt. weißlich rosa (*S. m.* ssp. *montana*, → Abb.), violett (*S. m.* ssp. *illyrica*)	wird als Küchengewürz verwendet; Rückschnitt im Spätwinter auf 10–15 cm, sonst Verblühtes ausschneiden; für kalkhaltige, schottrig-steinige Böden
	**Oktober-Steinbrech** *Saxifraga cortusifolia* var. *fortunei* und Sorten	● G 2-3, (ST)	10–40 cm je nach Sorte aufrechte, stark verzweigte Blütenstängel aus einem Blatthorst	Sept. – Okt. weiß, in einer Dolde oder Pyramidenrispe	Laub bräunlich grün, bronzefarben oder reingrün; spätfrostempfindlich, deshalb unbedingt geschützt pflanzen; Winterschutz empfehlenswert
	**Keilblättriger Steinbrech** *Saxifraga cuneifolia*	◐ ● G 2, GR 2, ST, SF	5–20 cm Rosetten bildende Staude, die sich rasenartig ausbreitet	Juni – Juli weiß, am Grunde gelblich gepunktet	Laub immergrün, besonders im Winter unterseits violettrot; braucht saure Böden; wertvoll für schattige Felshänge und Trockenmauern
	**Kaukasus-Skabiose** *Scabiosa caucasica* 'Clive Greaves'	☼ Fr 2 (B 2)	90 cm aufrechte, nicht immer standfeste Blütenstängel aus einem Blatthorst	Juni – Sept. große, hellblau-violette Blüten	für warme Standorte auf lehmigen Böden, auch nährstoffarm; regelmäßiger Rückschnitt abgeblühte Stiele erhöht die Lebensdauer
	**Blassgelbe Skabiose** *Scabiosa ochroleuca*	☼ Fr 1-2, SH	40–80 cm aufrechte, verzweigte Blütenstängel aus einem Blatthorst	Juli – Okt. hellgelb bis cremefarben	verbreitet sich durch Selbstaussaat; für warme Standorte auf kalkhaltigen, lockeren, lehmigen Böden; verträgt sehr gut Sommertrockenheit

Stauden

	Name	Standort	Höhe / Wuchs	Blüte	Pflege / weitere Infos
	**Baikal-Helmkraut** *Scutellaria baicalensis*	☼ Fr 2, SH, ST/FS	20–30 cm durch aufsteigende Stängel ein locker buschiger Wuchs	Juli – Sept. Oberlippe dunkelblau oder violett, Unterlippe himmelblau	vierkantige Stängel sind mit Haarstreifen besetzt und purpurn überlaufen; Kalk liebend, auch auf trockenen Böden; sät sich selbst aus
	**Gold-Fetthenne** *Sedum floriferum* 'Weihenstephaner Gold'	☼ ST/FS/M, SH, Fr 1	15 cm dichte Bodendecke bildend	Juni/Aug. – Sept. gelb, Nachblüte im Spätsommer	durch kriechende, wurzelnde Triebe Teppiche bildend; rötliche Triebe; Laub im Sommer wie Winter dunkelgrün
	Arten/Sorten: *S. spurium* 'Fuldaglut' (Juli – Aug., rot, braunrotes Laub)				
	**Hohe Fetthenne** *Sedum Telephium*-Gruppe in Sorten	☼ Fr 1, ST/FS/M, B 1	20–60 cm je nach Sorte meist aufrechte, beblätterte Stängel	Aug. – Okt. je nach Sorte hellrosa bis karminrot	in zu nährstoffreichen Böden oft nicht standfest; einige Sorten mit dunklem oder purpurfarbigem Laub
	Arten/Sorten: 'Matrona' (50 cm, Aug. – Sept., hellrosa, purpurn getönte Blätter, → Abb.), 'Carl' (40 cm, dunkelrote Blüten), 'Herbstfreude' (50 cm, Sept. – Okt., purpurrot, große Blüten)				
	**Dreigezähntes Fingerkraut** *Sibbaldiopsis tridentata* 'Nuuk' (= *Potentilla tridendata* 'Nuuk')	☼ ◐ Fr 1-2, GR 1-2	5–15 cm durch aufrechte und unterirdisch weit kriechende Stämmchen Matten bildend	Mai – Juni kleine, weiße Einzelblüten	wächst auch auf sandigen, aber nicht auf stark kalkhaltigen Böden; sehr winterhart; wertvolle, den Boden zwar langsam, aber ansprechend bedeckende Staude
	**Goldrute-Hybriden** *Solidago*-Hybriden	☼ Fr 2, B 2	40–80 cm horstartiger Wuchs mit aufrechten, nicht immer standfesten Stängeln	Juni – Aug. goldgelbe bis hellgelbe, dichte Rispen	nicht zu verwechseln mit den Wucher-Goldruten, die als Gartenflüchtling Schäden anrichten; bekommt manchmal Mehltau; Sorte 'Golden Gate' hat hübsche hellgelbe Blütenrispen
	**Wolliger Ziest** *Stachys byzantina* 'Silver Carpet'	☼ FS/ST/M, B 1	20–60 cm Teppich bildende Staude	Juni – Juli rosa Blütenkerzen	Laub dicht graugrün filzig und samtig behaart; Sorte 'Silver Carpet' blüht weniger stark als die Art; wertvoller Bodendecker

Stauden

Name	Standort	Höhe / Wuchs	Blüte	Pflege / weitere Infos
 **Großblütiger Ziest** *Stachys macrantha* 'Superba' (= *S. grandiflora* 'Superba')	☼ ◐ Fr 2, GR 2, B 2	50 cm breitlagernder, horstartiger Wuchs	Juni – Juli purpurrosa in dichten Quirlen	kräftiges, grünes Laub; robust; in Sonne und Halbschatten dichte Horste bildend; vegetativ vermehrte Typen sind wertvoller als die Sämlinge
 **Dichtblütiger Ziest** *Stachys pradica* 'Hummelo' (= *S. monnieri* 'Hummelo')	☼ Fr 2, FS, SH	30 cm aufrechte Stängel aus einem dichten Laubhorst	Juni – Aug. dunkel purpurrosa, duftend	Laub gerunzelt, glänzend und dunkelgrün; die großen Blütenähren erscheinen über einen langen Zeitraum; auch im Winter ansprechend
 **Falsche Alraunwurzel** *Tellima grandiflora* 'Purpurteppich'	◐ ● GR 1-3, G 1-3	50 cm mehr oder weniger aufrechte Stängel aus einem dichten Laubhorst	Mai – Juni grün mit rosa Fransen	Laub ganzjährig attraktiv, kastanienbraun gefärbt; Blütenstängel nach dem Auseinanderfallen abschneiden; verträgt starken Wurzeldruck und Schatten
Arten/Sorten: 'Rubra' (20–40 cm, Mai, grün, Laub rötlich braun)				
 **Sand-Thymian** *Thymus serpyllum* 'Albus'	☼ H, (ST/M/F, SH)	5 cm durch kriechende, liegende Triebe Matten bildend	Juni – Aug. zahlreiche kleine, weiße Blüten	für kalkarme Sandböden; sät sich selbst aus; die weiße Form ist oft langlebiger als die Art; schön zusammen mit Krokus und Zwiebeliris
 **Herzblättrige Schaumblüte** *Tiarella cordifolia* und Hybriden	◐ ● G 2-3, GR 3	15–25 cm treibt oberirdische Ausläufer, dadurch dichte Teppiche	Mai – Juni weiße Blütentrauben	Hybriden wachsen meist horstig, oft mit gezeichnetem Laub; braucht feuchte, saure, humose Waldböden
Arten/Sorten: *T. wherryi* (15–25 cm, April – Mai, weiß, horstartiger Wuchs, selten echt im Handel), *T.* 'Inkblot' (20–35 cm, April – Juni, → Abb.)				
 **Vancouverie** *Vancouveria hexandra*	◐ ● G 2, GR 2	30–40 cm durch weit kriechende Rhizome Matten bildend	Mai weiße, lockere Rispen	braucht den Schutz durch Falllaub, dann ausdauernd und unkompliziert; füllt die Lücken zwischen kräftigen Horststauden

Stauden

	Name	Standort	Höhe / Wuchs	Blüte	Pflege / weitere Infos
	**Buenos Aires-Eisenkraut** *Verbena bonariensis*	☼ Fr 2, B 2	130–180 cm aufrechte, nicht immer standfeste, sparrig verzweigte Stängel	Juli – Okt. violett blühende Ähre	nur in ganz milden Lagen winterhart, erhält sich aber meist durch Aussaat; Pflanze wirkt durch das stark zurückgebildete Laub filigran und durchscheinend
	**Gestielter Ehrenpreis** *Veronica peduncularis* 'Georgia Blue'	☼ ☼ ◑ ST, FS, M	15 cm dicht verzweigte Horste mit aufrechten bis aufstrebenden Stängeln	Mai – Juni dunkelblaue, lockere Trauben	verlangt einen humosen Boden und einen nicht zu heißen Standort; auch gern im Halbschatten und unter größeren Stauden; einfache Teilung durch Abreißen
	**Virginia-Kandelaber-Ehrenpreis** *Veronicastrum virginicum* (= *Veronica virginica*)	☼ Fr 2	100–150 cm große Horste aus bogenförmig aufstrebenden Stängeln	Juli – Sept. blaue Blüten in dichter, verlängerter Ähre	gelbe Herbstfärbung; nicht immer standfest, ansprechendes Winterbild; gute Solitärstaude; Sorte 'Alba' blüht weiß, Sorte 'Roseum' rosa
	**Hornveilchen** *Viola cornuta* 'Lilacina'	☼ Fr 2, ST	10–15 cm Horste mit aufsteigenden bis niederliegenden Trieben	Mai – Sept. große, lilablaue Einzelblüten	Rückschnitt nach dem ersten Flor; sät sich aus, ohne lästig zu werden; im Gegensatz zu den in Deutschland angebotenen Hybriden relativ langlebig
	**Kriechende Ungarwurz** *Waldsteinia ternata* ssp. *trifolia*	◑ ● G 2, GR 2	15 cm bildet Teppiche durch oberirdische Ausläufer	April – Mai große, gelbe Blüten	kann schwächere Nachbarn verdrängen; im Handel als *W. ternata*; eingewachsen auch Sommertrockenheit vertragend; für warme Plätze
	Arten/Sorten: *W. geoides* (25 cm, April – Juni, gelb, wächst horstartig, sehr trockenresistent)				
	**Palmlilie** *Yucca Filamentosa*-Gruppe	☼ FS, ST, FR 1-2	140 cm dichte Blattschöpfe, aus denen hohe, kräftige Stängel treiben	Juli – Aug. große, weiße, glockig hängende Blüten	Blätter schwertförmig und blaugrün, knicken nicht um; immergrün; wichtige Strukturstaude; Sorte 'Schneetanne' hat starre Blattschöpfe und blüht später

Zwiebelpflanzen

	Name	Standort	Höhe / Wuchs	Blüte	Pflege / weitere Infos
	**Iran-Lauch** *Allium aflatunense* 'Purple Sensation'	☼ Fr 1	80 cm ein kugeliger Blütenstand pro Stiel	Mai – Juni purpurviolett, in kugeliger Dolde	Laub zieht während der Blüte ein; schöner Samenstand, Selbstaussaat möglich; *Allium* mögen durchlässige Böden
	Arten/Sorten: *A. rosenbachianum* 'Album' (100 cm, weiß), *A. macleanii* (90 cm, lilaviolett), *A. spherocephalon* (80–110 cm, Juli – Aug., rötlich violett), *A. tuberosum* (15 cm, Sept. – Okt., weiß, Blätter essbar)				
	**Sternkugel-Lauch** *Allium christophii*	☼ Fr 1	60 cm aufrechte, einzelne Stängel	Juni – Juli lilafarbene, einzelne Sternblüten, die eine große Kugel bilden	getrockneter Samenstand sehr dekorativ, auch als Vasenschmuck; Selbstaussaat verhindern, da schwächere Stauden unterdrückt werden, deshalb Samenstände rechtzeitig abschneiden; verträgt keine Winternässe
	**Zierlauch** *Allium* 'Globemaster'	☼ Fr 1-2	120 cm kugeliger Blütenstand auf starken, hohen Stielen	Mai – Juni violett, Blütenstand bis 25 cm Durchmesser	die Sorte ist steril; die Zwiebeln bilden von Jahr zu Jahr mehr Blütenstiele aus
	Arten/Sorten: 'Mars' (dunkelpurpurn)				
	**Strahlen-Anemone** *Anemone blanda* 'Blue Shades'	☼ ◑ GR 1-2	10–20 cm lockerer Wuchs	März – April blau mit gelben Staubgefäßen	hahnenfußartige Blätter; blüht sehr zeitig im Frühjahr; Laub zieht schnell ein; schwarze Knolle vor dem Pflanzen über Nacht in lauwarmes Wasser legen
	Arten/Sorten: 'White Splendor' (weiß)				
	**Buschwind-röschen** *Anemone nemorosa* 'Blue Bonnet'	◑ ● G 2-3, GR 2-3	10–15 cm waagerecht im Boden kriechendes Rhizom	April hellblau, meist einzeln	braucht zum Gedeihen eine Laub-Humus-Schicht, in der nicht gegraben und gehackt wird; zieht nach der Blüte ein; breitet sich durch die weiterwachsenden Rhizome zu keinen Teppichen aus
	**Prärielilie** *Camassia leichtlinii* 'Alba'	☼ Fr 2-3	75 cm schlanker Wuchs, grasartige Blätter bilden einen Trichter	Mai – Juni weiß, in endständiger Traube	schöne Schnittblume; leichter Winterschutz empfehlenswert; braucht zur Vegetationszeit frische feuchte Böden, die auch im Sommer nicht völlig austrocknen
	Arten/Sorten: *C. cusickii* 'Zwanenburg' (tiefblau), *C. quamash* (30 cm, violett)				

Zwiebelpflanzen

Name	Standort	Höhe / Wuchs	Blüte	Pflege / weitere Infos
 **Schneeglanz** *Chionodoxa luciliae*	◑ GR 1-2	15 cm lockerer Wuchs	März lilablau mit weißer Mitte	breitet sich durch Selbstaussaat aus; bevorzugt einen lockeren, durchlässigen, sandigen Boden; falscher Name *C. gigantea*
Arten/Sorten: *C. forbesii* (März – April, lavendelblau mit weißer Mitte, falscher Name *C. luciliae*), *C. sardensis* (März – April, enzianblau)				
 **Prächtige Zeitlose** *Colchicum speciosum*	☼ GR 1-2	20 cm breite, dunkelgrüne Blätter, die erst im Frühjahr erscheinen	Sept. leuchtend lila, krokusartige Blüten	Laub erscheint nur im Frühjahr, zieht im Juni ein; verträgt Sommertrockenheit; Vorsicht bei Schneckenbefall der frischen Blüten im Herbst; die Blätter und Blüten sind **sehr giftig**
 **Bunter Krokus** *Crocus chrysanthus* 'Snowbunting'	☼ ST 1, Fr 1	5–10 cm grasartiges Laub während und nach der Blüte	Feb. – März weiße Einzelblüten	auf durchlässigen, gern sommertrockenen Böden; Vermehrung durch Tochterzwiebeln
Arten/Sorten: 'Saturnus' (dunkelgelb), *C. biflorus* 'Miss Vain' (10 cm, weiß), *C. etruscus* 'Zwanenburg' (10 cm, März, violett), *C. sieberi* ssp. *sublimis* 'Tricolor' (5 cm, März, violett)				
 **Gold-Krokus** *Crocus flavus*	☼ ST 1, Fr 1	10 cm grasartiges Laub	März goldgelbe Einzelblüten	früh blühender Wildkrokus, der sich aussät und langsam größere Bestände bildet; wertvoll zum Verwildern in schütteren Rasenflächen; Stammform des großen gelben Garten-Krokus
 **Garten-Krokus** *Crocus vernus*	☼ ◑ GR 1-2, Fr 1-2	10 cm lockere Rasen bildend	März – April violette Einzelblüten	früh und reich blühend; die Zwiebeln vermehren sich durch Aussaat und durch Ausläufer; wächst auch in lichten Wäldern
Arten/Sorten: 'Haarlem Gem' (violett, außen grau getönt, innen kräftig lila, Hybride von *C. vernus* mit *C. tommasinianus*, daher steril, wuchsfreudig)				
 **Hundszahn** *Erythronium revolutum* 'White Beauty'	◑ ● GR 2-3, G 2-3	20–40 cm horstartiger Wuchs	April – Mai leuchtend weiß mit gelbem Mittelpunkt	braun-grünes, marmoriertes Laub; zieht im Hochsommer ein; 20 cm tief pflanzen
Arten/Sorten: *E. dens-canis* 'Rose Queen' (15 cm, März – April, rosa)				

Zwiebelpflanzen

	Name	Standort	Höhe / Wuchs	Blüte	Pflege / weitere Infos
	**Fritillarie** *Fritillaria pallidiflora*	☼ ☼ GR 2-3, G 2-3	30–40 cm aufrechter Wuchs	April blassgrün bis blassgelb mit zartbraunen Sprenkeln	elegante Wildform mit aufrecht gebogenen, bis oben belaubten Blütenstielen und graublauen Blättern; nicht für heiße und trockene Standorte geeignet
	**Großblütiges Schneeglöckchen** *Galanthus elwesii*	◐ ● GR 1-2	10–15 cm kräftige, dichte, graugrüne Blattschöpfe	Jan. – März weiße Glocken mit grünem Basalfleck	Blätter graugrün; duftet zartsüß nach Honig; für sommertrockene, warme, gut dränierte Böden
	Arten/Sorten: *G. nivalis* (15 cm, Feb. – April, will etwas feuchter stehen als *G. elwesii*), 'Flore Pleno' gefüllt, 'Viridapicis' weiß mit grünen Streifen), *G. plicatus* (15–25 cm, Feb. – März)				
	**Wild-Gladiole** *Gladiolus communis* ssp. *byzantinus*	☼ Fr 1-2	60 cm eintriebig, schmales Laub	Juni dunkles Violettrot	in rauen Lagen Winterschutz durch Abdecken erforderlich; elegante Wildform, die aber wenig mit den hoch gezüchteten Schnittblumen gemein hat
	**Spanisches Hasenglöckchen** *Hyacinthoides hispanica* in Sorten	◐ ● GR 2-3	20–30 cm horstartiger Wuchs mit kräftigem Laubschopf	Mai je nach Sorte blaue Töne, auch weiß	robuste Art, die auch im Wurzelbereich großer Bäume gedeiht; breitet sich durch Tochterzwiebeln und Selbstaussaat stark aus; → Abb. Sorte 'Blue Queen'
	**Garten-Hyazinthe** *Hyacinthus orientalis* ssp. *orientalis*	☼ ST, FS, Sorten: B 2-3	20–30 cm Blütenstängel aus trichterförmigem Laubschopf	April – Mai blaue Blüten in einer lockeren Traube	stark duftend; die Art wird selten gepflanzt, durch den lockeren Blütenstand eignet sie sich besser für naturhafte Pflanzungen als die Sorten
	Arten/Sorten: 'Blue Star' (25 cm, blau, → Abb.), 'City of Haarlem' (25 cm, hellgelb)				
	**Sternblume** *Ipheion uniflorum* 'Rolf Fiedler'	☼ ST, FS, Fr 1	10–15 cm wenige dunkelgrüne Blätter	März – April große, blaue Sternblüten	treibt sehr früh aus; blattlose Blütenstiele; für durchlässige Böden; wird gern zu Lilien gesetzt, weil sie ätherische Öle freisetzt, die gegen Nematoden wirken

Zwiebelpflanzen

	Name	Standort	Höhe / Wuchs	Blüte	Pflege / weitere Infos
	**Zwiebel-Iris** *Iris reticulata* 'Jeannine'	☼ ST 1, Fr 1	10–20 cm grasartiges Laub nach der Blüte	Feb. – März hell- und dunkelviolett mit orangefarbenem Streifen	starker Veilchenduft; miniaturhafte Irisblüte; durchlässige, aber nährstoffreiche Böden; passt gut zu frühem Krokus; dunkelbraune, längliche Zwiebel
	Arten/Sorten: 'Harmony' (leuchtend himmelblau mit gelbem Streifen)				
	**Madonnenlilie** *Lilium candidum*	☼ ◑ B 2, Fr 2	120 cm große Einzelblüten auf starkem Stiel	Juli weiße, seitlich stehende Trichterblüten	für tiefgründige, nahrhafte, aber durchlässige Böden; bei Bedarf stäben; rote Lilienhähnchen absammeln; Zwiebel im August nur flach pflanzen
	Arten/Sorten: *L. henryi* (150–200 cm, Juli – Aug., orange), *L.*-Hybride 'Gran Paradiso' (110 cm, Juni – Juli, orange)				
	**Trauben-hyazinthe** *Muscari armeniacum* 'Valerie Finnis'	☼ ST, FS, Fr 1-2	20 cm zahlreiche, dunkelgrüne Blätter	April hellblau mit weißem Rand	sät sich selbst aus und bildet reichlich Brutzwiebeln; Blüten stehen in einer dichten, pyramidenförmigen Traube; wird manchmal nur *Muscari* 'Valerie Finnis' genannt

NARZISSE · *NARCISSUS*

Die vielen Hundert Sorten sind in Divisionen eingeteilt, die sich durch die Länge der Krone im Verhältnis zu den Blütenblättern unterscheiden. Die längste Krone haben die Trompeten-Narzissen, gefolgt von den Großkronigen, den Kleinkronigen und den Dichternarzissen. Die Wildnarzissen werden je nach Herkunft in Gruppen eingeteilt, darunter die frühen Alpenveilchen-Narzissen oder die duftenden mehrblütigen Tazetten und Engelstränennarzissen. Narzissen gedeihen auf vielen Böden und können auch in rauen Lagen und bei Halbschatten langlebig sein und sich vermehren. Das Narzissenlaub sollte zu zwei Drittel gelb sein, bevor es entfernt wird. Den Samenstand nach der Blüte abschneiden.

	**Groß-/ Kleinkronige Narzisse** *Narcissus*	☼ ◑ GR 2, B 2, Fr 2	30–40 cm schmale Blätter	März – April je nach Sorte weiß, gelb, rot	durch Einkreuzen von *N. poeticus* auch rot, orange und rosa Farbtöne; teils lange blühend; mit den Jahren größere Bestände bildend
	Arten/Sorten: Großkronige N. 'Carlton', 'Flower Record', 'Mount Hood', 'Red Devon', 'Saint Keverne', 'St. Patrick's Day' (→ Abb.), 'Stainless', Kleinkronige N. 'Barret Browning' und 'Edna Earl'				
	**Alpenveilchen-Narzisse** *Narcissus cyclamineus*	☼ ◑ GR 2, B 2, Fr 2	20–30 cm zahlreiche, schmale Blätter bilden kräftigen Laubbusch	März – April je nach Sorte gelb, weiß	frühe Wildnarzisse mit zurückgebogenen Blütenblättern; wollen leicht saure, auch sommerfeuchte Böden; oft viele Blütenstiele pro Zwiebel
	Arten/Sorten: 'February Gold' (→ Abb.), 'February Silver', 'Jack Snipe', 'Jenny', 'Jetfire', 'Peeping Tom'				

Zwiebelpflanzen

	Name	Standort	Höhe / Wuchs	Blüte	Pflege / weitere Infos
	**Dichter-Narzisse** *Narcissus poeticus* 'Actaea'	GR 2, B 2, Fr 2	40 cm Blätter graugrün, eine Blüte pro Stiel	April – Mai weiß, Nebenkrone gelb mit rotem Rand	blüht spät, ab Ende April; in der Natur auf feuchten Bergwiesen, meist in großen Massen; sehr alte Sorte, begehrt wegen des Duftes
	Arten/Sorten: *N. Tazetta*-Gruppe 'Laurence Koster' (20–50 cm, weiß, 3 Blüten je Stiel, nur im Weinbauklima), *N. triandrus* 'Thalia' (15–50 cm, weiß, 2–3 Blüten je Stiel)				
	**Trompeten-Narzisse** *Narcissus pseudonarcissus*	GR 2, B 2, Fr 2	20–40 cm aufrechte Blütenstiele aus irisartigem Laub	März – April je nach Sorte gelb, weiß	beliebte Schnittblume; große Sortenvielfalt; jeder Gartenboden, bevorzugt an sonnigen, im Sommer trockeneren Plätzen
	Arten/Sorten: 'Bravoure' (→ Abb.), 'Dutch Master', 'Golden Harvest', 'Rijnvelds Early Sensation' (Feb. – März), 'Standard Value', 'Topolino', *N. obvallaris* (20–30 cm, April, gelb)				
	**Blausternchen** *Scilla siberica*	GR 2-3	10–15 cm dunkelgrüner, schmalblättriger Laubbusch	März – April leuchtend blau	besonders wirksam in großen Gruppen; vermehrt sich durch Samen; schön mit frühen Alpenveilchen-Narzissen
	Arten/Sorten: 'Alba' (weiß), 'Spring Beauty' (dunkelblau, großblumig, steril, → Abb.), *S. mischtschenkoana* (15–20 cm, Feb. – März, porzellanblau)				

TULPE · *TULIPA*

Tulpen lieben warme Plätze mit gutem Wasserabzug. Nur wenige robuste Sorten oder Wildtulpen bleiben über viele Jahre am Platz und vermehren sich. Die Einteilung erfolgt in Klassen, die nach der Blütezeit gegliedert sind. Nach den Frühblühenden Tulpen (einfache oder gefüllte) kommen die wertvollen, Mittelfrühblühenden Tulpen (Triumph- und Darwin-Hybrid-Tulpen). Zu den Spätblühenden zählen die langstieligen Lilienblütigen und Viridiflora-Tulpen, die Gefransten und Papageientulpen. Von Botanischen Tulpen spricht man bei den züchterisch veränderten Sorten der Kaufmanniana-, Fosteriana- und Greigii-Tulpen, im Gegensatz zu den Wildtulpen und deren Hybriden.

	Name	Standort	Höhe / Wuchs	Blüte	Pflege / weitere Infos
	**Mittelfrühblühende Tulpe** *Tulipa*	B 2, Fr 2	40–60 cm aufrechter Stiel, Stängel umfassende Blätter	April je nach Sorte, viele Farben	dankbare und lang blühende Klasse; in der Mittagszeit teils weit geöffnete Blüten
	Arten/Sorten: Triumph-Tulpen 'Cheers', 'Couleur Cardinal', 'Gavota' (→ Abb.), 'Hibernia', 'Jan Reus', 'Negrita', Darwin-Hybrid-Tulpe 'Blushing Apeldoorn'				
	**Triumph-Tulpe** *Tulipa* 'Yokohama'	B 2, Fr 2	35 cm aufrechter Wuchs, Blätter graugrün	April dunkelgelb, groß	die Blütenblätter sind spitzzipfelig sie bleibt etwas kleiner als die oben genannten Tulpen; insgesamt kompakte Erscheinung

Zwiebelpflanzen

	Name	Standort	Höhe / Wuchs	Blüte	Pflege / weitere Infos
	**Spätblühende Tulpe** *Tulipa*	☀ B 2, Fr 2	50–70 cm hoch und langstielig	April – Mai alle Farben und Formen	*Viridiflora*-Tulpen zeigen eine unterschiedlich starke Vergrünung der Blüte
	Arten/Sorten: *Viridiflora*-Tulpe 'Spring Green' (→ Abb.), Lilienblütige Tulpen 'Ballerina', 'Maytime', 'Westpoint', 'White Elegance', 'White Triumphator' und Einfache Späte Tulpe 'Dordogne'				
	**Wildtulpe** *Tulipa tarda*	☀ ST 1, Fr 1	15 cm leuchtend grüne, breit übergebogene Blattschöpfe	April – Mai weiß mit gelbem Mittelpunkt, geöffnet sternartig	die Wildformen wachsen nur ausdauernd auf mageren, durchlässigen Böden in voller Sonne; Winternässe wird nicht vertragen; kann sich selbst aussäen
	Arten/Sorten: Botanische Tulpe *T. kaufmanniana* (10 cm, März, weiß)				

Gräser

	Name	Standort	Höhe / Wuchs	Blüte	Pflege / weitere Infos
	**Reitgras** *Calamagrostis × acutiflora* 'Karl Foerster'	☀ ◐ Fr 2, B 2	60–140 cm straff aufrechter Wuchs	Juli – Aug. weiß, später gelbbraun	leuchtend grünes Laub; treibt früh aus, deshalb Rückschnitt im zeitigen Frühjahr, am besten Anfang März; Vermehrung durch Teilung
	Arten/Sorten: *C. brachytricha* (100 cm, Aug. – Okt., silbrig, orangebraune Herbstfärbung)				
	**Segge** *Carex conica* 'Snowline' (= 'Marginata', 'Variegata')	◐ ● GR 2	20 cm kleine Horste aus sehr schmalen, immergrünen Blättern	April – Mai bräunlich, unbedeutend	schmale Blätter mit feinem, weißem Rand, insgesamt zierliche Erscheinung; immergrün; vielseitig verwendbar
	**Gefingerte Segge** *Carex digitata*	◐ ● G 2, GR 2	15 cm horstartiger Wuchs	April – Mai braun, unbedeutend	kleines, relativ zierliches Sauergras, das sich leicht aussät, ohne lästig zu werden; heimisch, in Laubwäldern wachsend
	Arten/Sorten: *C.* 'The Beatles' (20 cm, April – Mai, durch kurze Ausläufer Teppiche bildend)				

Gräser

	Name	Standort	Höhe / Wuchs	Blüte	Pflege / weitere Infos
	**Gelbe Sumpf-Segge** *Carex elata* 'Bowles Golden' (= 'Aurea')	◐ GR 2-3, Ufer	50–90 cm kräftige, dichte Horste mit aufrechten, teils überhängenden Blättern	April – Mai schwarze Ähren, unbedeutend	Blätter gelb mit hellgrüner Mitte; ein Sumpfgras für nasse Standorte, das aber auch auf frischen Böden wächst; verbrennt bei Mittagssonne
	**Japan-Segge** *Carex morrowii* 'Variegata'	◐ ● G 2-3, GR 2-3	40 cm dichte Horste	April – Mai bräunliche Ähren, unbedeutend	frischgrüne Blätter mit weißlichem Rand; im Alter große Horste bildend; wintergrün; wenn es nach vielen Jahren in der Mitte aufkahlt, dann Pflanze aufnehmen, teilen und neu pflanzen
	**Sommergrüne Breitblatt-Segge** *Carex siderosticha* 'Variegata'	◐ ● G 2-3, GR 2-3	10–20 cm lockere Rasen bildend	März – April braunrote Blütenstände, unbedeutend	das breite Laub mit weißen Streifen am Rand hat eine gute Fernwirkung und kann dunkle Plätze aufhellen; zieht im Winter ein; geeignet für Plätze, die der Wintersonne ausgesetzt sind
	**Plattährengras** *Chasmanthium latifolium* (= *Uniola latifolium)*	☼ ◐ GR 2-3, G 2-3	90 cm aufrecht, horstartiger Wuchs	Sept. braune, breite, flache Blütenstände	leuchtend braune Herbstfärbung; trocken und frisch zum Schnitt geeignet; an Bambus erinnerndes Laub; sät sich selbst aus; für nährstoffreiche, humose Böden
	**Blau-Schwingel** *Festuca cinerea*	☼ Fr 1, SH, FS	20 cm horstartiger Wuchs	Mai – Juli bräunlich, unbedeutend	bekannter, langlebiger Schwingel mit markantem blauen Laub; halbimmergrün; optimal auf nährstoffarmen, basischen Sandböden; Vermehrung durch Teilung; Blütenstängel bald herausschneiden
	**Japan-Waldgras** *Hakonechloa macra*	◐ ● G 2-3, GR 2-3	50 cm eleganter, halbkugeliger Wuchs	Aug. – Okt. braun, unbedeutend	dunkelgrüne, schmale Blätter; für lockere, nährstoffreiche Böden zieht spät ein; auch gut zur Topfbepflanzung geeignet
	Arten/Sorten: 'Aureola' (30 cm, Aug. – Sept., gold-grün gestreifte Blätter, → Abb.)				

Gräser

	Name	Standort	Höhe / Wuchs	Blüte	Pflege / weitere Infos
	**Blaustrahlhafer** *Helictotrichon sempervirens*	☼ ☼ Fr 2	50–100 cm bildet große Horste	Juli – Aug. hellbraun, in überhängenden Rispen	auffällige Erscheinung; blaugraue, nadelspitze Blätter; lockere Blütenrispen schweben über dem Laub; braucht unbedingt einen steinigen, kalkhaltigen und durchlässigen Boden in voller Sonne
	**Japanisches Blutgras** *Imperata cylindrica* var. *koenigii* 'Red Baron' (= 'Rubra')	☼ ☼ Fr 2	60 cm locker horstiger Wuchs mit aufrechten, leuchtend rot gefärbten Blättern	Blattschmuckstaude; blüht in Mitteleuropa nicht	Blätter auffallend leuchtend rot; nicht zuverlässig winterhart; kurze Ausläufer treibend; neigt auf lehmigen, tonigen Böden zum Wuchern
	**Waldmarbel** *Luzula sylvatica* 'Marginata'	● G 1-2, GR 1-2	25 cm sehr lockerer horstartiger Wuchs durch ansteigende, kurze Ausläufer	April – Mai braune, dicht büschelige Blütenstände, aber ohne Zierwert	Blätter mit schmalem, weißem Rand; immergrün; vor Wintersonne schützen; verträgt starke Trockenheit; verdrängt schwache Nachbarn
	**Chinaschilf** *Miscanthus sinensis* 'Ferner Osten'	☼ Fr 2-3, B 2-3	170 cm stattlicher, locker überhängender Horst	Aug. – Sept. rosa, in großen, fiedrigen Ähren	mag nährstoffreiche Böden mit guter Wasserversorgung; Blütenwedel halten lange; wichtige Staude für den Winter
	Arten/Sorten: 'Malepartus' (170 cm, rotbraun), 'Graziella' (100–170 cm, silbrig), 'Silberfeder' (200–220 cm, silberweiß)				
	**Riesen-Pfeifengras** *Molinia arundinacea* 'Karl Foerster'	☼ ◐ Fr 2	50–180 cm lockere Blütenhalme über dichten Blatthorsten	Aug. – Sept. hellbraun, in lockeren Rispen	goldbraune Herbstfärbung; Stänge fallen leider nach dem ersten Wintereinbruch um, dann einfach absammeln
	Arten/Sorten: *M. caerulea* 'Variegata' (30–50 cm, Aug. – Okt., gelb, Blatt gelbgrün)				
	**Rutenhirse** *Panicum virgatum* 'Rehbraun'	☼ Fr 2	90 cm aufstrebender Wuchs	Sept. – Okt. braune Blütenrispen	braunrote Blattspitzen; gelb-braune Herbstfärbung; im warmen Klima Selbstaussaat möglich
	Arten/Sorten: 'Cloud Nine' (150–200 cm, Aug. – Sept., Laub bläulich, tiefgelbe Herbstfärbung), 'Rotstrahlbusch' (120 cm, Juli – Sept., Laub ab Sommer rot gefärbt), 'Shenandoah' (60 cm, Sept. – Okt., bordeauxrote Blattfärbung), 'Squaw' (100 cm, Aug. – Sept., rosa Töne, leicht rot gefärbte Blätter)				

Gräser

	Name	Standort	Höhe / Wuchs	Blüte	Pflege / weitere Infos
	**Siebenbürger Blaugras** *Sesleria heufleriana* ssp. *hungarica*	GR 2-3, G 2-3, (ST)	30–45 cm dichter, horstartiger Wuchs	April – Mai dunkelbraun mit gelben Staubgefäßen in einer Rispe	Kalk liebend; bei ausreichender Bodenfeuchte bleiben die Horste im Winter lange grün und werden recht breit; im Handel auch als *S. heufleriana* oder *S. heuffeliana*
	**Föhngras** *Stipa calamagrostis* 'Lemperg' (= *Achnatherum calamagrostis*)	ST, FS, SH, Fr 1-2	120 cm großer Horst mit schmalen Blättern	Juli – Sept. braun, in vielblütiger, lockerer Rispe	überreich blühend; dunkelrote Herbstfärbung; gern auf steinig-schottrigen Böden; Selbstaussaat
	Arten/Sorten: *S. gigantea* (50–200 cm, Mai – Juni, nur in warmen Lagen)				

Farne

	Name	Standort	Höhe / Wuchs	Blüte	Pflege / weitere Infos
	**Regenbogenfarn** *Athyrium niponicum* var. *pictum*	G 2-3	30–40 cm durch Ausläufer kleine Matten bildend	--	Wedel mehrfarbig grau und rot mit metallischem Glanz; empfindlich gegen Bodentrockenheit und direkte Sonnenbestrahlung; zieht im Winter ein und treibt spät wieder aus
	**Schmaler Goldschuppenfarn** *Dryopteris affinis* 'Pinderi'	G 2	80 cm Wedel trichterförmig aufrecht	--	feste, lederartige, dunkelgrüne Wedel; Austrieb im Mai wie mit einem goldenen Pelz umhüllt; Wedel im Winter noch grün; Sorte 'Pinderi' wächst besonders schmal aufrecht
	**Glanz-Schildfarn** *Polystichum aculeatum*	G 2	70 cm horstartig, breit trichterförmig	--	Wedel tiefgrün, glänzend, lederartig; wintergrün, da die Wedel erst im späten Frühjahr einziehen; kann auf frischen, humosen Böden auch sonniger stehen (Morgen- oder Abendsonne)

Farne

Name	Standort	Höhe / Wuchs	Blüte	Pflege / weitere Infos
Weicher Schildfarn *Polystichum setiferum* 'Herrenhausen'	● G 2	40–50 cm bis 1 m Breite, flache Trichter	--	sehr breite, weiche Wedel, die oft elegant gebogen sind; meist wintergrün; wegen der fein gewebten, dreifach gefiederten Belaubung auch Filigranfarn genannt
Arten/Sorten: 'Congestum' (25 cm, aufrechte, kleine Trichter)				

Gehölze

Name	Licht	Boden	Höhe / Wuchs	Blüte	Pflege / weitere Infos
Kupfer-Felsenbirne *Amelanchier lamarckii*	☼ ☼ ◐	frisch bis sehr feucht	6–10 m schirmförmig, rund	April – Mai weiß	malerischer Wuchs; rot-orange Herbstfärbung
Sommerflieder *Buddleja davidii* 'Nanho Purple'	☼	trocken	1,5 m dicht, kugelig, kompakt	Juli – Aug. purpurviolett	kleinere Blätter als die Art, graugrünes Laub; starker Rückschnitt Ende April
Buchsbaum *Buxus microphylla* 'Faulkner'	☼ ◐	frisch bis feucht	1,5–2 m breitbuschig aufrecht	unscheinbar	kleinblättrig; Sorte 'Herrenhausen' 0,5 m und langsam wachsend
Buchsbaum *Buxus sempervirens*	☼ ◐	frisch bis feucht	2–3 m breit aufrecht, dichtbuschig	unscheinbar	Sorten 'Blauer Heinz' (0,4 m, kugelig, Laub blaugrün), 'Vardar Valley' (1,5 m, dunkelgrün)
Bartblume *Caryopteris × clandonensis* 'Heavenly Blue'	☼	frisch	1 m rund, kugelig, kompakt	Aug. – Okt. tiefblau	graugrünes Laub; starker Rückschnitt Ende April
Zierquitte *Chaenomeles Superba*-Gruppe 'Crimson and Gold'	☼ ◐	frisch bis feucht	1–1,5 m dicht, flach ausgebreitet	April – Mai dunkelrot	sehr reich blühend; apfelförmige, grüne, essbare Früchte, die später gelb werden
Großblumige Waldrebe *Clematis*-Hybriden	☼	frisch	1,5–3,5 m je nach Sorte Rankpflanze	Juni – Juli Farben sortenabhängig	benötigt eine Kletterhilfe; Sorten 'Katharina' (1,5–2,2 m, lichtblau), 'Königskind' (1,2–1,8 m, königsblau)
Arten/Sorten: *C. Atragene*-Gruppe 'Purple Spider' (2,2–3,2 m, April – Juni/Juli – Aug., blauviolett, auch halbschattig und feucht), *C. florida* var. *sieboldiana* (2,5–4 m, Juni – Okt., weiß mit blauer Mitte), *C. Texensis*-Gruppe 'Gravetye Beauty' (2–3,5 m, Juli – Sept., rot), *C. Viticella*-Gruppe 'Etoile Violette' (2,5–3,5 m, Juni – Sept., dunkelviolett)					

Gehölze

Name	Licht	Boden	Höhe / Wuchs	Blüte	Pflege / weitere Infos
Hartriegel *Cornus sanguinea* 'Winter Beauty'	☼ ◑	frisch bis feucht	2,5 m breitbuschig, dicht	Mai – Juni weiß	rot-orange Rinde leuchtet im Winter; schnittverträglich; Wurzelausläufer entfernen
Gemeiner Seidelbast *Daphne mezereum* 'Album'	☼	frisch	1 m aufrechter Wuchs	April – Mai weiß, duftend	**sehr giftig**, vor allem die hellgelben Beeren
Fuchsie *Fuchsia magellanica* var. *gracilis*	☼	frisch	1–2 m dichter Wuchs	Juli – Nov. leuchtend rot	Rückschnitt im Spätherbst nach stärkerem Frost; Winterschutz aus Laub und Fichtenreisig
Zaubernuss *Hamamelis × intermedia* in Sorten	☼ ☼	frisch bis feucht	2,5–3 m breiter als hoch, trichterförmig	Feb. – März gelb, innen rot	nicht schneiden; auffallende Herbstfärbung; Sorten 'Arnold's Promise' (gelb), 'Diane' (dunkelrot)
Samt-Hortensie *Hydrangea aspera* ssp. *sargentiana*	◑	frisch bis feucht	2–3,5 m breitkronig, locker	Juli – Aug. hellviolett, Rand weiß	große Blätter, oberseits samtig behaart; in geschützter Lage wegen Starkwind und Mittagssonne
Arten/Sorten: *H. anomala* ssp. *petiolaris* (10–15 m, kletternd, Juni – Juli, weiß, dunkelgrüne glänzende Blätter, Samenstand hält bis in den Winter, Standort hell bis schattig), *H. quercifolia* (1,3–1,7 m, weiß, wächst breitbuschig und aufrecht, tief gelappte Blätter, orangerote bis dunkelweinrote Herbstfärbung, bevorzugt sonnige, helle Standorte auf frischen bis feuchten Böden)					
Mannsblut *Hypericum androsaemum* 'Autumn Blaze'	☼ ◑	trocken bis frisch	1 m locker aufrecht	Juni – Sept. dunkelgelb	Blüten und rote Früchte gleichzeitig; verträgt starken Rückschnitt; für milde Lagen
Johanniskraut *Hypericum densiflorum* 'Goldball'	☼	frisch	0,7–1,5 m aufrecht, buschig	Juli – Sept. reines Gelb	vereinzelt Selbstaussaat; völlig winterhart
Mahonie *Mahonia aquifolium*	☼ ◑	trocken bis frisch	1 m aufrecht, breitbuschig	April – Mai gelb	immergrün; anspruchslos; blaue Beeren sind leicht giftig
Zier-Apfel *Malus* 'Van Eseltine'	☼ ◑	frisch bis feucht	4–6 m schmal aufrecht, vasenförmig	Mai rosa, halbgefüllt	auch für kleine Gärten; Austrieb hell leuchtend rot; Frucht unauffällig
Pfingstrose *Paeonia Suffruticosa*-Gruppe in Sorten	☼ ◑	frisch bis feucht	1–1,5 m aufrecht, wenig verzweigt	Mai karminrot	austreibende Unterlage unbedingt entfernen; tief pflanzen, da auf Staudenpfingstrose veredelt
Blasenspiere *Physocarpus opulifolius* 'Diabolo'	☼ ◑	frisch bis feucht	2,5 m breitbuschig	Mai – Juni weiß	dunkel purpurrotes Laub bis zum Herbst; Frucht orangerot, dann schwarz

Gehölze

Name	Licht	Boden	Höhe / Wuchs	Blüte	Pflege / weitere Infos
Bitterorange *Poncirus trifoliata*	☼	frisch	3–4 m dicht verzweigter Strauch	April – Mai weiß	stark bedornte Zweige; gelbe Herbstfärbung; frostempfindlich
Feuerdorn *Pyracantha coccinea*	☼ ◐	trocken bis frisch	1,5–2 m locker, unregelmäßig	Mai – Juni weiß	immergrün; lange Dornen; zahlreiche Früchte; Sorten 'Orange Charmer' (rot), 'Soleil d'Or' (gelb)
Strauchrose *Rosa Spinosissima*-Gruppe 'Helen Knight'	☼	mäßig trocken bis frisch	1,5–3 m mehr aufrecht	Mai – Juni leuchtend gelb	an Hauswänden auch kletternd bis 3 m; einmal blühend
Alte/Historische Rosen *Rosa centifolia* 'Fantin Latour' (Zentifolie)	◐	frisch	1,5–1,8 m breit überhängend	Juni – Juli hellrosa, gefüllt, duftend	etwas rostanfällig; besser im Halbschatten (Morgen- und Abendsonne), damit die Blüten länger halten
Arten/Sorten: *R. centifolia muscosa* 'Parkjuwel' (Moosrose, 1,6 m, karminrosa), *R. gallica* 'Violacea' (Essigrose, 1,7 m, purpurviolett, leicht gefüllt, Hagebutten), *R.* 'Louise Odier' (Bourbonrose, 1,8 m, Juni – Juli/Aug., rosarot, nur nährstoffreiche Böden), *R.* 'Meteor' (Noisetterose, 1,6–2 m, auch kletternd, Juni – Sept., dunkles Karminrosa, nährstoffreiche Böden)					
Strauchrose *Rosa* 'Angela'	☼	frisch	1,3 m aufrecht überhängend	Juni – Okt. altrosa, leicht gefüllt	dankbare und recht winterharte moderne Strauchrose; öfter blühend
Arten/Sorten: 'Moonlight' (Moschata-Rose, 2,5–3,5 m, weiß, breit überhängender Wuchs, auch als Kletterrose an Rankgerüsten, Zäunen und Spalieren, Austrieb purpurbraun, für geschützte Standorte, nicht verwechseln mit der modernen Kletterrose 'Moonlight'), 'White Gold' (1,2 m, weiß, gelblich getönt, duftend, Wuchs aufrecht überhängend)					
Kletterrose *Rosa* 'Solo'	☼	frisch	2–2,5 m Climber	Juni – Okt. samtig dunkelrot	wenig bekannte, kleine Kletterrose; gleicht der größer werdenden 'Sympathie'
Rosmarin *Rosmarinus officinalis*	☼	trocken	1–1,5 m buschig, graufilzige Triebe	Juni – Aug. blau	immergrünes, nadelartiges Laub; für Weinbauklima; Sorten 'Arp' und 'Veitshöchheim' sind winterhart
Spierstrauch *Spiraea japonica* in Sorten	☼ ◐	trocken bis frisch	0,4–1,5 m dicht buschig	Juni – Juli rosa bis rot	anspruchslose, winterharte Kleinsträucher; vertragen Rückschnitt
Arten/Sorten: 'Crispa' (dunkelrot, Blätter gewellt und tief gesägt, Austrieb rötlich), 'Goldflame' (rosa, gelbes Laub, Austrieb leuchtend gelb, wenig vergrünend), *S. betulifolia* (0,5–1 m, Juni, weiß, wächst rund, dicht belaubt, orange Herbstfärbung, verträgt mehr Trockenheit), *S. thunbergii* (Frühlings-Spiere, 0,8–1,2 m, locker bogig, April – Mai, weiß, goldgelbe Herbstfärbung)					
Schneeball *Viburnum opulus* 'Compactum'	☼ ◐	frisch bis nass	1–1,5 m rund, dicht belaubt	Mai – Juni weiß	langsam wachsend; rote Früchte; rot-orange Herbstfärbung; leidet bei Trockenheit

Blütezeitenkalender

Botanische Bezeichnung
Galanthus elwesii
Helleborus niger
Adonis ramosa 'Fukujukai', *Crocus chrysanthus*, *Cyclamen coum* ssp. *coum*, *Iris reticulata* 'Harmony', *Narcissus pseudonarcissus* 'Rijnvelds Early Sensation', *Scilla mischtschenkoana*
Galanthus nivalis, *Primula vulgaris* ssp. *vulgaris*
Crocus flavus, *Narcissus cyclamineus* 'February Silver', *Narcissus* (Kleinkronige) 'Barret Browning', *Tulipa kaufmanniana*
Anemone blanda, *Arabis procurrens*, *Chionodoxa*, *Crocus vernus*, *Erythronium dens-canis* 'Rose Queen', *Helleborus × nigercors*, *Hepatica transsylvanica*, *Ipheion uniflorum* 'Rolf Fiedler', *Narcissus pseudonarcissus*, *Primula Pruhonicensis*-Gruppe, *Pulmonaria dacica*, *Pulmonaria saccharata* 'Nürnberg', *Scilla siberica*
Omphalodes verna, *Pulmonaria rubra*
Anemone nemorosa, *Fritillaria pallidiflora*, *Muscari armeniacum*, *Narcissus cyclamineus* 'Jetfire', *Narcissus* (Großkronige) 'Red Devon', *Narcissus obvallaris*, *Narcissus pseudonarcissus* 'Bravoure', *Tulipa Triumph*-Gruppe 'Negrita'
Ajuga reptans 'Atropurpurea', *Aubrieta* 'Neuling', *Bergenia*-Hybriden, *Brunnera macrophylla*, *Dentaria pentaphyllos*, *Epimedium*, *Erythronium revolutum* 'White Beauty', *Hyacinthus orientalis* ssp. *orientalis*, *Iris Barbata-Nana*-Gruppe, *Narcissus* (Großkronige) 'Carlton', *Narcissus* (Kleinkronige) 'Edna Earl', *Narcissus poeticus* 'Actaea', *Narcissus tazetta* 'Laurens Koster', *Narcissus triandrus* 'Thalia', *Narcissus pseudonarcissus* 'Dutch Master', *Omphalodes cappadocica*, *Phlox subulata* 'Candy Stripes', *Polemonium Pulcherrimum*-Gruppe, *Pulmonaria officinalis*, *Tiarella wherryi*, *Tulipa tarda*, *Tulipa Viridiflora*-Gruppe 'Spring Green', *Waldsteinia ternata* ssp. *trifolia*
Bergenia-Hybride 'Herbstblüte'
Euphorbia amygdaloides 'Purpurea', *Euphorbia epithymoides*, *Waldsteinia geoides*
Ajuga tenori 'Valfredda', *Camassia leichtlinii*, *Hyacinthoides hispanica*, *Iris pallida*, *Phlox subulata* 'G. F. Wilson', *Tellima grandiflora* 'Rubra', *Tulipa* (Lilienblütige) 'Westpoint', *Vancouveria hexandra*
Alchemilla epipsila, *Allium* 'Globemaster', *Allium aflatunense* 'Purple Sensation', *Aquilegia vulgaris*, *Armeria maritima* 'Vesuv', *Camassia cusickii*, *Euphorbia characias* ssp. *wulfenii*, *Galium odoratum*, *Geranium renardii*, *Geranium × cantabrigiense*, *Geranium × magnificum*, *Geum × cultorum*, *Hemerocallis* 'Tinkerbell', *Iris Barbata-Elatior*-Gruppe, *Iris germanica*, *Iris sibirica*, *Lamium maculatum*, *Paeonia mlokosewitschii*, *Papaver orientale*, *Phlox divaricata*, *Sibbaldiopsis tridendata* 'Nuuk', *Tellima grandiflora* 'Purpurteppich', *Tiarella cordifolia*, *Veronica peduncularis* 'Georgia Blue'
Geranium himalayense, *Hemerocallis* 'Stella de Oro'
Nepeta × faassenii
Achillea Millefolium-Gruppe, *Astrantia major* ssp. *major*, *Centaurea montana*, *Hemerocallis* 'Little Grapette', *Heuchera* 'Chocolate Ruffles', *× Heucherella alba* 'Quicksilver'
Geranium sanguineum, *Salvia nemorosa*
Viola cornuta
Cephalaria gigantea, *Geranium ibericum* 'Vital', *Gladiolus communis* ssp. *byzantinus*, *Hosta* 'Lemon Lime'
Sedum floriferum 'Weihenstephaner Gold'
Acanthus hungaricus, *Aconitum napellus*, *Alchemilla mollis*, *Allium christophii*, *Allium schoenoprasum* 'Bamberg', *Artemisia schmidtiana* 'Nana', *Aruncus aethusifolius*, *Aruncus sinensis* 'Zweiweltenkind', *Astrantia Major*-Gruppe 'Claret', *Astrantia Major*-Gruppe 'Roma', *Campanula latifolia var.*

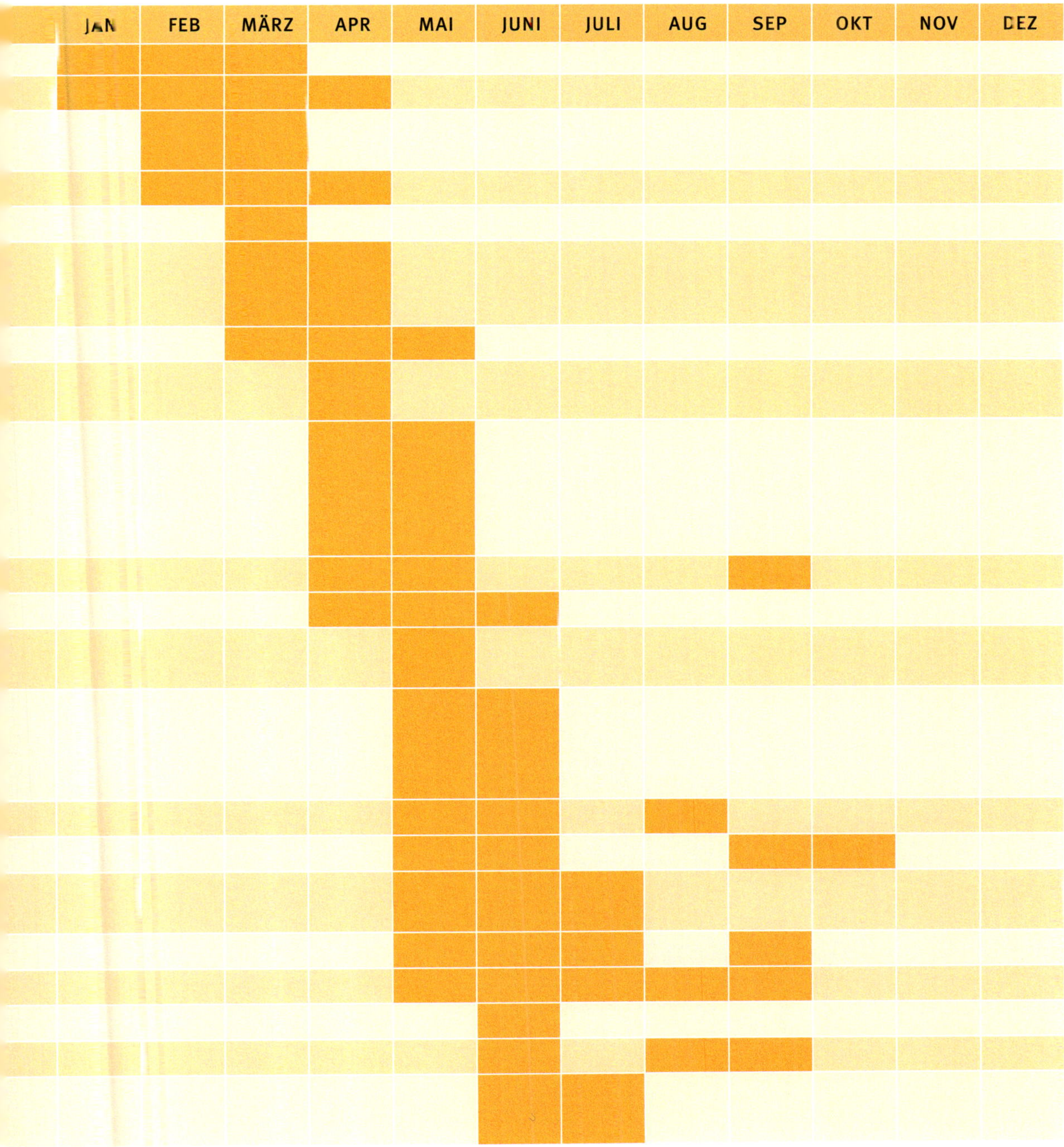
JAN
FEB
MÄRZ
APR
MAI
JUNI
JULI
AUG
SEP
OKT
NOV
DEZ

Blütezeitenkalender

Botanische Bezeichnung
macrantha, *Campanula poscharskyana*, *Clematis recta* 'Purpurea', *Crocosmia* 'Lucifer', *Dictamnus albus*, *Digitalis grandiflora*, *Geranium renardii* 'Philippe Vapelle', *Gillenia trifoliata*, *Heuchera* 'Cascade Dawn', *Hosta Nakaiana*-Gruppe 'Golden Scepter', *Lilium*-Hybride 'Gran Paradiso', *Phlomis russeliana*, *Phlox glaberrima* ssp. *triflora*, *Rheum palmatum* var. *tanguticum*, *Salvia officinalis*, *Saxifraga cuneifolia*, *Stachys byzantina* 'Silver Carpet', *Stachys macrantha* 'Superba'
Delphinium Elatum-Gruppe, *Geranium Gracile*-Hybride 'Sirak', *Nepeta racemosa* 'Grog', *Nepeta racemosa* 'Snowflake', *Nepeta racemosa* 'Walkers Low'
Gypsophila Repens-Gruppe
Centaurea hypoleuca 'Joan Coutts'
Achillea Filipendulina-Gruppe, *Aconogonon* 'Johanniswolke', *Baptisia australis*, *Geranium maculatum* 'Espresso', *Geranium Pratense*-Gruppe 'Brookside', *Geranium psilostemon* 'Ivan', *Helenium* 'Moerheim Beauty', *Heuchera micrantha* 'Plum Pudding', *Heuchera × brizoides* 'Ricard', *Linum perenne* ssp. *perenne*, *Lychnis coronaria*, *Monarda Didyma*-Gruppe 'Cambridge Scarlet', *Nepeta grandiflora* 'Dawn to Dusk', *Oenothera fruticosa* var. *glauca*, *Ophiopogon planiscapus* 'Nigrescens', *Solidago* 'Golden Gate', *Stachys pradica* 'Hummelo', *Thymus serpyllum*
Alchemilla erythropoda, *Centranthus ruber*, *Dianthus carthusianorum*, *Knautia macedonica*, *Linaria purpurea*, *Salvia verticillata* 'Purple Rain', *Scabiosa caucasica*
Calamintha nepeta ssp. *nepeta*, *Clematis Integrifolia*-Gruppe 'Juuli', *Lavatera Olbia*-Gruppe 'Barnsley'
Hemerocallis 'Crimson Pirate', *Hemerocallis* 'Gentle Shepherd', *Lilium candidum*
Achillea 'Taygetea', *Aconitum anglicum* 'Bressingham Spire', *Agapanthus* 'Headbourne Hybrids', *Agastache rugosa* 'Blue Fortune', *Allium sphero-cephalon*, *Anaphalis triplinervis*, *Astilbe Chinensis*-Gruppe 'Visions in Red', *Campanula lactiflora*, *Campanula Punctata*-Gruppe, *Crambe cordifolia*, *Crocosmia masoniorum*, *Echinops banaticus*, *Foeniculum vulgare* 'Red Form', *Goniolimon tataricum*, *Helenium* 'Kupferzwerg', *Hemerocallis* 'Green Flutter', *Hemerocallis* 'Luxury Lace', *Heuchera micrantha* 'Palace Purple', *Hosta* 'Halcyon', *Inula ensifolia* 'Compacta', *Kalimeris incisa*, *Lilium henryi*, *Monarda Didyma*-Gruppe 'Fireball', *Phlox paniculata* 'Blue Paradise', *Platycodon grandiflorum*, *Santolina chamaecyparissias*, *Sedum spurium* 'Fuldaglut', *Yucca Filamentosa*-Gruppe 'Schneetanne'
Coreopsis verticillata, *Crocosmia* 'George Davidson', *Echinacea purpurea*, *Geranium Procurrens*-Gruppe 'Ann Folkard', *Geranium Wallichianum*-Gruppe 'Blue Sunrise', *Lobelia splendens* 'Elmfeuer', *Origanum vulgare* ssp. *vulgare*, *Rudbeckia fulgida* var. *deamii*, *Rudbeckia nitida* 'Herbstsonne', *Scutellaria baicalensis*, *Veronicastrum virginicum*
Bistorta amplexicaule, *Gaura lindheimeri*, *Scabiosa ochroleuca*, *Verbena bonariensis*
Artemisia lactiflora, *Aster dumosus* 'Herbstpurzel', *Cyclamen hederifolium*, *Helianthus microcephalus*, *Hosta* 'Queen Josephine', *Kirengeshoma palmata*, *Kniphofia* 'Little Maid', *Phlox paniculata* 'Amethyst', *Rudbeckia fulgida* var. *sullivantii* 'Goldsturm', *Sedum Telephium*-Gruppe 'Matrona'
Anemone hupehensis var. *japonica* 'Pamina', *Aster amellus*, *Aster divaricatus*, *Ceratostigma plumbaginoides*, *Liriope muscari*, *Satureja montana*
Colchicum speciosum
Aconitum carmichaelii 'Arendsii', *Anemone × hybrida* 'Honorine Jobert', *Allium tuberosum*, *Aster dumosus* 'Silberblaukissen', *Aster dumosus* 'Herbstgruß vom Bresserhof', *Aster ericoides* 'Golden Spray', *Aster laevis* 'Blauschleier', *Aster lateriflorus* var. *horizontalis*, *Aster* 'Snowflurry', *Chrysanthemum Indicum*-Gruppe 'Mandarine', *Cimicifuga japonica* var. *acerina*, *Cimicifuga simplex* 'Armleuchter', *Leucanthemella serotina* 'Herbststern', *Saxifraga cortusifolia* var. *fortunei*, *Sedum Telephium*-Gruppe 'Herbstfreude'
Chrysanthemum Rubellum-Gruppe 'Mary Stoker', *Gentiana sinoornata* 'Eugens Bester'
Cimicifuga ramosa
Ageratina altissima 'Chocolate', *Aster novae-angliae* 'Purple Dome'

JAN	FEB	MÄRZ	APR	MAI	JUNI	JULI	AUG	SEP	OKT	NOV	DEZ

Halbfett gesetzte Seitenzahlen verweisen auf Abbildungen.

A

B

ADRESSEN

Staudengärtnereien

Staudenkulturen Stade
Beckenstrang 24
46325 Borken-Marbeck
www.stauden-stade.de

Staudengärtnerei Arends Maubach
Monschaustraße 76
42369 Wuppertal
www.arends-maubach.de

Staudengärtnerei Gaissmayer
Jungviehweide 3
89257 Illertissen
www.gaissmayer.de

Sarastro Stauden
Ort 131
A-4974 Ort/Innkreis
www.sarastro-stauden.com

Weitere Adressen für Staudengärtnereien in Ihrer Nähe bekommen Sie beim:

Bund Deutscher Staudengärtner im Zentralverband Gartenbau e. V. (ZVG)
Godesberger Allee 142–148
53175 Bonn
www.stauden.de

Zwiebelblumen

Der Blumenzwiebelversand Bernd Schober
Stätzlinger Str. 94 a
86165 Augsburg
www.der-blumenzwiebelversand.de

Albrecht Hoch
Potsdamer Str. 40
14163 Berlin
www.albrechthoch.de

Baumschulen

Adressen für Baumschulen in Ihrer Nähe bekommen Sie beim:

Bund Deutscher Baumschulen e. V.
Bismarckstraße 49
25421 Pinneberg
www.bund-deutscher-baumschulen.de

Bodenuntersuchung

Verband Deutscher Landwirtschaftlicher Untersuchungs- und Forschungsanstalten
Siebengebirgsstr. 200
53229 Bonn
www.vdlufa.de

INTERNETLINKS

www.stauden.de
www.staudensichtung.de
www.perenne.de
www.adr-rose.de

LITERATUR

Chatto, Beth: **Der Kiesgarten.** Ulmer Verlag, Stuttgart

Hansen, Richard; Stahl, Friedrich: **Die Stauden und ihre Lebensbereiche.** Ulmer Verlag, Stuttgart

Hensel, Jany, Kluth, Mayer, Späth: **Das große GU PraxisHandbuch Garten.** Gräfe und Unzer Verlag, München

Jelitto, Leo; Schacht, Wilhelm; Simon, Hans: **Die Freiland-Schmuckstauden. Handbuch und Lexikon der Gartenstauden.** Ulmer Verlag, Stuttgart

Kiermeier, Peter; Hertle, Bernd: **Gartenblumen.** Gräfe und Unzer Verlag, München

Kluth, Silke: **Rosen pflegen.** Gräfe und Unzer Verlag, München

Oudolf, Piet mit Noel Kingsbury: **Neues Gartendesign mit Stauden und Gräsern.** Ulmer Verlag, Stuttgart

DIE AUTOREN

Hermann Gröne ist gelernter Gärtner und Techniker im Garten- und Landschaftsbau. Er ist seit 1992 selbstständig als Gartengestalter und -berater tätig und beschäftigt sich vor allem mit privaten Gärten. In seinem eigenen 2000 m² großen Gartenparadies in Nettetal (www.garten-groene.de) widmet er sich ganz seiner Leidenschaft, den Stauden, und entwickelt ständig neue Kombinationen.

Klaus Kaiser hat sich nach seinem Studium der Landschaftsarchitektur an der FH Paderborn/Höxter 1989 selbstständig gemacht. Seine Projekte umfassen die Gestaltung und Durchführung vor allem von privaten, aber auch öffentlichen Freiräumen, mit Schwerpunkt auf der Pflanzenverwendung. Er ist zudem Fachautor und hält Vorträge zu verschiedenen Pflanzenthemen. (www.gartenkaiser.de)

Beetrezepte Hermann Gröne: S. 32, 68, 72, 76, 88, 92, 96, 100, 104, 112
Beetrezepte Klaus Kaiser: S. 36, 40, 44, 48, 52, 56, 60, 64, 80, 84, 108, 116

Gartenlust pur

Für alle, die ihre Gärten zum Blühen bringen wollen

ISBN 978-3-8338-0189-1
128 Seiten | 12,90 € [D]

ISBN 978-3-8338-0195-2
240 Seiten | 14,90 € [D]

ISBN 978-3-8338-0045-0
192 Seiten | 19,90 € [D]

ISBN 978-3-8338-0046-7
192 Seiten | 19,90 € [D]

Das zeichnet unsere Bücher aus:

Fundiert – von Garten-Experten geschrieben

Praxisorientiert – für jeden Laien gut umsetzbar

Modern gestaltet – auch beim Durchblättern ein Genuss

GU

Willkommen im Leben.

Bildnachweis

Bambusarium: 160/5; **Bieker:** 15 o. li., 15 u. re., 94 o., 121/1, 121/2, 121/4, 121/6, 121/7, 121/11, 128/3, 131/2, 135/3, 141/1, 141/3, 147/5; **Botanikfoto:** 135/5; **Brand:** 54, 56, 57 o., 58, 78 o., 125/6, 136/2, 136/3, 139/2, 142/3, 147/3, 150/1, 155/4, 158/6; **Caspersen:** 36, 37 o., 37 u., 53 o., 65, 66 o. li., 66 o. re., 66 u., 152/1; **Dauenhauer:** 93; **Deeproot:** 137/5; **Dobrepole:** 146/3; **Fischer:** 24 o., 27/3; **Flogaus:** 148/6; **Galerie jardin boutique:** 139/3; **GAP:** U1; **gartenbreizh:** 150/6; **Gartenfoto.at:** 124/5, 126/5, 127/4, 130/6, 132/3, 133/6, 148/2, 149/1; **Gröne:** 2/3, 32, 33, 34 o., 68, 69 o., 69 u., 70 u., 72, 73, 74 o. li., 74 o. re., 74 u., 76, 77 o., 77 u., 78 u., 88, 89, 90 o., 90 u., 92, 94 u., 96, 97 o., 97 u., 98 o., 98 u., 100, 101, 102 li., 102 re., 102 u., 104, 105 o., 105 u., 106 o., 106 u., 112, 113 o., 133 u., 114 o., 114 u., 121/8, 124/2, 124/6, 126/1, 126/2, 128/2, 128/5, 129/1, 129/5, 130/2, 130/3, 135/6, 136/6, 137/1, 137/6, 138/4, 142/2, 143/4, 146/6, 147/1, 148/3, 150/3, 151/2, 151/3, 152/3, 156/1, 156/5, 157/1, 158/1, 158/4, 159/2, 159/5, 160/2, 160/3, 161; **Haas:** 27/1; **Heronswood:** 137/5; **Horticopia:** 125/5; **Jacobsplant:** 150/5; **Janicek:** 4, 67, 75, 79, 83, 87, 91, 95, 99, 103, 107, 110 u. re., 115, 119; **Kaiser:** 18 u., 38, 40, 41, 42 o., 42 u., 44, 45, 46 li., 46 re., 48, 49 o., 49 u., 50 o., 52, 53 u., 57 u., 60, 61 o., 61 u., 62 o., 62 u., 70 o., 80, 81, 82 o., 82 u., 84, 85 o., 85 u., 86 o., 86 u., 108, 109, 110 o., 110 u., 116, 117, 118 o. li., 118 o. re., 118 u., 124/3, 125/1, 126/6, 129/3,133/2, 133/5, 135/4, 136/5, 137/2, 137/3, 145/5, 146/5, 148/4, 150/5, 151/4, 152/5, 152/6, 154/1, 154/2, 155/1, 156/2, 157/4, 158/3; **Leyhe:** 139/5; **Mauritius:** 127/2, 150/4; **Nickig:** 124/4, 125/3, 125/4, 126/3, 127/3, 127/5, 128/1, 128/4, 128/6, 129/4, 130/1, 130/4, 131/1, 131/3, 131/5, 132/1, 132/2, 132/5, 132/6, 133/1, 133/3, 133/4, 134/2, 134/3, 134/4, 134/5, 134/6, 135/1, 135/2, 136/4, 137/4, 138/1, 138/2, 138/3, 138/5, 140/3, 140/5, 141/4, 141/5, 142/1, 142/4, 142/5, 143/1, 143/2, 143/5, 143/6, 144/1, 144/4, 144/5, 145/1, 145/2, 145/3, 145/4, 145/6, 146/1, 146/2, 146/4, 147/2, 147/4, 147/6, 148/1, 148/5, 149/2, 149/3, 149/5, 151/1, 151/5, 151/6, 152/2, 152/4, 153/1, 153/2, 153/3, 153/4, 154/3, 154/4, 154/5, 155/2, 155/3, 155/5, 156/3, 156/4, 157/2, 157/3, 158/2, 158/5, 159/1, 159/4, 159/6, 160/4; **Pflanzenvielfalt:** 149/4; **Plantasia:** 144/6; **Pro-Artists:** 153/5; **Redeleit:** 22/1, 22/2, 23, 24 u., 26, 121/3, 121/12; **Reinhard:** 7 o. li., 7 u. re., 12 o., 15 o. re., 16, 140/1; **Romeis:** 50 u., 10, 11, 121/5, 121/9, 125/2, 141/2, 149/6, 150/2; **Schneider/Will:** 12 u., 20, 29; **Soundersbrothers:** 139/1; **Stork:** 21 li., 21 re.; **Strauß:** 7 u. li., 22/3, 27/2, 30, 126/4; **Strauß/GBA/Perder:** 17; **Strauß/GBA/Nichols:** 13; **Strauß/GBA/Noun:** 8; **Timmermann:** 7 o. re., 9, 14, 15 u. li., 18 o., 19, 34 u., 121/10, 124/1, 131/4, 131/6, 134/1, 139/4, 140/4; **Visionpictures:** 132/4, 140/2, 142/6, 154/6

Impressum

Programmleitung: Marta Vascotto
Leitende Redaktion: Anita Zellner
Redaktion: Birgit Dauenhauer
Lektorat: Judith Starck
Bildredaktion: Daniela Leimbach
Umschlaggestaltung und Layout: independent Medien-Design, München
Produktion: Petra Roth
Satz: Cordula Schaaf
Reproduktion: Fotolito Longo, Bozen
Druck: Firmengruppe APPL, aprinta druck, Wemding
Bindung: Conzella, Pfarrkirchen

ISBN 978-3-8338-0245-4
2. Auflage 2007

Das Original mit Garantie

Ihre Meinung ist uns wichtig. Deshalb möchten wir Ihre Kritik, gern aber auch Ihr Lob erfahren. Um als führender Ratgeberverlag für Sie noch besser zu werden. Darum: Schreiben Sie uns! Wir freuen uns auf Ihre Post und wünschen Ihnen viel Spaß mit Ihrem GU-Ratgeber. Unsere Garantie: Sollte ein GU-Ratgeber einmal einen Fehler enthalten, schicken Sie uns das Buch mit einem kleinen Hinweis und der Quittung innerhalb von sechs Monaten nach dem Kauf zurück. Wir tauschen Ihnen den GU-Ratgeber gegen einen anderen zum gleichen oder ähnlichen Thema um.

Ihr GRÄFE UND UNZER VERLAG
Redaktion Haus & Garten
Stichwort: Immerblühende Beete
Postfach 860366
81630 München
Fax: 0 89/4 19 81-1 13
E-Mail: leserservice@graefe-und-unzer.de

Ein Unternehmen der
GANSKE VERLAGSGRUPPE